中华烹饪古籍经典藏书

# 东京梦华录

［宋］孟元老 撰

中国商业出版社

图书在版编目（C I P）数据

东京梦华录 /（宋）孟元老撰．-- 北京：中国商业出版社，2023.5
ISBN 978-7-5208-2446-0

Ⅰ．①东… Ⅱ．①孟… Ⅲ．①开封—地方史—史料—北宋 Ⅳ．① K296.13

中国国家版本馆 CIP 数据核字（2023）第 049976 号

责任编辑：郑　静

中国商业出版社出版发行
（www.zgsycb.com　100053　北京广安门内报国寺 1 号）
总编室：010-63180647　编辑室：010-83118925
发行部：010-83120835/8286
新华书店经销
唐山嘉德印刷有限公司印刷
*
710 毫米 ×1000 毫米　16 开　18.75 印张　170 千字
2023 年 5 月第 1 版　2023 年 5 月第 1 次印刷
定价：79.00 元
* * * *

# 《东京梦华录》工作团队

## 统　筹

刘万庆

## 注　释

孙世增　张可心　韩　江

## 译　文

张可心　辛　鑫　韩　江

# 中国烹饪古籍丛刊
## 出版说明

国务院一九八一年十二月十日发出的《关于恢复古籍整理出版规划小组的通知》中指出：古籍整理出版工作“对中华民族文化的继承和发扬，对青年进行传统文化教育，有极大的重要性”。根据这一精神，我们着手整理出版这部丛刊。

我国的烹饪技术，是一份至为珍贵的文化遗产。历代古籍中有大量饮食烹饪方面的著述，春秋战国以来，有名的食单、食谱、食经、食疗经方、饮食史录、饮食掌故等著述不下百种，散见于各种丛书、类书及名家诗文集的材料，更是不胜枚举。为此，发掘、整理、取其精华，运用现代科学加以总结提高，使之更好地为人民生活服务，是很有意义的。

为了方便读者阅读，我们对原书加了一些注释，并把部分文言文译成现代汉语。这些古籍难免杂有不符合现代科学的东西，但是为尽量保持其原貌原意，译注时基本上未加改动；有的地方作了必要的说明。希望读者本着“取其精华，去其糟粕”的精神用以参考。

编者水平有限，错误之处，请读者随时指正，以便修订和完善。

中国商业出版社

1982 年 3 月

# 出版说明

20世纪80年代初，我社根据国务院《关于恢复古籍整理出版规划小组的通知》精神，组织了当时全国优秀的专家学者，整理出版了“中国烹饪古籍丛刊”。这一丛刊出版工作陆续进行了12年，先后整理、出版了36册。这一丛刊的出版发行奠定了我社中华烹饪古籍出版工作的基础，为烹饪古籍出版解决了工作思路、选题范围、内容标准等一系列根本问题。但是囿于当时条件所限，从纸张、版式、体例上都有很大的改善余地。

党的十九大明确提出：“深入挖掘中华优秀传统文化蕴含的思想观念、人文精神、道德规范，结合时代要求继承创新，让中华文化展现出永久魅力和时代风采。”做好古籍出版工作，把我国宝贵的文化遗产保护好、传承好、发展好，对赓续中华文脉、弘扬民族精神、增强国家文化软实力、建设社会主义文化强国具有重要意义。中华烹饪文化作为中华优秀传统文化的重要组成部分必须大力加以弘扬和发展。我社作为文化的传播者，坚决响应党和国家的号召，以传播中华烹饪传统文化为己任，高举起文化自信的大旗。因此，我社经过慎重研究，重新系统、全面地梳理中华烹饪古籍，将已经发现的150余种烹饪古籍分40册予以出版，即这套全新的“中华烹饪古籍经典藏书”。

此套丛书在前版基础上有所创新，版式设计、编排体例更便于各类读者阅读使用，除根据前版重新完善了标点、注释之外，补齐了白话翻译。对古籍中与烹饪文化关系不十分紧密或可作为另一专业研究的内容，例如制酒、饮茶、药方等进行了调整。由于年代久远，古籍中难免有一些不符合现代饮食科学的内容和包含有现行法律法规所保护的禁止食用的动植物等食材，为最大限度地保持古籍原貌，我们未做改动，希望读者在阅读过程中能够“取其精华、去其糟粕”，加以辨别、区分。

我国的烹饪技术，是一份至为珍贵的文化遗产。历代古籍中留下大量有关饮食、烹饪方面的著述，春秋战国以来，有名的食单、食谱、食经、食疗经方、饮食史录、饮食掌故等著述屡不绝书，散见于诗文之中的材料更是不胜枚举。由于编者水平所限，书中难免有错讹之处，欢迎大家批评指正，以便我们在今后的出版工作中加以修订和完善。

中国商业出版社

2022年8月

# 本书简介

《东京梦华录》十卷，宋孟元老撰。

关于作者孟元老，仅知他在崇宁二年（公元1103年）来到都城东京（今河南开封），至北宋灭亡的靖康二年（公元1127年）迁居江左，在东京居住了23年之久，其他事迹不详。清朝末年，开封学者常茂徕在《东京梦华录跋》中首先提出：孟元老即宋徽宗时的“户部侍郎孟揆……，元老其字而揆其名者”。现代历史学家邓之诚也认为：“坐实元老即孟揆”，但元老不是字，因为“宋人多以老命名”。据《宋史》载，孟揆乃孟昌龄之子，官至龙图阁直学士，曾经主持修建东京的“万寿山”（即艮岳）以及参与疏通京城河道等工作，宋钦宗时以其“交结权要、聚敛金帛、竭尽民力”等罪名，降职为中奉大夫。北宋南迁以后，他为了逃避罪责，故著书时隐去真名，但署“元老”。

《东京梦华录》是回忆北宋都城盛况的作品，又以黄帝“梦游华胥之国”的故事而命名，也是后世研究宋代都城文化史的重要著作。书中对于京城地理、皇家仪制、池苑游胜、街市坊巷、京瓦伎艺、诸色杂卖以及宫廷与民间的生活状况等均有详细的记载。尤其对于居住京城的皇家贵胄、官商士绅、庶民百姓等各阶层人士的生活习俗、饮食好尚及其酒楼食店、肴馔品种、节日食俗等方面的记载甚为翔实。此外，从记录的280余种菜肴面点的名称中，如“煎鱼”“炒鸡”“炸蟹”“烧肛子”“糟姜”“爆肉”等可以识别的烹调方法即有生腌、酒醉、糟腌、炙烤、爆、烧、炒、炸、蒸、水晶、蜜饯、两熟、酿、煎、烙、炖、葱泼、熬等近50种，其中绝大多数烹调法历经元、明、清近千年的实践检验，流传至今。记载的象形肴馔，如“梅花包子”“莲花鸭签”“假元鱼”“滴酥水晶脍”“鱼兜子”“荔枝腰子”等尤为后世所瞩目。同时，在饮食店铺上还有正店、食店、脚店以及承办民间宴席的流动组织“四司六局”等不同等级的划分，并对一店之内的从业人员又有“铛头（即灶头）”“着案（即切配人员）”“行菜（又叫‘茶饭量酒博士’，即服务人员）”的区别与分工，尤其对于“行菜”之响堂报菜与服务技艺的描述，令人惊叹。在菜点风味方面还记载了以开封为代表的“北食”、以江浙为代表的“南食”、以四川为代表的“川饭”等地方风味流派，这对于了解有宋一代饮食文化的发展与交流不无帮助。

这次注释、翻译本书，是以“静嘉堂文库”藏元刊本作底本，以“秘册汇函”本、“津逮秘书”本、“学津讨原”本、“三怡堂丛书”本及其宛委山堂“说郛”节录本等为主要点校本，还参考邓之诚注本和古典文学出版社铅印本作了新式标点、断句与分段的工作。

中国商业出版社

2022年12月

# 目录

# 梦华录序

仆[①]从先人[②]宦游[③]南北，崇宁癸未[④]到京师[⑤]，卜居[⑥]于州西金梁桥西夹道[⑦]之南。

**【译】**我跟随先父宦游南北，于崇宁二年（公元1103年）来到京师，住在京师城西金梁桥西边的小巷子之南。

渐次长立，正当辇毂之下[⑧]，太平日久，人物繁阜[⑨]，垂髫之童[⑩]但习鼓舞，班白之老[⑪]不识干戈[⑫]；时节相次[⑬]，各有

---

① 仆：犹言我。谦词。

② 先人：这里指死去的父亲。

③ 宦游：离家求官、做官。

④ 崇宁癸未：崇宁二年（公元 1103 年）。崇宁，宋徽宗的年号。

⑤ 京师：东京（今河南开封）。

⑥ 卜居：选住。卜，这里作选择讲。

⑦ 夹道：小巷、胡同。

⑧ 辇毂（gǔ）之下：意为京都。辇毂，帝王所用的车。

⑨ 繁阜：众多丰盛意。

⑩ 垂髫（tiáo）之童：没有束发的儿童。垂髫，古人不到一定年龄不束发，头发下垂，因称儿童、少年谓垂髫。

⑪ 班白之老：头发花白的老人。

⑫ 干戈：兵器；指代战争。

⑬ 时节相次：四季的节日 -个挨一个。

所观。灯宵月夕[①]，雪际花时[②]，乞巧登高[③]，教池游苑[④]。举目则青楼画阁[⑤]、绣户珠帘，雕车竞驻于天街[⑥]，宝马争驰于御路[⑦]，金翠耀目[⑧]，罗绮飘香[⑨]，新声[⑩]巧笑[⑪]于柳陌花衢[⑫]，按管调弦[⑬]于茶坊酒肆。

【译】我在京师长大，当时太平日久，人口众多，物品丰盛，少年只知道欢乐歌舞，老人没有经历过战争。一年四时八节，都有让人观赏的活动，如元宵观灯、冬日赏雪、春夏看花、七夕乞巧、重阳登高、金明池看龙舟竞渡与水戏、琼林苑观赏游览。那时的京师，到处是珠帘绣户的青楼歌馆，大家闺秀乘坐彩绘雕镂的车子抢着停在御街上，豪门子

① 灯宵月夕：指正月十五元宵灯节。涵芬楼《说郛（fú）》节录本作“元宵灯夕”。

② 雪际花时：赏雪观花。涵芬楼《说郛》节录本作“雪霁花时”。

③ 乞巧登高：传说在七月初七牛郎织女相会，这天晚上妇女们玩乞巧游戏。登高，九月九日重阳节，人们出外登高郊游。

④ 教池游苑：三月初一皇帝到金明池观看竞渡等水上游戏与游琼林苑。教池，又叫“上池”。原为昆明池，汉武帝立之习水战，亦竞渡之遗意。

⑤ 青楼画阁：女艺人、妓女的居所。

⑥ 雕车竞驻于天街：雕刻彩绘的车辆竞相停留在御路上。天街，又称“御路”，皇帝使用的道路。

⑦ 宝马争驰于御路：名贵的马匹抢着跑在御路上。

⑧ 金翠耀目：金银翠玉首饰令人眼花缭乱。

⑨ 罗绮飘香：丝绸罗缎衣服散发着香气。

⑩ 新声：新的乐曲。

⑪ 巧笑：逗人喜欢的笑。

⑫ 柳陌花衢（qú）：柳巷花街，指妓院聚集的地方。

⑬ 按管调弦：意为吹拉弹唱。指歌乐。按，击打、奏乐器。

弟骑着名马争着驰骋于御路中，他们金银翠玉的装饰，光彩照人，绫罗绸缎的衣服，随风飘香。柳巷花街，传来新歌巧笑，茶坊酒肆飘扬管弦之声。

八荒争凑，万国咸通①。集四海之珍奇②，皆归市易③；会寰区④之异味⑤，整在庖厨。花光⑥满路，何限⑦春游；箫鼓喧空⑧，几家夜宴⑨。伎巧⑩则惊人耳目，侈奢⑪则长人精神⑫。瞻天表⑬则元夕⑭教池、拜郊⑮孟享⑯；频观公主下降⑰、皇子纳妃。

---

① 八荒争凑，万国咸通：八方奔赴聚合，与许多国家都有贸易交流。八荒，八方荒远的地方。凑，聚合到一起。咸，都、皆。

② 珍奇：稀有的、名贵的货物。

③ 市易：市场交易。

④ 寰（huán）区：京都周围的地区。

⑤ 异味：指稀有的食物。

⑥ 花光：春光，春天的景色。

⑦ 何限：什么能或怎能阻挡。

⑧ 喧空：喧天。

⑨ 几家夜宴：有一些人家正在举行夜宴。

⑩ 伎巧：才智、技艺。

⑪ 侈奢：夸大、夸耀，宣扬。

⑫ 精神：作精力、活力讲。

⑬ 天表：皇帝的仪容。

⑭ 元夕：农历正月十五夜，即元宵节。

⑮ 拜郊：指祭天。又叫“郊祀”“南郊”。

⑯ 孟享：帝王宗庙祭礼。因于每年的四孟（孟春、孟夏、孟秋、孟冬）举行，故称。

⑰ 公主下降：公主出嫁。

【译】东京是八方争凑、万国咸通的都会。故此，四海的奇巧的珍贵物品，都集中在市场上交易，天下的奇异名贵食物，全都会聚于京师厨房。春光铺满大地，何以阻碍春游？箫鼓之声震天，那是有些人家正在夜宴！各种奇巧的技艺使你目瞪口呆，许多富丽堂皇的景观使你兴奋不已。瞻仰天子的仪容，是在元宵节、三月教池、冬至祭天与享祀太庙的时候；更能常看到公主出嫁、皇子纳妃的盛况。

修造则创建明堂[①]，冶铸则立成鼎鼐[②]。观妓籍[③]则府曹衙罢[④]，内省[⑤]宴回；看变化[⑥]则举子唱名[⑦]、武人换授[⑧]。仆数十年烂赏叠游[⑨]，莫知厌足[⑩]。

【译】说到京师的工程，建筑则修建明堂，冶炼即铸造大鼎。在办完公事、宫中宴毕之后，可以观看艺人的演出；



---

① 明堂：古代帝王宣明政教的地方。这里指宋徽宗所创建的明堂。

② 鼎鼐（nài）：鼎，古代煮食物的用具，即带足的锅，后来成为礼器。鼐，最大的鼎。“冶铸则立成鼎鼐”，这里指宋徽宗铸造九鼎的事。

③ 妓籍：犹言乐籍，即入乐籍的女艺人。

④ 府曹衙罢：意为办完公事。这里指艺人演出。府曹，古代官署名。衙，参见上司，禀报公事。

⑤ 内省：宫中。

⑥ 变化：指升降转变。

⑦ 举子唱名：又叫“传胪（lú）”，科举殿试后皇帝分班召见考中的人。举子，科举考中的人。唱名，高声传呼其名。

⑧ 换授：量才调任官职。

⑨ 烂赏叠游：不计其数的观赏。烂，极熟悉。叠，重叠，重复。

⑩ 莫知厌足：涵芬楼《说郛》本作“莫之厌足”。

在皇帝召见新科举子、武人换授的时候，又可见到一时新秀辈出的情境。数十年来，我对京师的风情景物，一次又一次地观赏，重重复复地游览，从来没有个够。

一旦兵火，靖康丙午之明年①，出京南来，避地江左②，情绪牢落③，渐入桑榆④。暗想当年节物风流⑤，人情和美⑥，但成怅恨。近与亲戚会面，谈及曩昔⑦，后生⑧往往妄生不然⑨。仆恐浸久⑩，谈其风俗者失于事实，诚为可惜，仅省记⑪编次成集，庶几⑫开卷得睹⑬当时之盛。古人有梦游华胥之国⑭，其乐无涯者，仆今追念，回首怅然，岂非华胥之梦

---

① 靖康丙午之明年：意为靖康二年（公元 1127 年）。靖康，宋钦宗的年号，丙午为靖康元年（公元 1126 年）。

② 江左：指今长江下游江浙一带。

③ 牢落：孤寂，无聊。

④ 桑榆：意为晚年。

⑤ 节物风流：应时节的景物与民风民俗。

⑥ 人情和美：人情和善。

⑦ 曩（nǎng）昔：从前，以往。

⑧ 后生：年轻人。

⑨ 妄生不然：随便乱说，不是事实。

⑩ 浸久：意为过的时间渐渐长了。

⑪ 省记：回忆记录。省，回忆，回想。

⑫ 庶几：差不多。

⑬ 睹：看见，见。

⑭ 梦游华胥之国：相传，黄帝白天睡觉，梦见游华胥氏国。其国无君主，其民无嗜好、欲望，不知乐生恶死、亲己疏物、背逆向顺，故无爱憎、利害之争。后来人们称理想国为“华胥之国”。

觉哉，目之曰《梦华录》。

【译】不料忽然间战火发生，在靖康二年（公元1127年）我离京南来，避难于江左，再没有过去的情怀了，而且不觉地渐渐成为一个老头子，颇有孤独、冷清的感觉。暗自回想，当年事物的美好、人情的融洽，竟引起悲伤与怅惘。近来与亲戚见面，谈到往事，年轻的后生往往随便胡说，我怕年久埋没真相，谈论风俗的人有失于事实，实在可惜，所以仅就我回忆起来的编写成册，或许对于读这书的人能得知当时的盛况。古时曾有黄帝梦游华胥氏之国，其乐无穷的故事，今天我追念往昔，回头看看现在不无悲痛之感，难道不是华胥梦醒了吗？故此题书名为《梦华录》。

然以京师之浩穰，及有未尝经从处[①]，得之于人，不无遗阙。倘遇乡党宿德[②]，补缀周备，不胜幸甚。此录语言鄙俚[③]，不以文饰者，盖欲上下通尔，观者幸详焉。

绍兴丁卯[④]岁除日[⑤]

幽兰居士孟元老序[⑥]

---

① 未尝经从处：未曾经过、到过的地方。

② 乡党宿德：素有名望的老年同乡。宿德，素有名望的老人。

③ 鄙俚：浅薄，粗俗。

④ 绍兴丁卯：绍兴十七年（公元1147年）。绍兴，宋高宗的年号。

⑤ 除日：一年最后的一天。

⑥ 幽兰居士孟元老序：涵芬楼《说郛》本、《秘册》《学津》本皆作“幽兰居士东京孟元老叙”。

【译】然而，以京师之广大，事物之繁盛，其中某些我未曾到过的地方与未曾亲见的事情，则是从他人口中得来的，难免有所遗漏或阙疑之处。倘遇德高望重、阅历甚广的同乡老人，给予补充完备，不胜庆幸。此录所以用乡土俗语，不讲究文辞修饰，因为想使大家都通晓，希望读者能谅解这一点。

绍兴十七年（公元1147年）除夕

幽兰居士孟元老序

# 卷一

## 东都外城

东都外城[①]，方圆四十余里。城濠[②]曰护龙河，阔十余丈，濠之内外皆植杨柳，粉墙朱户[③]，禁人往来。城门皆瓮城[④]三层，屈曲开门[⑤]，唯南薰门、新郑门、新宋门、封丘门皆直门两重，盖此系四正门，皆留御路故也。

【译】东都汴梁外城，周围四十余里。护城河叫护龙河，宽十余丈。护城河的两侧，都种植杨树、柳树，粉白的城墙，朱红色的城门，禁止行人往来。城门外都有瓮城三层，开门偏离了城门。只有南薰门、新郑门、新宋门、封丘门的瓮城对着城门开门，且只有两层，因为这是四座正门，都是要留御路的缘故。

新城南壁，其门有三[⑥]：正南门曰南薰门；城南一边，

---

① 东都外城：东都，今河南开封。五代时后梁建都名东都，后晋更名“东京”。北宋时，与应天（今河南商丘，称“南京”）、洛阳（称“西京”）、大名（今河北大名，称“北京”）称为四京。外城，又叫新城、罗城、国城。后周世宗创建。宋神宗时重修。

② 城濠：城防设施，俗名“护城河”。围着城墙外面开凿的沟渠。

③ 粉墙朱户：白色的城墙，朱红色的城门。

④ 瓮城：城防设施。又叫“月城”，即建在城门外面的半圆形小城。

⑤ 屈曲开门：因瓮城的城门，与正式城门不成直线，故谓之屈曲。

⑥ 新城南壁，其门有三：《玉海》卷一百七十四：“外城，南五门；南薰、普济、宣化、广利、安上。”其正门三，水门二。“其门有三”，似指正门而言。

东南则陈州门，旁有蔡河水门①；西南则戴楼门，旁亦有蔡河水门。蔡河，正名惠民河②，为通蔡州③故也。

【译】外城的南城墙，城门有三座：正南的城门叫南薰门；南城墙一面，即东南方的是陈州门，旁边有蔡河水门；西南的城门则是戴楼门，旁边也有蔡河水门。蔡河，正名叫惠民河，因此河通向蔡州的缘故。

东城一边，其门有四④：东南曰东水门，乃汴河下流水门⑤也，其门跨河，有铁裹窗门，遇夜如闸垂下水面，两岸皆有门通人行路；出拐子城⑥，夹岸百余丈；次则曰新宋门；次曰新曹门；又次曰东北水门，乃五丈河之水门⑦也。

【译】东城墙那一边，城门有四座：东南方的叫东水门，是汴河流向下游的水门。此城门横跨汴河，有用铁包裹的如同窗户的大门，到了晚上，像闸门一样放入水中，两岸另有门供行人通行。出拐子城，两岸距离有一百多丈；往北

① 蔡河水门：戴楼门旁的为蔡河上游水门，正名“普济”；陈州门旁的为下游水门，正名“广利”。水门，调节河水的设施，又称“闸门”。

② 惠民河：闵河。建隆元年（公元 960 年）导闵河，在新郑与蔡水汇合，贯京师，以西南为闵河，东南为蔡河，至开宝六年（公元 973 年）改闵河为惠民河。

③ 蔡州：今河南汝南、新蔡一带。

④ 东城一边，其门有四：“四”，不确。《玉海》卷一百七十四：“外城……，东五门：上善、通津、朝阳、含辉、善利。”其正门二，水门三。

⑤ 汴河下流水门：俗名“东水门”。

⑥ 拐子城：捍卫水门的城防设施。

⑦ 五丈河之水门：俗称“东北水门”，正名善利。

是新宋门；再往北是新曹门；最北是东北水门，这是五丈河的水门。

西城一边，其门有四[①]：从南曰新郑门；次曰西水门，汴河上水门[②]也；次曰万胜门；又次曰固子门；又次曰西北水门，乃金水河水门[③]也。

【译】西城墙那一边，城门有四座：从南开始的叫新郑门；往北是西水门，这是汴河上游来水的水门；往北是万胜门；再往北是固子门；最北的叫西北水门，是金水河的水门。

北城一边，其门有四[④]：从东曰陈桥门[⑤]；次曰封丘门[⑥]；次曰新酸枣门；次曰卫州门[⑦]。

【译】北城墙那一边，城门有四座：从东开始的叫陈桥门；往西是封丘门；再往西是新酸枣门；最西面的叫卫州门。

---

① 西城一边，其门有四："四"，不确。《玉海》卷一百七十四："外城……，西六门：顺天、大通、开远、宣泽、金耀、咸丰。"其正门三，水门三。

② 汴河上水门：俗称西水门，两岸有门二，南曰大通，北曰宣泽。

③ 金水河水门：俗称西北水门，正名咸丰。

④ 北城一边，其门有四：实际有五门。《玉海》卷一百七十四："外城……，北五门：通天、景阳、永泰、安肃、永顺。"其正门四，水门一（五丈河水门，名永顺）。"其门有四"，似指四正门而言。

⑤ 陈桥门：原注："乃大辽人使驿路。"即设驿站的官道。

⑥ 封丘门：原注："北郊御路。"

⑦ 卫州门：原注："诸门名皆俗呼，其正名如西水门曰'利泽'，郑州本顺天门，固子门本金耀门。"

新城每百步设马面[1]、战棚[2]，密置女头[3]，旦暮修整，望之耸然。城里牙道[4]各置榆柳成荫。每二百步置一防城库，贮守御之器，有广固[5]兵士二十指挥[6]，每日修造泥饰，专有京城所[7]提总[8]其事。

【译】外城的城墙上每百步设马面、战棚，稠密地设置“女墙”，早晨和傍晚都在修理整治，远远望去非常高耸。城里官道两侧，种植的榆树、柳树已都成荫。城中每隔二百步设置一处防城库，贮藏守城御敌的武器，有广固兵士四指挥，每天修造城墙泥饰，专门有京城所总管此事。

## 旧京城[9]

方圆二十里许。

南壁其门有三：正南曰朱雀门，左曰保康门，右曰新门。

东壁其门有三：从南，汴河南岸角门子[10]，河北岸曰旧

---

① 马面：又叫“马面墙”，即凸出的城墙，上面建有敌楼，可以凭以望敌。

② 战棚：城防设施。用长木搭盖而成，可以离合，随时撑起以代敌楼。

③ 女头：城墙上呈“山”字形凹凸状的小墙，亦名女垣、女头墙、女墙，俗名城墙垛。

④ 牙道：官道。这里指城里的大街。

⑤ 广固：步兵的军名，属侍卫步兵司。

⑥ 指挥：这里指军队的组织单位，以五百人为额。“二十指挥”，疑误；据《宋史·兵志》载：宋徽宗政和五年（公元1115年）广固只有四指挥，“以备京城之役”。

⑦ 京城所：提辖修京城所的简称。

⑧ 提总：管理、调配。

⑨ 旧京城：又叫“阙城”，俗称“里城”。唐汴州节度使李勉创建。

⑩ 角门子：对于正门以外其他城门的称谓。

宋门，次曰旧曹门。

西壁其门有三：从南曰旧郑门，次汴河北岸角门子，次曰梁门。

北壁其门有三：从东曰旧封丘门，次曰景龙门①，次曰金水门②。

**【译】**旧京城的方圆大约有二十里。

南城墙的城门有三座：正南面的叫朱雀门，左边的叫保康门，右边的叫新门。

东城墙的城门有三座：从南边开始是汴河南岸的角门子，汴河北岸的叫旧宋门，再往北边是旧曹门。

西城墙的城门有三座：从南边开始的叫旧郑门，其次是汴河北岸角门子，再往北的叫梁门。

北城墙的城门有三座：从东边开始的叫旧封丘门，西边的叫景龙门，最西边的叫金水门。

## 河道

穿城河道有四：

南壁曰蔡河③，自陈蔡④由西南戴楼门入京城，辽绕⑤自

① 景龙门：原注："乃大内城角宝箓（lù）宫前也。"按："宝箓宫"原注作"实箓宫"，今据《宋史》、《玉海》及本书卷三"东角楼街巷"条改。

② 金水门：金水河水门，正名"天波"。

③ 蔡河：又叫"蔡水"，古名"琵琶沟"。在东京与惠民河相接，出东京流向东南，至陈州（今河南淮阳一带）蔡口镇入颍水。是北宋时重要的运粮河道之一。

④ 陈蔡：指蔡河（惠民河）流经之东京西南地区。

⑤ 辽绕：弯曲、围绕。蔡河通过东京外城的河身弯曲迂回，故云"辽绕"。

东南陈州门出。河上有桥十一[①]：自陈州门里曰观桥[②]；从北[③]，次曰宣泰桥；次曰云骑桥；次曰横桥子[④]；次曰高桥；次曰西保康门桥[⑤]；次曰龙津桥[⑥]；次曰新桥[⑦]；次曰太平桥[⑧]；次曰粜[⑨]麦桥；次曰第一座桥；次曰宣男桥；出戴楼外曰四里桥。

【译】穿越京城的河道有四条：

南城墙处的叫蔡河，自陈州、蔡口由西南的戴楼门入京城，弯曲围绕从东南的陈州门流出。河上有十一座桥：在陈州门里面的叫观桥；再从北面开始的叫宣泰桥；其次叫云骑桥；其次叫横桥子；其次叫高桥；其次叫西保康门桥；其次叫龙津桥；其次叫新桥；其次叫太平桥；其次叫粜麦桥；其次叫第一座桥；其次叫宣男桥；出戴楼门外的叫四里桥。



① 河上有桥十一：文中实际记载十三座桥。按：《宋东京图》，蔡河在外城流经十一条大街，疑“十一”或指在大街上的桥数。

② 观桥：原注：“在五岳观后门。”

③ 从北：按照桥名排列的位置，疑为“向北”。

④ 横桥子：原注：“在彭婆婆宅前。”

⑤ 西保康门桥：俗称。正名“安国桥”。跨惠民河。“西”字疑衍。

⑥ 龙津桥：原注：“正对内前。”即正对皇宫。

⑦ 新桥：“延福桥”的俗称。在里城新门（崇明门）外，故名。

⑧ 太平桥：原注：“高殿前宅前。”

⑨ 粜（tiào）：卖粮食。

中曰汴河[①]，自西京[②]洛口[③]分水入京城，东去至泗州[④]入淮，运东南之粮，凡东南方物[⑤]自此入京城，公私仰给[⑥]焉。自东水门外七里至西水门外，河上有桥十三[⑦]：从东水门外七里曰虹桥[⑧]，其桥无柱，皆以巨木虚架，饰以丹雘[⑨]，宛如飞虹，其上、下土桥亦如之；次曰顺城仓桥、入水门里曰便桥；次曰下土桥；次曰上土桥；投西角子门，曰相国寺桥[⑩]；次曰州桥[⑪]，正对于大内御街。其桥与相国寺桥皆低平，不通舟船，唯西河平船[⑫]可过，其柱皆青石为之石梁、

---

① 汴河：古名“汳水”“鸿沟”“浪荡渠”；隋朝名“通济渠”，唐代名“广济渠”；宋时又叫“汴水”“汴渠”。源于今荥阳镇三皇山。是唐宋时期沟通南北的重要河道。

② 西京：洛阳。

③ 洛口：地名，在巩县东北。洛水入黄河的河口处。

④ 泗州：北周时改安州名泗州，治所在今江苏宿迁东南；自唐至宋其州治在临淮县（今江苏盱眙西北），清康熙时州城陷入洪泽即淮河。

⑤ 方物：土特产。

⑥ 公私仰给：公私依赖。

⑦ 河上有桥十三：文中实际记有十四座桥。

⑧ 虹桥：桥名，又称“飞桥”，泛指弓形的拱桥。

⑨ 丹雘（huò）：指彩色颜料，一名丹粉。

⑩ 相国寺桥：“延安桥”的俗名。

⑪ 州桥：原注：“正名天汉桥。”即汴州桥，唐汴州节度使李勉建。北宋时曾名升平桥，宋真宗大中祥符六年（公元 1013 年）因迎接太祖、太宗的玉石雕像奉入景灵宫，易名为“迎真桥”。

⑫ 西河：指黄河南北流向的一段。

石笋[①]、楯栏[②]。近桥两岸皆石壁雕镌海马、水兽、飞云之状。桥下密排石柱，盖车驾御路也。州桥之北岸御路，东西两阙[③]、楼观对耸。桥之西有方浅船二只，头置巨杆铁枪数条，岸上有铁索三条，遇夜绞上水面，盖防遗失[④]舟船矣。西去曰浚仪桥，次曰兴国寺桥[⑤]；次曰太师府桥[⑥]；次曰金梁桥；次曰西浮桥[⑦]；次曰西水门便桥，门外曰横桥。

【译】流经城中的叫汴河，从西京、洛口分水流入京城，向东流去，到泗州注入淮河，漕运东南方的粮食，东南地区的土特产也从这里运入京城，无论公私都要依赖它。自东水门外七里，到西水门外，河上有十三座桥：从东开始东水门外七里的叫虹桥，此桥没有桥柱，全以巨木凌空架造，用彩色颜料涂饰，好像天上的飞虹，上、下土桥也是如此。其次叫顺成仓桥；入水门里的叫便桥；其次叫下土桥；其次叫上土桥；投西角子门的叫相国寺桥；其次叫州桥，正对着大内御街。此桥与相国寺桥都很低、平，不能通行舟船，只有西河地方的平船可在桥下通过，桥柱都是用青石筑成，桥

① 石笋：直立的石柱。

② 楯栏：栏杆。

③ 阙：又称“观”，即门楼。

④ 遗失：原作“遗火”，从《秘册》《学津》本改。

⑤ 兴国寺桥：原注：“亦名马军衙桥。”《秘册》《学津》本作“马军军衙桥”。

⑥ 太师府桥：原注：“蔡相宅前。”蔡相，蔡京。

⑦ 浮桥：原注：“旧以船为之桥，今皆用木石造矣。”

上的石梁、石柱、栏杆，近桥两岸的石壁上全都雕刻着海马、水兽和飞云的各种形状，桥下密密地排列着石柱，因为这里是皇帝车驾御路。州桥北岸的御路，东西两侧的阙柱、高大的楼观相对耸立。桥的西边有方形的浅船两只，船头安置着数条又粗又长的铁枪，岸上有三条铁索，每到夜晚将铁索绞上水面，这是防止遗失舟船。再往西的叫浚仪桥，其次叫兴国寺桥；其次叫太师府桥；其次叫金梁桥；其次叫西浮桥；其次叫西水门便桥；门外叫横桥。

东北曰五丈河[①]，来自济、郓[②]般挽京东路粮斛[③]入京城，自新曹门北入京。河上有桥五：东去曰小横桥，次曰广备桥，次曰蔡市桥，次曰青晖桥[④]、染院桥。

【译】京城东北的叫五丈河，河水来自济州、郓州，搬运京东路的粮食入京城，从新曹门的北面入京。河上有五座桥：向东开始的叫小横桥，其次叫广备桥，其次叫蔡市桥，其次叫青晖桥、染院桥。

---

① 五丈河：又叫“广济河”，因河宽五丈而得名。是北宋时运军粮的主要河道。

② 济、郓（yùn）：济州、郓州，今山东巨野和郓城。

③ 般挽京东路粮斛（hú）：搬运京东路的粮食。般挽，运输、搬运。京东路，宋代的地区行政单位之一，其地包括今商丘、济南、山东半岛及徐州等地。粮斛，计量粮食的器皿，这里指粮食。

④ 青晖桥：一作“清辉桥”，在新封丘门里。

西北曰金水河①，自京城西南分京、索河②水，筑堤，从汴河上用木槽③架过，从西北水门入京城，夹墙遮拥入大内，灌后苑池浦矣。河上有桥三：曰白虎桥、横桥、五王宫桥之类。

【译】京城西北的叫金水河，从京城西南分京水、索河水筑堤，在汴河上架上木槽，让水从西北水门入京城，又有夹墙保护，河水流入宫中灌注后苑的池塘。河上有三座桥：分别叫白虎桥、横桥、五王宫桥。

又，曹门小河子桥，曰念佛桥。盖内诸司辇官④、亲事官⑤之类军营皆在曹门；侵晨上直⑥，有瞽者⑦在桥上念经求化⑧得其名矣。

【译】还有，曹门小河子桥叫念佛桥。因为宫内各官署的辇官、亲事官之类所居住的军营都在曹门，天快亮时去宫内上班当值，有盲人在桥上念经化缘，因而得了这个名字。

---

① 金水河：又叫“天源河”，宋太祖开凿的人工渠。从荥阳引京水至东京，过中牟以后称金水河。通过东京城濠，向东流入五丈河，又入皇宫苑后池沼。

② 京、索河：京即京水，源于荥阳。索河，即旃（zhān）然水，源于嵩山。

③ 木槽：又叫“透水槽”，即木制的河床。

④ 辇官：负责皇帝及后妃等车轿的人员。

⑤ 亲事官：在中央机关服务的人员。

⑥ 侵晨上直：天快亮时去上班当值。

⑦ 瞽（gǔ）者：盲人。

⑧ 求化：向人求布施，化缘。

## 大内

大内[①]正门宣德楼，列五门，门皆金钉朱漆；壁皆砖石间甃[②]，镌镂[③]龙凤飞云之状；莫非雕甍画栋[④]、峻桷层榱[⑤]，覆以琉璃瓦[⑥]；曲尺朵楼[⑦]，朱栏彩槛[⑧]；下列两阙亭相对，悉[⑨]用朱红杈子[⑩]。

【译】皇宫正门宣德楼，排列着五座大门，大门都有金钉、粉刷着大红油漆；城墙上砖石相间垒砌，雕刻着各种形状的龙、凤及祥云；无一不是雕刻的屋脊、彩绘的梁柱，层层排列的椽子，覆盖着琉璃瓦；曲尺形的朵楼，也都饰着朱红彩绘的栏杆；下面两座阙亭遥遥相对，全部禁止通行的朱红色的杈子。



---

① 大内：皇宫，又称“皇城”“宫城”，周长五里，城墙以砖垒成。原是唐宣武军节度使治所，后梁为建昌宫，后晋时名大宁宫。

② 砖石间甃（zhòu）：用砖石相间垒砌。甃，垒砌的俗称。

③ 镌（juān）镂：雕刻。

④ 雕甍（méng）画栋：雕塑的屋脊，彩绘的梁柱。甍，屋脊。

⑤ 峻桷（jué）层榱（cuī）：指建筑物的上、中、下“三分”均合于营造法式。桷，方形的椽子，俗称方椽。榱，圆形的椽子。峻，台阶，这里是一层一层的意思。

⑥ 琉璃瓦：涂釉的瓦，俗名铜瓦。

⑦ 曲尺朵楼：指宣德楼两旁向前伸出的侧楼。曲尺，木工用来求直角的尺，即角尺。朵楼，正楼两旁的侧楼。

⑧ 朱栏彩槛：彩绘的朱红色栏杆。

⑨ 悉：全部。

⑩ 杈子：禁止通行的设施。古名“梐（bì）枑（hù）”“梐楯（dùn）”，又叫“鹿角”“行马”，俗称“挡众”。

入宣德楼正门，乃大庆殿[①]，庭设两楼，如寺院钟楼，上有太史局[②]保章正[③]测验刻漏[④]，逐时刻执牙牌[⑤]奏。每遇大礼车驾斋宿[⑥]及正朔[⑦]朝会于此殿。殿外左右横门，曰左右长庆门。

【译】进入宣德楼正门，就是大庆殿。大殿庭院中设两楼，好像寺院中的钟楼，楼上有太史局的官员保章正在观测刻漏，逐时逐刻手执牙牌向上奏报。每逢重大典礼，皇帝斋戒住宿及正月初一的朝会就在此殿。殿外左右两侧的门，叫左右长庆门。

内城南壁有门三座，系大朝会趋朝路[⑧]。宣德楼左曰左掖门[⑨]，右曰右掖门。

左掖门里乃明堂[⑩]。

---

① 大庆殿：皇城内正殿。后梁名崇元殿，宋代曾名乾元殿、朝元殿、天安殿，宋仁宗景祐元年（公元 1034 年）改名大庆殿。

② 太史局：原名“司天监”。掌管天文历法，编制历书等事，属秘书省。

③ 保章正：太史局属官，由挈壶正升任，从八品（见《职官分记》卷十七）。

④ 刻漏：古代计时器。

⑤ 牙牌：以象牙制成的记事签，如今之记事牌。

⑥ 斋宿：斋戒。古代帝王在祭祀大礼之前沐浴更衣、不饮酒、不食肉、不作乐、不与妻妾同寝，独居一处，整洁身心以示虔诚的礼仪制度。

⑦ 正朔：正月初一。

⑧ 趋朝路：上朝的道路。趋，疾步快走。

⑨ 掖门：旁门，侧门。

⑩ 明堂：古代帝王宣明政教与法令的地方。宋代明堂创建于宋徽宗政和年间，历时四年建成。

【译】内城南墙有三座门，是重大朝会通向上朝的路。宣德楼左边的叫左掖门，右边的叫右掖门。

左掖门里是明堂。

右掖门里：西去乃天章、宝文等阁①。宫城至北廊约百余丈。入门东去：街北廊乃枢密院②；次中书省③；次都堂④；次门下省⑤；次大庆殿外廊横门。北去百余步又一横门，每日宰执⑥趋朝此处下马，余侍从⑦、台谏⑧于第一横门⑨下马，行至文德殿。入第二横门东廊，大庆殿东偏门；

---

① 天章、宝文等阁：保藏皇帝御制文集、御书、珍玩的地方。

② 枢密院：总理全国军务的最高机关。简称“枢府”。掌国防机密、兵防、边备、戎马等政令；有枢密使、副使等职。与中书门下省共掌文、武大权，称为东、西二府。

③ 中书省：又称“右省”，中央最高的政务机关。掌进拟庶务、宣奉命令、任免省台寺监长官等。长官中书令，副职中书侍郎。

④ 都堂：原注：“宰相朝退治事于此。”原在中书省，称“政事堂”，后改在尚书省谓“都堂”。

⑤ 门下省：又称“左省”。中央最高的办公机关。掌审核政令、公文与驳正违失，转送奏章、分发皇帝的批复，考察吏部、拟差职事官、奏断狱案等事。长官门下侍中，副职为门下侍郎。

⑥ 宰执：又称“宰执官”，为宰相与执政官的合称，是宋元时期的政治概念。在宋代，宰执具有举足轻重的地位。

⑦ 侍从：翰林学士、给事中、六尚书、侍郎等。中书舍人、左右史以下谓小侍从。在外带诸阁学士、待制之官，叫在外侍从。

⑧ 台谏：台指御使台，谏指谏院。这里泛指向皇帝直陈时政缺失的御使台长官和揭发大臣违法事宜，向皇帝弹劾的谏院长官。宋代谏官有时兼职，有时专职，谏院时设时废，故常以台谏并称。

⑨ 第一横门：又称“第一隔门”。入朝从官下马处。第二横门，宰相下马处。

西廊中书门下后省；次修国史院①；次南向小角门②；正对文德殿③殿前，东西大街。东出东华门，西出西华门。近里又两门相对，左右嘉肃门也。南去左右银台门。自东华门里皇太子宫④入嘉肃门。街南大庆殿后门、东西上阁门⑤。街北宣祐门。

【译】右掖门里：朝西去是天章、宝文等阁。从宫城到北面的走廊约一百余丈。进门朝东去，街北面廊是枢密院；其次是中书省；其次是都堂；其次是门下省；其次是大庆殿外面走廊的边门。向北去一百余步又是一个边门，每天宰相、执政官上朝要在这里下马，其余侍从、台谏等官员在第一道边门下马，步行至文德殿。进入第二道边门东走廊，是大庆殿东边的偏门；西走廊是中书门下后省，其次是修国史院；其次是朝南的小角门；正对着文德殿前，是东西向的大街，向东是东华门，向西是西华门。附近又有两门相对，这是左右嘉肃门。向南是左右银台门。从东华门里的皇太子宫

---

① 修国史院：又称“史馆”，负责修国史，下属有实录、国史两院，先属门下省，宰相领之；后属秘书省。

② 小角门：正门以外的旁门。秘书省的官员及诸学士入大庆殿值班、纳凉的通道。

③ 文德殿：原注：“常朝殿也。”在大庆殿之西少次，旧名“端明殿”，后改名“文明殿”，又改名“文德殿”，即“正衙殿”。

④ 皇太子宫：“庆宁宫”的俗称。宋英宗册封为皇太子时的住所，宋仁宗嘉祐七年（公元 1062 年）建，在东华门北的港门内。英宗即位，改名“兴庆宫”，因与唐朝宫殿重名，又更名“庆宁宫”。

⑤ 东西上阁（gé）门：这里指文德殿的东西二旁门。

进入嘉肃门。街南是大庆殿后门、东西上阁门。街北边是宣祐门。

南北大街[①]西廊、面东曰凝晖殿，乃通会通门入禁中[②]矣。殿相对东廊门楼，乃殿中省六尚局、御厨[③]。殿上常列禁卫两重，时刻提警，出入甚严。近里皆近侍中贵[④]。殿之外皆知省[⑤]、御药[⑥]、幕次[⑦]、快行[⑧]、亲从官[⑨]、辇官、车院子、黄院子[⑩]、内诸司兵士、祗候[⑪]宣唤[⑫]及宫禁买卖、进贡皆由此入，唯此浩穰[⑬]。诸司人自卖饮食珍奇之物，市井[⑭]之间未有也。

**【译】**南北向大街西走廊朝东方向的叫凝晖殿，这里通

---

① 南北大街：指宣祐门至皇城后门拱辰门的大街。

② 禁中：皇宫，因避宋孝元皇后父大司马阳平侯名禁，又叫“省中”。

③ 御厨：供皇帝膳食的组织机构。

④ 近侍中贵：皇帝亲近的朝中高官大臣。

⑤ 知省：这里指设在大内的组织机构。知，主持，执掌。

⑥ 御药：御药院的省称。即宫中药房。

⑦ 幕次：对幄次、幕殿、幕屋的统称。即以木搭盖，围以芦苇或布而成宫室。

⑧ 快行：也叫“快行家”，皇帝的急足使，即奔走传事之人。由禁军充任，设有快行营，属皇城司。

⑨ 亲从官：皇宫内服务人员之一种。从武艺超众的亲事官中挑选，负责皇宫内诸殿的洒扫及巡查之事，属皇城司。

⑩ 黄院子：皇宫内穿黄衣的服务人员。

⑪ 祗候：专供传呼的官职类称，如祗候小内品、祗候高品、祗候殿头等。

⑫ 喧唤：传呼，传唤。

⑬ 浩穰：人员众多。

⑭ 市井：都市里的买卖场所。

过会通门就进入皇宫了。和凝晖殿相对的东廊门楼，是殿中省六尚局、御厨房。凝晖殿上日常排列禁卫军士两层，时刻提防警戒，出入控制很严格。附近都是皇帝亲近的朝中高官大臣。殿外是知省、御药等办事的宫室，快行、亲从官、辇官、车子院、黄院子、内诸司兵士、祗候等宣召传唤以及宫内买卖、进贡都由此入内，只有此处人员众多。宫内诸司的人员自行买卖饮食、珍奇之物，都是民间集市中所没有的。

每遇早晚进膳，自殿中省对凝晖殿禁卫成列，约栏不得过往。省门上有一人呼喝，谓之“拨食家”；次有紫衣裹角子向后曲折幞头[①]者，谓之“院子家”，托一合，用黄绣龙合衣笼罩，左手携一红罗绣手巾进入，于此约十余合，继托金瓜合二十余面进入，非时取唤，谓之“泛索[②]”。

【译】每当早、晚进膳，自殿中省到凝晖殿禁卫都排成列，阻止闲人过往。殿中省门口有一人吆喝，称之为“拨食家”。其次有身穿紫衣、头戴幞脚向后曲折幞头的人，称之为“院子家”，手托一盒，用黄色的、绣着龙的盒衣罩盖，左手拿一红罗绣花手巾，从这里进入，大约有十几盒。继而托二十余只金色瓜形盒的人员进入，以应对随时召唤取用，

① 幞（fú）头：隋唐起由头巾演变成的帽子。宋代幞头由藤丝织成帽胎，裹以纱，涂以漆，以铁制成两角，其后去掉藤里，以纱漆成。上自天子，下至百戏演员皆戴之。有圆顶、方顶之分，软角、硬角之别，因身份不同，其脚亦有直角、局角、交角、朝天、顺风五种。

② 泛索：临时随意索取。当时的俗语。

称之为“泛索”。

宣祐门外，西去紫宸殿[①]；次曰文德殿[②]；次曰垂拱殿；次曰皇仪殿[③]；次曰集英殿[④]；后殿曰崇政殿[⑤]、保和殿[⑥]，内书阁曰睿思殿[⑦]。后门曰拱辰门[⑧]。

【译】宣祐门外朝西是紫宸殿；其次叫文德殿；其次叫垂拱殿；其次叫皇仪殿；其次叫集英殿；后殿叫崇政殿、保和殿；内书阁叫睿思殿。后门叫拱辰门。

东华门外市井最盛，盖禁中买卖在此，凡饮食、时新花果、鱼虾鳖蟹[⑨]、鹑兔脯腊、金玉珍玩、衣着[⑩]，无非天下之



---

① 紫宸殿：原注：“正朔受朝于此。”每月初一与皇帝生日、郊庙礼成受贺、契丹辞见，都在御紫宸殿。

② 文德殿：原注：“常朝所御。”所谓“常朝”，即臣下对皇帝的一般朝见。

③ 皇仪殿：旧名滋福殿，太宗明德皇后曾居此，宋仁宗明道中（公元1022—1033年）改今名，常废不用，以为治后丧之所。

④ 集英殿：原注：“御宴及试举人于此。”旧为大明殿，后改今名，春、秋大宴皆在此。太祖尝御策制科举人，故后为殿试之所。

⑤ 崇政殿：旧名讲武殿，呈试武艺人的地方。

⑥ 保和殿：原名“宣和殿”。宋徽宗政和三年（公元1113年）建，改年号为宣和时，更名为保和殿。

⑦ 睿思殿：《秘册》《学津》作“眷思殿”。

⑧ 拱辰门：大内后门，原名“玄武门”，宋真宗大中祥符五年（公元1012年）十一月改玄武门为拱辰门。

⑨ 鱼虾鳖蟹：“鳖”原作“鳌”，从《秘册》《学津》本改。

⑩ 衣着：身上的穿戴。

奇。其品味若数十份，客要一二十味下酒[①]，随索目下[②]便有之。其岁时果瓜蔬茹新上市、并茄瓠之类新出，每对可直三五十千，诸阁分[③]争以贵价取之。

【译】东华门外集市最热闹，都是因为宫中的买卖在此。举凡日常饮食的时新花果、鱼虾鳖蟹、鹑兔干肉、金玉珍宝古玩、穿戴，没有一样不是天下珍奇之物。其品种常有数十种，如来客要一二十种下酒菜肴的食材，随意选择，眼前就有。时令的瓜果、蔬菜，并集市上茄、瓠之类新鲜菜品，每对可值三五十千钱，那些宫中的嫔妃争相以高价来购买。

## 内诸司

内诸司[④]皆在禁中，如学士院[⑤]、皇城司[⑥]、四方馆[⑦]、

① 下酒：对佐酒菜肴的俗称。

② 目下：当时，立即。

③ 诸阁分：指皇帝的后、妃、妻、妾。

④ 内诸司：设在皇宫内的服务机构，与“外诸司”相对而言。

⑤ 学士院：翰林学士院的简称。中央文职机构，皇帝的秘书处。负责给皇帝起草文诰、诏令、国书等事，皇帝出巡时充当顾问。属员有翰林学士承旨、翰林学士、知制诰等，皆为皇帝近臣。

⑥ 皇城司：皇宫警卫机构，原名“武德司”。统领亲事官、亲从官等。掌管宫城出入的禁令、宿卫以及启闭宫门之事。有皇城使、副使。

⑦ 四方馆：礼宾机构。负责接受、转送文武百官元日、冬正、朔旦向皇帝的贺词表章，以及郊祭、朝会大礼时排列百官、外国使副等次序。

客省[①]、东西上阁门[②]、通进司[③]、内弓剑枪甲军器等库[④]、翰林司[⑤]、内侍省[⑥]、入内内侍省[⑦]、内藏库[⑧]、奉宸库[⑨]、景福殿库[⑩]、延福宫[⑪]、殿中省六尚局[⑫]、诸阁分、内香药

---

① 客省：礼宾机构。负责外国信使、少数民族领袖、各地进贡使臣的接待、赏赐和发给返回公文等事。

② 东西上阁门：也称“阁门司”，礼宾机构，与四方馆、客省号称横行班。掌供奉乘舆、朝会、游幸、大宴及赞引亲王、宰相、蕃客朝见，纠弹失仪。

③ 通进司：“通进银台司”的简称。负责文武近臣、天下百官的表疏、奏章等的编目向皇帝进呈，并向外公布等事。

④ 内弓剑枪甲军器等库：指内弓箭库、军器衣甲库、军器弓枪库、军器弩剑箭库等。负责储备兵器、甲胄的武器库。属卫尉寺。

⑤ 翰林司：原注：“茶酒局也。”掌供果实及茶茗、汤药（饮料）。

⑥ 内侍省：宦官机构。原名“内班院”“黄门班院”，又称“南班”。负责洒扫宫殿等杂务。

⑦ 入内内侍省：宦官机构。原名“内中高班院”“入内内侍班院”，又称“北司”。直接侍奉皇帝、后妃们的生活事宜。与内侍省号称前后省。

⑧ 内藏库：宋太宗太平兴国三年（公元 978 年）建，在大内银台门外，收储每年财政盈余的仓库，以备军用。

⑨ 奉宸库：供给宫廷享用的金玉、珠宝、珍玩等物品的仓库。

⑩ 景福殿库：也叫“景福内库”，即“内藏西库”。

⑪ 延福宫：北宋著名的皇家公园，又称“延福五位”。政和三年（公元 1113 年）建在大内拱辰门外，是帝、后等人的游乐场所。东西长与大内相等，南北稍短。内有亭台殿阁、山水湖溪、奇禽异兽、嘉花名禾。因蔡京命童贯、杨戬、贾祥、兰从熙、何䜣等人分建筑，故各出新奇、不相沿袭，所以人称“延福五位”。

⑫ 殿中省六尚局：原注：“尚药、尚食、尚辇、尚醞、尚舍、尚衣。”殿中省，掌管皇帝衣食住行政令的机关。设有殿中监、少监、丞等官职。下属六局，各掌其事。尚药，掌和剂诊候之事。尚食，掌膳差之事。尚辇，掌舆辇之事。尚醞，掌酒醴之事。尚舍，掌次舍幄帐之事。尚衣，掌衣服、冠冕之事。原注“尚衣”作“尚依”，从《秘册》《学津》本改。

库[1]、后苑作[2]、翰林书艺局[3]、医官局、天章等阁、明堂颁朔布政府[4]。

【译】内诸司都在皇宫之内，如学士院、皇城司、四方馆、客省、东西上阁门、通进司、内弓剑枪甲军器等库、翰林司、内侍省、入内内侍省、内藏库、奉宸库、景福殿库、延福宫、殿中省六尚局、诸阁分、内香药库、后苑作、翰林书艺局、医官局、天章等阁，明堂颁朔布政府。

## 外诸司

外诸司：左右金吾街仗司[5]；法酒库、内酒坊[6]；牛羊




① 内香药库：专管外国进贡及贸易得来的细色香药，供皇宫使用。属太府寺。

② 后苑作：负责宫中花园、池塘、殿庭花木的栽培和管理等事。后苑，即后院、后花园。

③ 翰林书艺局：御用书法家供职的机构。与天文、图画、医官共四局，属翰林院。

④ 明堂颁朔布政府：官署名。除大赦外，凡颁布历书、御札、手诏、政令等，先在明堂宣示，表示告知祖宗，然后公之于众，这种仪式叫明堂布政。

⑤ 左右金吾街仗司："左右金吾街司""左右金吾仗司（亦名'左右金吾引驾仗司'）"的合称。治安、警卫机构，属卫尉寺。因手持金吾棒，故名。金吾仗司掌皇城的宿卫及巡察，金吾街司掌京城的街鼓及治安。皇帝外出时，金吾仗司负责喝道与勘箭等仪式，引导仪仗车驾的前进；金吾街司负责清道、巡逻、街鼓，保证车驾安全、顺利地行进。金吾，亦名"车辐"，即警卫棒。

⑥ 法酒库、内酒坊：法酒库掌以式法授酒材，视其厚薄之齐，而谨其出纳之政。若造酒以待供进及祭祀、给赐，则酒库掌之。内酒坊造酒。

司①、乳酪院②；仪鸾司③；车辂院④；供奉库；杂物库；杂卖务⑤；东西作坊⑥、万全⑦；修内司⑧；文思院上下界⑨；绫锦院⑩、文绣院⑪；军器所⑫；上下⑬、竹木务⑭；箔场⑮；车营⑯、致远务⑰、骡坊、驼坊、象院⑱；作坊物料库⑲；东西

---

① 牛羊司：供给大小祭祀与宴享所用的牛羊。

② 乳酪院：负责皇帝食用的乳饼、酥酪。

③ 仪鸾司：原注："帐设局也。"负责皇帝祭祀、大宴及皇宫内需要的大小帷帐与有关陈设。

④ 车辂（lù）院：负责各种礼仪需要的法驾、舆轿、车辆的数目及排列次序。属太仆寺。

⑤ 杂卖务：负责出售京城与各地官府上交的多余物资的机构。属太府寺。

⑥ 东西作坊：负责制造兵器及军用杂物的工署。原名南北作坊，宋神宗熙宁三年（公元1070年）改东西作坊。

⑦ 万全：原注："造军器所。"

⑧ 修内司：负责宫城和太庙的修缮工作，属将作监。

⑨ 文思院上下界：负责制造金银犀玉、铜铁竹木等器物。上界造金银犀玉器，下界制铜铁竹木器，属工部。

⑩ 绫锦院：负责造绫罗锦绢的作坊。

⑪ 文绣院：刺绣的作坊。均属少府监。

⑫ 军器所："都大提举内外制作军器所"的简称，省称"御前军器所"。掌改进和创造新兵器，总领各地的都作院。宋徽宗崇宁年间（公元1102—1106年）创建。

⑬ 上下：未知所指。

⑭ 竹木务：负责对商旅水运竹木抽税的机关。

⑮ 箔场：负责竹木、蒲苇实物的抽税，及编织帘箔、苇席的工署，属将作监。

⑯ 车营：车营务。掌饲养驴、牛驾车，给内外役。

⑰ 致远务：负责饲养驴、骡以供载乘与行幸杂物及边防军资之用。

⑱ 象院：负责养象和驯象，供大礼仪仗之用。以上均属太仆寺。

⑲ 作坊物料库：制造兵器的原料库。

窑务[1]；内外物库[2]；油醋库；京城守具所；鞍辔库[3]；养马曰“左右骐骥院、天驷十监[4]”；河南北十炭场[5]；四熟药局[6]；内外柴炭库[7]；军头引见司；架子营[8]；榷货务、都茶场[9]；大宗正寺[10]；左藏[11]、大观、元丰[12]、宣和等库；编估局、打套所[13]。

**【译】**外诸司：左右金吾街仗司；法酒库、内酒坊；牛羊司、乳酪院；仪鸾司；车辂院；供奉库；杂物库；杂卖

① 东西窑务：负责烧造砖瓦的工署。

② 内外物库：疑为“内外物料库”，即内物料库与外物料库的合称。掌供尚食及内外膳馐米麦、饴蜜、枣豆百品之料。外物料库原名麸面库。负责皇城外诸官院油盐米面之品。

③ 鞍辔（pèi）库：负责御用及赐给大臣的马鞍、笼头等马具的仓库，属太仆寺。

④ 左右骐骥院、天驷十监：负责饲养军国战马的机构，属太仆寺。骐骥、天驷，意为良马、神马。

⑤ 炭场：宋代有木炭场和石炭场，这里指石炭场，即煤炭仓场。负责售卖石炭。

⑥ 四熟药局：惠民局在京城东、西、南、北的四个卖熟药所。熟药局，惠民局的俗称，又叫熟药所。熟药，已经炮制的成药，今称中成药。

⑦ 内外柴炭库：内库供皇宫内所用柴炭，外库供皇宫以外的皇家官观等所用柴炭。

⑧ 架子营：原注：“楼店务、店宅务。”宋初名楼店务，宋太宗太平兴国中建左右厢店宅务，后合并名都店宅务。负责官房、邸店的出租和修造等事。

⑨ 榷（què）货务、都茶场：负责国家专卖的机构。掌管茶、盐、矾、香药的专卖以及凭证商户售卖时的征税。

⑩ 大宗正寺：主管赵姓皇族的机构。负责族属之远近、训导、赏罚以及存亡之数。

⑪ 左藏：左藏库，受纳四方赋税的仓库，用于国家经费、官吏、军兵的俸禄等。大观、宣和库，宋徽宗时建。

⑫ 元丰：元丰库，宋神宗建。贮藏各地的积余钱物，以及农民借贷本息的仓库。

⑬ 编估局、打套所：负责香药、杂物贸易的作价、计数之事。编估局作价，打套所计数。“打套所”也作“打套局”。

务；东西作坊、万全；制造军器之所；修内司；文思院上下界；续锦院；文绣院；军器所；上下、竹木务；箔场；车营、致远务、骡坊、驼坊、象院；作坊物料库；东西窑务；内外物库；油醋库；京城守具所；鞍辔库；养马之处叫"左右骐骥院，天驷十监"；河南北十炭场；四熟药局；内外柴炭库；军头引见司；架子营；榷货务、都茶场；大宗正司；左藏、大观、元丰、宣和等库；编估局，打套所。

诸米、麦等：自州东虹桥元丰仓[①]、顺城仓；东水门里广济、里河折中、外河折中、富国、广盈、万盈、永丰、济远等仓；陈州门里麦仓子；州北夷门山、五丈河诸仓，约共五十余所[②]。日有支纳、下卸，有下卸指挥兵士[③]支遣[④]，即有袋家，每人肩两石[⑤]布袋。遇有支遣，仓前成市。

【译】各处储存米、麦的有：在州城东面虹桥的元丰仓、顺成仓；东水门里的广济、里河折中、外河折中、富国、广盈、万盈、永丰、济远等仓；陈州门里的麦仓子；州城北面夷门山、五丈河等诸仓，总计约五十余所。日常有支出缴纳、装卸搬运之事，有属下卸司的军队步兵组织调配、

① 元丰仓：原名"延口仓"，宋神宗元丰元年（公元 1078 年）七月改名元丰仓。

② 诸米、麦等……约共五十余所：司农寺"掌仓储委积之政令，所隶官属凡五十，仓二十有五"。

③ 下卸司指挥兵士：宋代有"下卸司"，负责"纲运"下卸事务，力役为厢军步兵。"下卸指挥"，指下卸的军队步兵组织。

④ 支遣：指支移、调配、发送。

⑤ 石（dàn）：容量单位。"两石"等于二十斗。

发送，即有专事搬运之人，每人都肩扛盛两石粮食的口袋。如遇发送粮食，仓前就像集市一样。

近新城有草场二十余所①，每遇冬月诸乡纳粟秆草②，牛车阗塞道路③，车尾相衔④，数千万辆不绝，场内堆积如山。

诸军打请⑤，营在州北，即往州南仓，不许雇人搬担，并要亲自肩来，祖宗之法⑥也。

【译】靠近新城附近有草场二十余所。每到冬天各乡前来缴纳粮食柴草的牛车，充塞道路，首尾相连，成千上万辆络绎不绝，场内粮草堆积如山。

诸军营取粮，军营在州城北，即前往州南粮仓，而且不许雇人搬运，全部要由兵士自己扛回来。这是祖宗立下的规矩。

---

① 草场二十余所：《宋史·职官五》《文献通考·职官十》“皆草场十有二”；《续会要》作“十”。

② 粟秆草：谷子今俗称“秆草”。

③ 阗（tián）塞道路：充满道路。阗，充满，填塞。

④ 车尾相衔（xián）：车子前后相接。

⑤ 打请：领取。

⑥ 祖宗之法：前辈留下的规矩。

# 卷二

## 御街

坊巷御街[1]：自宣德楼一直南去，约阔二百余步[2]，两边乃御廊[3]。旧许市人买卖于其间，自政和间[4]官司[5]禁止。各安立黑漆杈子，路心又安朱漆杈子两行。中心御道不得人马行往，行人皆在廊下朱杈子之外。杈子里有砖石甃砌御沟[6]水两道，宣和间[7]尽植莲荷，近岸植桃李梨杏，杂花相间，春夏之间望之如绣。

【译】坊巷间的御街：从宣德楼一直往南去，御街大概宽三百多米，街两边是御廊。起初允许居民在御廊中做买卖，到了政和年间被官府禁止。御廊两侧各安置一个黑漆的杈子，路中间又安放了两行红漆杈子。御街中心的御道不准行人、车马往来，行人都在廊下红漆杈子之外行走。杈子里侧有砖石砌成沟壁的两道御沟，宣和年间两边御沟都种植了莲花，御沟岸边种植了桃、李、梨、杏等果树，不同的花相

① 御街：供皇帝出行的街道，又叫天街。这里指宣德楼至南薰门的大街。

② 二百余步：三百多米。步，古时的长度计量单位，每两次举足算一步，约 1.6 米。

③ 御廊：御街旁上有屋顶下有支柱而无墙壁的通道。

④ 政和间：公元 1111—1118 年。政和，宋徽宗的年号之一。

⑤ 官司：泛指政府机关。

⑥ 御沟：也叫“杨沟”，在上面种植高杨。一曰“羊沟”，谓羊喜用角触垣墙，故开沟以隔之。亦曰“禁沟”。

⑦ 宣和间：公元 1119—1125 年。宣和，宋徽宗的年号之一。

间开放，每当春夏之间远远望去，好像绣画一样。

## 宣德楼前省府[①]宫宇

宣德楼[②]前：左南廊对左掖门，为明堂颁朔布政府、秘书省[③]；右南廊对右掖门[④]，近东则“两府八位[⑤]”，西则尚书省[⑥]。

【译】宣德楼前：左边南廊面对左掖门，为明堂颁朔布政府、秘书省。右边南廊面对右掖门，靠近东边的是中书门下省和枢密院，西边的是尚书省。

御街：大内前南去，左则景灵东宫[⑦]，右则西宫；近南

---

① 省府：泛指在京的政府机关。这里指宣德楼前的各级政府机关。

② 宣德楼：皇宫正门，曾名“明德楼”“乾元楼”“正阳楼”，宋仁宗景祐元年（公元1034年）改名“宣德楼”，金朝时改名“承天门”。

③ 秘书省：官署名，管理皇家图书、档案资料的机构。负责收藏历代图书、国史、实录以及校刊古籍等事。原名“崇文院”，宋神宗改名“秘书省”。

④ 右南廊对右掖门：原作“右廊南对右掖门”，诸本同。其方向有误，据上“左南廊对左掖门”的行文，今改。

⑤ 两府八位：宋神宗为执政大臣建的办公与住宅群，共八个院落。两府指中书门下省（号东府）和枢密院（号西府）。八位，这里指左右仆射、尚书左右丞、中书侍郎、门下侍郎之类的居住院子。每府相对四位，故谓“八位”。

⑥ 尚书省：又称“都省”。负责中央政令的实施，总裁六部二十四司事务的中央政府机关。

⑦ 景灵宫：安放宋朝去世皇帝与皇后塑像的地方，四时致祭。景灵东宫，宋真宗时以宋太宗的原府第“晋邸”创建。供奉太祖、太宗、真宗、仁宗、英宗等人。景灵西宫，宋徽宗政和三年（公元1113年）创建，供奉神宗、哲宗等人。“左则景灵东宫”：涵芬楼《说郛》摘引作“左右则景灵东宫”，“右”字衍。

大晟府[1]、次曰太常寺[2]。

【译】御街：左边是景灵东宫，右边是景灵西宫。南去离城最近的是大晟府，其次是太常寺。

州桥曲转[3]大街，面南曰左藏库，近东郑太宰[4]宅；青鱼市内行景灵东宫南门。大街以东，南则唐家金银铺、温州漆器什物铺、大相国寺，直至十三间楼[5]、旧宋门。

【译】州桥处曲折转弯的大街，面朝南的叫左藏库，东边最近的是郑太宰府第；青鱼市往里走是景灵东宫南门。大街以东，往南是唐家金银铺、温州漆器什物铺、大相国寺，一直到十三间楼、旧宋门。

自大内西廊南去，即景灵西宫，南曲对[6]即报慈寺[7]街、



① 大晟（shèng）府：负责乐曲、歌舞的机构。宋徽宗时创建，隶礼部。以大司乐、典乐为长贰，次曰大乐令、协律郎。工有乐正至舞师。宣和二年（公元1120年）废。

② 太常寺：负责祭祀礼乐、仪式等事项的机关。

③ 曲转：转弯。这里指从御街州桥处向东去的相国寺大街。

④ 太宰：宰相。郑太宰，所指何人不详。

⑤ 十三间楼：后周大将军周景威于宋门外临汴河建的楼房。

⑥ 曲对：不直对，俗谓错对、斜对。

⑦ 报慈寺：诸书不见记载，疑为崇真院的俗称，又称七公主院。即太宗陈国长公主出家，号报慈正觉大师，出居该院。“南曲对即报慈寺”：涵芬楼《说郛》摘引作“南曲即对报慈寺”。

都进奏院[①]、百种圆药铺[②]，至浚仪[③]桥大街。西宫[④]南皆御廊、杈子，至州桥投西大街，乃果子行。街北都亭驿[⑤]，相对梁家珠子铺[⑥]，余皆卖时行[⑦]纸画、花果铺席[⑧]，至浚仪之西即开封府[⑨]。

【译】从皇宫西廊向南去，即景灵西宫，南面斜对的即报慈寺街、都进奏院、百种丸药铺，一直到浚仪桥大街。景灵西宫南边都是御廊、杈子，到州桥朝西大街去，是果子行。街北面是都亭驿，它对面的是梁家珠子铺，其余都是出售当时流行的纸画、花果等的店铺。到浚仪桥的西边，就是开封府。

御街一直南去，过州桥两边皆居民。街东车家炭、张家

① 都进奏院：总领各地政府公文传递的机关。涵芬楼《说郛》本作“进奏院”。

② 百种圆药铺：“百种”原作“百钟”，据《秘册》《学津》、涵芬楼《说郛》本改。圆药，即丸药。

③ 浚仪：河名。古浪荡渠分黄河水东流至浚仪县（今开封市），故此渠别称浚仪。

④ 西宫：指景灵西宫。

⑤ 都亭驿：原注“大辽人使驿也”。按：都亭驿，北宋时是接待契丹、大辽使臣居住的地方。

⑥ 相对梁家珠子铺：涵芬楼《说郛》摘引作“相对有梁家珠子铺”。

⑦ 时行：俗语。流行、时髦的意思。

⑧ 铺席：商店，铺面。

⑨ 开封府：北宋京都的地方政府，主管京城的民政、治安、狱讼等事，属县十六。遗址在今包公西湖北部一带。

酒店[1]，次则王楼山洞梅花包子、李家香铺、曹婆婆肉饼[2]、李四分茶。至朱雀门街西、过桥[3]即投西大街，谓之“曲院[4]街”。街南遇仙正店[5]，前有楼子后有台，都人谓之“台上”。此一店最是酒店上户，银瓶酒七十二文一角，羊羔酒[6]八十一文一角[7]。街北薛家分茶、羊饭、熟羊肉铺。向西去皆妓馆舍[8]，都人谓之“院街”。

【译】从御街一直朝南去，过州桥街两边都是民宅。街东边是车家炭行、张家酒店，其次是王楼山洞梅花包子、李家香铺、曹婆婆肉饼铺、李四茶店。到朱雀门街的西头、过了桥就是朝西大街，称之为“曲院街”。街南面是遇仙正店，前有楼房后有台阁，京城人称之为“台上”。此店乃是酒店中的上好名家，银瓶酒要七十二文钱一角，羊羔酒要

① 街东车家炭、张家酒店：涵芬楼《说郛》摘引作“街东则有车家炭、张家酒店”。

② 肉饼：半煎半炸的食品。《饮膳正要》卷一：“肉饼儿：精羊肉十斤，去脂膜筋，捶为泥。哈昔泥三钱，胡椒二两、荜拨一两、芫荽末一两。左件，用盐调和匀，捻，入小油炸。”

③ 过桥：指过了朱雀门外的龙津桥。

④ 曲院：妓院。

⑤ 街南遇仙正店：涵芬楼《说郛》摘引作“街南则遇仙正店”。

⑥ 羊羔酒：《事林广记》别集卷七：“羊羔酒：宣和化成殿方：米一石，如常法浸浆。肥羊肉七斤，曲十四两。将羊肉切作四方块烂煮， 杏仁一斤，同煮，留汁七斗许，拌米饭、曲，用木香一两同醞，毋犯水，十日熟，味极甘滑。”《本草纲目》卷二十五：“羊羔酒，大补元气， 健脾胃，益腰肾。宣和化成殿真方……。一法：羊肉五斤蒸烂，酒浸一宿，入消梨七个，同捣取汁，和曲，米酿酒饮之。”

⑦ 角（jué）：酒的计量单位，每角容量四升。

⑧ 皆妓馆舍：《学津》、涵芬楼《说郛》摘引作“皆妓女馆舍”。

八十一文钱一角。街北面是薛家茶店、羊饭铺、熟羊肉铺。向西全是妓女馆舍，京城人称之为“院街”。

御廊西即鹿家包子，余皆羹店、分茶、酒店、香药铺、居民。

【译】御廊向西是鹿家包子铺，其余都是羹店、茶店、酒店、香药铺和民宅。

## 朱雀门外街巷①

出朱雀门，东壁亦人家。

【译】出朱雀门，往东也都是百姓人家。

东去大街麦秸巷②、状元楼③，余皆妓馆，至保康门街；其御街东。

朱雀门外，西通新门瓦子④；以南杀猪巷，亦妓馆；以南东、西两教坊⑤，余皆居民或茶坊。街心市井，至夜尤盛。

【译】朝东去的大街是麦秸巷、状元楼，其余都是妓馆，一直到保康门街；在御街东边的朱雀门外，向西通向新门瓦子；往南是杀猪巷，也都是妓馆；往南是东、西两座教坊，其余都是百姓的住宅或茶馆。街心是做买卖的地方，到

① 朱雀门外街巷：《秘册》本作“朱雀门外街”。

② 麦秸巷：原作“麦稍巷”，据《学津》本、涵芬楼《说郛》引改。

③ 状元楼：此处应指酒楼名称。

④ 瓦子：宋代都市中伎艺人与商贩集中的场所，又名瓦市、瓦肆、瓦舍。

⑤ 教坊：负责教授乐舞、百戏的官署，为大宴、游乐服务，属太常寺。内分四部，即法曲部、龟兹部、鼓笛部、云韶部。

了晚上特别热闹。

过龙津桥南去，路心又设朱漆杈子如内前，东刘廉访[①]宅，以南太学[②]、国子监[③]。过太学又有横街，乃太学南门，街南熟药惠民南局[④]。以南五里许皆居民。又，东去横大街乃五岳观后门[⑤]。大街约半里许乃看街亭[⑥]，寻常车驾行幸[⑦]，登亭观马骑于此。东至贡院、什物库、礼部[⑧]贡院[⑨]、车营务、草场；街南葆真宫[⑩]，直至蔡河云骑桥，御街至南薰门里；街西[⑪]五岳观最为雄壮，自西门东去观桥、宣泰桥，柳阴牙道约五里许，内有中太一宫[⑫]、佑神观[⑬]；街南明

---

① 刘廉访：其人不详。廉访，官名，“廉访使者”的简称。原名“走马承受公事”，宋徽宗政和六年（公元1116年）改名廉访使者。乃皇帝派往各地考察官员政绩与民情的耳目官，对于军事防务动态，州郡不法之事，可以直接上达。

② 太学：全国最高学府。宋朝的太学分上中下三舍，宋徽宗时生徒众多。

③ 国子监：管理全国教育的最高机关。

④ 惠民南局：国家药铺。“南局”，涵芬楼《说郛》引作“两局”。

⑤ 乃五岳观后门：涵芬楼《说郛》引作“乃至五岳观后门”。五岳观，供奉山神的庙宇，会灵观的俗称。宋真宗时创建。仁宗时失火后重建，更名集禧观。

⑥ 看街亭：市楼，又称“旗亭”“市亭”。观察、管理市场的地方。

⑦ 车驾行幸：皇帝驾临。行幸，古代专指皇帝亲自到达。

⑧ 礼部：中央政府的六部之一，负责科举、祭祀、朝会、宴享、礼乐的政令。

⑨ 贡院：贡生考试的场所。

⑩ 葆真宫：道观名。

⑪ 街西：指观桥至普济水门的南北大街，在御街之东。不指御街。

⑫ 中太一宫：太一宫是供奉太一神的庙宇。太一，又叫“太乙”，星名，号称天神。宋时东京有东西中三个太一宫，东宫在城东南苏村，西宫在城西郊八角镇。

⑬ 佑神观：又叫“祐圣观”。供奉赵姓神人“佑圣真君”的庙宇。

丽殿、奉灵园、九成宫[①]内安放九鼎；近东即迎祥池[②]，夹岸垂杨、菰蒲莲荷、凫雁[③]游泳其间，桥亭台榭棋布相峙，唯每岁清明日放万姓烧香、游观一日。

【译】过龙津桥向南去，路中央也设置着朱漆的杈子与在皇宫前所设杈子一样。东边是刘廉访的住宅，往南是太学、国子监。过了太学又有一条横街，是太学的南门，街南是熟药惠民南局。往南去五里左右也全是百姓的住宅。另，朝东去的横大街是五岳观的后门。大街行半里左右，是看街亭，平常皇帝驾临，登上看街亭，在这里观看过往的车马行人。向东直到贡院、什物库、礼部贡院、车营务、草料场；街南是葆真宫，直到蔡河云骑桥。而御街则一直到南薰门里边为止，御街西边的五岳观，最是雄伟壮丽。从西门向东去是观桥、宣泰桥，宫道柳荫遮蔽约长五里，其间有中太一宫、佑神观；街南是明丽殿、奉灵园、九成宫，宫内安置有九鼎；东边最近的是迎祥池，池边垂杨夹岸，池中菰蒲莲荷，凫雁在池中游泳嬉戏，迎祥池中桥梁、亭台、水榭交错对峙，只有每年的清明才允许百姓入内烧香、游览一天。

---

① 九成宫：由方位不同，而颜色各异的九个各有小围墙的宫殿所组成，外有大围墙。内备百物形象，铸九鼎在中太一宫。

② 迎祥池：又称“凝祥池”。《汴京遗迹志》卷十引《宋朝会要》：“（五岳）观南有奉灵园，观东有凝祥池。”

③ 凫雁：野鸭。

龙津桥南西壁邓枢密宅；以南武学巷内曲子张宅①、武成王庙②；以南张家油饼③、明节皇后④宅。西去大街曰大巷口，又西曰清风楼酒店，都人夏月多乘凉于此；以西老雅巷口军器所，直接第一座桥。自大巷口南去延真观，延接四方道民于此；以南西去小巷口三学院⑤，西去直抵宜男⑥桥。

小巷南去即南薰门。其门寻常士庶殡葬车舆⑦皆不得经由⑧此门而出，谓正于大内相对，唯民间所宰猪须从此入京，每日至晚，每群万数，止十数人驱逐⑨，无有乱行者。

【译】龙津桥南西墙处是邓枢密的住宅；往南武学巷内是曲子张的住宅、武成王庙；再往南是张家油饼铺、明节皇后宅邸；向西去的大街叫大巷口，又往西边是清风楼酒店，



① 曲子张宅：杂曲艺人张衮臣的宅第。张衮臣是徽宗时人，能杂曲，善滑稽语。供奉禁中，号曲子张观察。

② 武成王庙：供奉、祭祀宋代以前历代军事家的庙宇，也是武学（军事学校）所在地。武成王，唐时对周代军事家吕尚的封号，宋朝加封为昭烈武成王。

③ 油饼：一类油炸馅食的通称。据《居家必用事类全集》记载有肉馅、酥蜜、枣馅等多种。

④ 明节皇后：宋徽宗的一位皇后，姓刘，出身酒保家。初入宫为才人，因得罪出宫，居住宦官何䜣家。再次被诏入宫后封为贵妃，宣和三年卒，年三十四岁，追封为皇后，谥明节和文。

⑤ 三学院：三学护国院的简称。

⑥ 宜男：“萱草”的别名，亦名“忘忧草”，百合科多年生草本。传说，孕妇佩戴则生男，故名宜男草。

⑦ 殡葬车舆：涵芬楼《说郛》引作“殡葬车马”。

⑧ 经由：涵芬楼《说郛》引作“径由”。

⑨ 十数人驱逐：涵芬楼《说郛》引作“数十人驱逐”。

很多京城人夏天晚上在此乘凉；往西是老鸦巷口军器所，一直连接第一座桥；从大巷口向南去，是延真观，在此接待、安置四方来京的道人、百姓；南面向西去的小巷口是三学院，再向西去一直抵达宜男桥，小巷往南去便是南薰门。南薰门平时不论士人百姓殡葬车辆都不得经由此门而出，说此门正好与皇宫相对。唯有民间所要宰杀的猪，则须从此门进入京城，每到了晚上，每群猪数万头，只有十多人来驱赶，然而猪群却没有乱走的。

## 州桥夜市

出朱雀门，直至龙津桥：

【译】出了朱雀门，一直到了龙津桥：

自州桥南去，当街[①]水饭[②]、爊肉[③]、干脯[④]；玉楼[⑤]前獾儿[⑥]、野狐、肉脯、鸡；梅家、鹿家鹅鸭鸡兔肚肺鳝鱼包子[⑦]；鸡皮、腰肾、鸡碎[⑧]，每个不过十五文；曹家从食[⑨]。

---

① 当街：俗语，指大街。

② 水饭：煮好的米饭，再用冷水泡凉，佐以瓜、酱食用。

③ 爊（āo）肉：熬肉。《演繁露》卷九："世言爊某肉，当书为爊，言从镳器之中，和五味以致熟也。"

④ 干脯：卤制的、不带汁水的肉馔。

⑤ 玉楼：诸本作"王楼"。宋朝张能臣《酒名记》作"玉楼"。

⑥ 獾儿：猪獾、狗獾之类，也叫"獾子"，哺乳动物，鼬（yòu）科。

⑦ 鹅鸭鸡兔肚肺鳝鱼包子：指鹅、鸭、鸡、兔等各自为馅的包子。

⑧ 鸡碎：俗语，即鸡杂碎。泛指鸡胗、肝、肠等，又俗称鸡杂个儿。

⑨ 从食：小吃、点心之类的食品。《梦粱录·荤素从食店》："更有专卖素点心从食店，如蜂糖糕、乳糕、栗糕、七宝包儿等点心。"

至朱雀门，旋煎羊白肠[①]、鲊脯[②]、爊冻鱼头[③]、姜豉剿子[④]、抹脏[⑤]、红丝[⑥]、批切[⑦]羊头、辣脚子、姜辣萝卜。

【译】从州桥向南去，当街出售水饭、爊肉、肉干。玉楼前有卖獾肉、野狐肉、风干的鸡。梅家、鹿家出售的鹅、鸭、鸡、兔、肚、肺、鳝鱼等做的包子；鸡皮、腰肾和鸡杂碎，每份不过十五文；还有曹家小吃、点心之类的食品。到了朱雀门，有现煎现卖的羊白肠、腌制的鱼干、爊冻鱼头、姜豉猪肉冻、抹脏、血豆腐、批切羊头、辣脚子、姜辣萝卜等。



① 旋煎羊白肠：现煎现卖的羊白肠。旋，随即、立即。白肠，煮制的熟肠。

② 鲊（zhǎ）脯：腌制的鱼干。

③ 爊（zuǎn）冻鱼头：疑为先煎后冻的鱼头。爊，一种烹调方法，《玉食批》有“爊石首”。

④ 姜豉剿（dié）子：切成薄片的猪肉冻。《岁时广记》卷十五引《岁时杂记》：“寒食，煮猪肉并汁露顿，候其取冻之，谓之姜豉。以荐饼而食之，或剜以匕，或裁以刀，调以姜，故名焉。”《永乐大典》卷七三二八引《能改斋漫录》：“今日市中所卖姜豉，以细抹猪肉冻而为之。”剿子，切成的薄肉片。

⑤ 抹脏：割脏、切脏。抹，刀法名，即逼紧刀片成片的意思。今北方称“抹刀片”。

⑥ 红丝：以凝结的猪、羊、鸡等动物血，氽熟的食品，今名“红豆腐”“血豆腐”。《多能鄙事》卷二：“红丝：活血两碗，凉水碗半，对搅须臾自凝，划入汤煮。”

⑦ 批切：切菜的刀法名，意为斜劈、削。

夏月，麻腐鸡皮[①]、麻饮细粉[②]、素签、沙糖冰雪冷元子[③]、水晶皂儿[④]、生淹水木瓜、药木瓜[⑤]、鸡头穰[⑥]、沙糖绿豆甘草冰雪凉水[⑦]、荔枝膏、广芥瓜儿[⑧]、咸菜、杏片、梅子姜、莴苣笋[⑨]、芥辣瓜儿[⑩]、细料馉饳儿[⑪]、香糖果子、间道[⑫]

---

① 麻腐鸡皮：菜肴名。今开封仍有，以麻腐和熟鸡皮拼在一起而成。麻腐，《本草纲目》卷二十二："近人以脂麻擂烂去渣，入绿豆粉作腐食，其性平润，最益老人。"今开封厨师的制法是用芝麻酱与绿豆粉芡调成糊，熬制后待凝结成豆腐状即成。《食物本草》说它"利肠胃、解热毒、滋益精髓"。

② 麻饮细粉：菜肴名。麻饮，芝麻酱加白糖制成。《食宪鸿秘》卷上："麻饮，芝麻略炒，微香，磨烂，加水，生绢滤过，去渣取汁，煮熟入糖，热饮为佳。"细粉，宋代俗语，今中原民间叫粉条谓细粉。

③ 沙糖冰雪冷元子：冰镇的沙糖凉水团。《戒庵漫笔》："严（杭）俗多南渡遗风，卖冰者叫'大雪'，以大雪时收者佳。"元子，丸子，《岁时广记》卷十一："煮糯为丸，糖为臛（huò），谓之'元子'。"

④ 水晶皂儿：糖水浸制的小食品。《鸡肋编》卷上："京师（指开封）取皂荚子仁煮过，以糖水浸食，谓'水晶皂儿'。"涵芬楼《说郛》引作"水晶角儿"。

⑤ 药木瓜：涵芬楼《说郛》节录本无此三字。

⑥ 鸡头穰：鸡头肉。鸡头又名"芡实"。

⑦ 沙糖绿豆甘草冰雪凉水：冰镇的绿豆汤。

⑧ 广芥瓜儿：《太平御览》卷九百八十引《岭南异物志》："南土芥高者五六尺，子如鸡卵。广人以巨芥为咸菹埋地中，有三十年者，贵尚亲宾以相饷馈。"疑指此。

⑨ 莴苣笋：又名"莴笋"。茎肥大如笋，肉质肥嫩。

⑩ 芥辣瓜儿：以芥末制成的瓜菜。《吴氏中馈录》："芥辣：二年陈芥子碾细，水调，纳实碗中，韧纸封固，沸汤三、五次泡出黄水，覆冷地上，倾后有气。入醋解开，布滤去渣。"

⑪ 馉（gǔ）饳（duò）儿：一种面食品。今山东半岛一带方言，称饺子为"馉饳"。细料馉饳儿：《秘册》《学津》本作"细斜馉饳儿"。

⑫ 问道：相隔，相间。

糖荔枝、越梅、鎚刀[1]紫苏膏、金丝党梅、香枨元[2]，皆用梅红匣儿[3]盛贮。

【译】夏天的时候，则有麻腐鸡皮、麻饮细粉、素签、冰镇沙糖凉水团、水晶皂儿、生腌水木瓜、药木瓜、鸡头穰、冰镇的绿豆汤、荔枝膏、广芥瓜儿、咸菜、杏片、梅子姜、莴苣笋、芥辣瓜儿、细料馉饳儿、香糖果子、间道糖荔枝、越梅、鎚刀紫苏膏、金丝党梅、香橙丸子等，都用梅红色的盒子盛着。

冬月，盘兔[4]、旋炙猪肉皮[5]、野鸭肉、滴酥[6]水晶脍、煎夹子[7]、猪脏[8]之类，直至龙津桥须脑子肉止，谓之"杂嚼"，直至三更。

---

① 鎚刀：形状像斧子一样的刀。

② 香枨元：香橙丸。以大橙子捣烂，与生姜末、檀香末、甘草末、盐和匀作丸。食时碾成细末，沸水冲服，有宽中、通气、消酒的作用。元，即丸。

③ 匣儿：俗语，小盒子。

④ 盘兔：肴馔名。《居家必用事类全集·庚集·饮食类》："盘兔：肥者一只，煮七分熟，拆开缕切，用香油四两炼熟下肉。入盐少许，葱丝一握炒片时，却将元（同'原'）汁澄清下锅滚二三沸，入酱些小，再滚一两沸。调面丝便加活血两杓，滚一沸。看滋味添盐、醋少许。若与羊尾、羊膘（biǎo，同'膘'）缕切同炒，尤妙。"

⑤ 旋炙猪肉皮：宋代制法不详。《调鼎集》："肉皮条"："炙肉皮：干肉皮，扫上酱油、麻油、椒末，炭火炙。"

⑥ 滴酥：一类食品的名称，也是烹调技艺，又名"点酥"。以牛乳熬制，点成花、鸟、虫、鱼等形状。

⑦ 煎夹子：馅食品种。《吴氏中馈录》："油铗儿方：面搜剂，包馅，作铗儿，油煎熟。馅同肉饼法。"煎夹子，《学津》本、涵芬楼《说郛》引作"煎角子"。

⑧ 猪脏：指猪的肚、肠、心、肝、肺等，俗称"猪下水"。

【译】冬天的时候，有盘兔、现烤现卖的猪肉皮、野鸭肉、滴酥水晶脍、煎夹子、猪下水等，一直到龙津桥须脑子肉为止，这些食物叫作“杂嚼”，街市营业从白天一直到三更。

## 东角楼街巷

自宣德[①]东去：

东角楼乃皇城东南角也。十字街南去，姜行。高头街北去，从纱行至东华门街、晨晖门[②]、宝箓宫[③]，直至旧酸枣门，最是铺席要闹。宣和间展夹城牙道[④]矣。

【译】从宣德楼向东去：

东角楼即是皇城的东南角。由十字街向南去，是姜行。由高头街向北去，从纱行到东华门街、晨晖门、宝箓宫一直到旧酸枣门，店铺相连是很繁华热闹的地方，宣和年间拓展为挨着皇城的开阔道路了。

东去乃潘楼街，街南曰“鹰店”，只下贩鹰鹘[⑤]客，余皆真珠匹帛[⑥]、香药铺席。南通一巷，谓之“界身”，并是

① 宣德：指皇宫正门宣德楼。

② 晨晖门：大内后苑延福宫的东门，出入最多。

③ 宝箓宫：道观名，“上清宝箓宫”的简称。宫在东华门街东，宋徽宗政和六年（公元1116年）四月建，内中神霄殿放有宋徽宗第二次铸的九鼎。

④ 展夹城牙道：挨着城池的开阔道路。这里的“城”指皇城。

⑤ 鹰鹘（gǔ）：鹰、鹫类禽鸟，供人饲养玩赏。鹘，又名鹘鸠、鹘鸼（zhōu）、苍鹘。

⑥ 真珠匹帛：涵芬楼《说郛》引作“珍珠匹帛”。

金银彩帛交易之所。屋宇雄壮[①]，门面广阔，望之森然[②]。每一交易动即千万，骇人闻见。以东，街北曰“潘楼酒店”，其下每日自五更市合[③]，买卖衣物书画、珍玩犀玉。至平明[④]，羊头、肚肺、赤白腰子[⑤]、奶房、肚胘[⑥]，鹑兔鸠鸽野味，螃蟹、蛤蜊之类，讫[⑦]，方有诸手作人[⑧]上市买卖零碎作料[⑨]；饭后，饮食上市，如酥蜜食、枣䭉[⑩]、澄沙团子[⑪]、香



① 屋宇雄壮：《秘册》本作“屋子雄壮”。

② 森然：形容高耸、众多的样子。

③ 市合：聚合成市，即开市。合，聚拢、汇合。

④ 平明：天刚亮的时候。又叫“平旦”。

⑤ 赤白腰子：红色的腰子和白色的睾丸。羊白腰，今俗称羊外腰（羊蛋）。

⑥ 肚胘（xián）：泛指牛、羊、猪等胃的厚处，今称“猪肚头”“牛肚岭”。这里指牛肚、牛百叶。

⑦ 讫：终结，完毕。

⑧ 手作人：手工匠人。

⑨ 作料：匠人所用的材料。

⑩ 枣䭉（hú）：枣饼。《岁时广记》卷二十五引《艺苑雌黄》：“以面为蒸饼样，团枣附之，名枣䭉。”

⑪ 澄沙团子：澄沙作馅的粉团。《清嘉录》卷十一：“有馅而大者为粉团……；无馅而小者为粉元……。”澄沙，今名豆沙。

糖果子、蜜煎雕花[①]之类；向晚，卖何娄[②]头面[③]、冠梳[④]、领抹[⑤]、珍玩、动使[⑥]之类。东去则“徐家瓠羹[⑦]店”，街南桑家瓦子。近北则中瓦，次里瓦，其中大小勾栏[⑧]五十余座，内中瓦子莲花棚[⑨]、牡丹棚，里瓦夜叉棚[⑩]、象棚最大，可容数千人。自丁先现[⑪]、王团子、张七圣辈，后来可有人于此作场[⑫]。瓦中多有货药、卖卦、喝故衣、探博饮食[⑬]、剃剪纸

---

① 蜜煎雕花：将烹饪原料雕刻成花卉、虫鱼的形状，用蜂蜜以慢火煎成的甜食品。蜜煎，烹调方法。《居家必用事类全集》庚集“蜜煎法”：把原料先以炼蜜浸一宿，再煎如琥珀色，去蜜置器中。食时浇以蜜。

② 何娄：宋代民间俗语，指虚伪欺诈。据《中山诗话》，宋代开封有何家楼，楼下设市，所出售商品皆假冒次劣货。后来就以何楼指信虚伪欺诈。娄，为楼。

③ 头面：首饰。

④ 冠梳：帽子、梳篦（bì）。

⑤ 领抹：妇女的服饰，领巾（披巾）、抹胸（小内衣兜肚）之类。

⑥ 动使：家庭中日常应用器具。

⑦ 瓠羹：《齐民要术·素食》：“瓠羹：下油水煮极熟——瓠体横切，厚三分，沸而下，与盐、豉、胡芹。累奠之。”徐家瓠羹店：涵芬楼《说郛》引作“徐家瓜瓠羹店”。

⑧ 勾栏：本义为“栏杆”。宋时专指杂剧百戏艺人的演出场所，又作勾阑、勾栏，或称“棚”“乐棚”。它由戏台（表演台）、戏房（后台）、神楼、腰棚（看席）所组成。

⑨ 莲花棚：又称“金莲棚”，是散乐、杂班等艺人的演出场所。

⑩ 夜叉棚：演出鬼神怪物的乐棚。

⑪ 丁先现：宋人笔记又作丁仙现、丁绵现。滑稽艺人，擅长诙谐，敏捷知音，能歌善舞，曾任教坊使，人称丁使。生卒年无考，据记载，他经历了英宗、神宗、哲宗、徽宗四朝。

⑫ 作场：艺人演出。可有人于此作场：涵芬楼《说郛》引作“亦有人于此作场”。

⑬ 探博饮食：买卖饮食。博，贸易，也叫打博。

画[1]、令曲[2]之类，终日居此[3]，不觉抵暮。

**【译】**向东去的是潘楼街，街南的叫“鹰店”，但只有一家贩卖鹰鹫之类猛禽的客商，其余都是买卖珍珠丝绸、香料药材的店铺。向南有一巷相通，叫作“界身”，也是金银采帛交易的场所。这里的楼宇房屋雄伟壮美，店铺门面非常宽敞，远处望去高耸、众多。这里的交易额一笔就数以千万，所见所闻使人非常吃惊。向东去街的北面有“潘楼酒店”，楼下每天从五更起就开市了，买卖衣物、字画、珍奇玩赏之物、犀牛角、玉器等。到天刚亮的时候，羊头、猪肚肺、红白腰子、奶房、牛肚、牛百叶，鹌鹑、兔子、斑鸠、鸽子等野味，螃蟹、蛤蜊等水产品，这些都收市后，才有不少手艺人上市交易零星的原材料；早饭以后，各色饮食上市交易，如酥蜜食、枣饼、豆沙团子、香糖果子、蜜煎雕花等等；傍晚的时候，则有卖做工粗糙的头饰、帽子、梳篦、领巾、抹胸、珍玩、日用器具等物品。再向东去就是“徐家瓠羹店”，街的南面是桑家瓦子。旁边靠北的是中瓦，其次是里瓦，瓦子中有大小演出棚五十余座。其中以中瓦子的莲花棚、牡丹棚及里瓦子的夜叉棚、象棚最大，可容纳数千人。自从丁先现、王团子、张七圣等人在此演出，后来艺人们也

---

① 剜剪纸画：按照底样剪纸。俗称“剜某样”“剪样”，如“剜鞋样”“剜花子样”。剜剪纸画：涵芬楼《说郛》引作“剜刀、剪纸画”。

② 令曲：这里指唱小曲。令，小令，也叫令曲，一般字少、调短。

③ 终日居此：涵芬楼《说郛》引作“终日俱此”。

就可在此演出了。瓦子里还有卖药、占卦、叫卖旧衣服、买卖饮食、剪样、唱小曲儿的各色人等，整天都待在这里，不知不觉就到了天黑。

## 潘楼东街巷

潘楼东去十字街，谓之“土市子”，又谓之“竹竿市”。又东去十字大街，曰“从行[①]裹角茶坊”。每五更点灯博易[②]，买卖衣物、图画、花环[③]、领抹之类，至晓即散，谓之“鬼市[④]子”。以东，街北赵十万宅，街南中山正店[⑤]，东榆林巷、西鸡儿巷[⑥]。北，郑皇后[⑦]宅，南曲首向北[⑧]墙畔单将军庙，乃单雄信[⑨]墓也，上有枣树，世传乃枣槊[⑩]发芽生长成树，又谓之“枣冢子巷[⑪]”。又投东则旧曹门，街北山

① 从行（háng）：入行、加入。行，同业组织。

② 博易：交易，即买卖。

③ 花环：妇女戴的头饰，又称“花钿”。

④ 鬼市：夜间集市，至晓即散，故称。

⑤ 中山正店：《酒名记》作“中山园子正店”，自制的“千日春酒”有名于时。

⑥ 西鸡儿巷：《秘册》《学津》本、涵芬楼《说郛》引皆无此四字。

⑦ 郑皇后：宋徽宗的一个皇后，开封人。原为宋神宗钦圣宪肃向皇后的供侍押班（即领班）。好读书、能自制奏章。初封贤妃，又进贵妃，政和元年立为皇后。曾与徽、钦二帝被金人掠往北国，居五年，卒于五国城，年五十二，谥显肃，与徽宗合葬于会稽永祐陵。

⑧ 曲首向北：向北看，向北转弯。曲首，扭头。

⑨ 单雄信：唐朝济阴人，善于马上使枪，号“飞将”。原是李密的将军，后降王世充。被李密斩于洛河。

⑩ 枣槊（shuò）：枣木制成的长矛枪杆。槊，长矛。

⑪ 枣冢子巷：《秘册》《学津》本、涵芬楼《说郛》引皆作“枣家子巷”。

子茶坊，内有仙洞、仙桥，仕女往往夜游吃茶于彼。又，李生菜小儿药铺、仇防御[1]药铺。

**【译】** 潘楼街向东去到十字街，叫作“土市子”，又叫作“竹竿市”。再向东的是十字大街，叫“从行裹角茶坊”。每天五更就开始点灯交易，买卖衣物、图画、花环、领巾、抹胸之类，到天亮时就散去，称为“鬼市子”。再往东，街的北面是赵十万住宅，街的南面是中山酒店，东榆林巷、西鸡儿巷；北面是郑皇后宅邸。街东头向北转弯靠墙畔是单将军庙，是单雄信墓。墓上有枣树，世间传说是单雄信的（兵器）枣槊发芽生长成枣树，此巷又叫作“枣冢子巷”。再向东去就是旧曹门街，大街北有个山子茶坊，其中有仙洞、仙桥，官宦人家的女子夜游往往在那里喝茶。还有，李生菜小儿药铺、仇防御药铺。

出旧曹门朱家桥瓦子，下桥南斜街、北斜街，内有泰山庙[2]，两街有妓馆。桥头人烟市井不下州南。以东牛行街，下马刘家药铺、看牛楼酒店，亦有妓馆，一直抵新城。

**【译】** 出了旧曹门是朱家桥瓦子，下桥便是南斜街、北斜街，街上有泰山庙，两条街上都有妓馆。桥头人烟闹市不亚于州南。再向东是牛行街，有下马刘家药铺、看牛楼酒

---

① 仇防御：防御，官称，即防御使。多任命于降级官员，任所在诸州郡。仇防御，其人不详。

② 泰山庙：东岳庙，内祀泰山神。宋真宗封泰山神为东岳天齐仁圣帝，每年三月二十日为诞辰，有东岳庙大会，又称天齐庙会。

店，街上亦有妓馆，牛行街一直抵达新城。

自土市子南去：铁屑楼酒店①、皇建院街、得胜桥郑家油饼店，动二十余炉；直南抵太庙②街、高阳正店③，夜市尤盛。

【译】自土市子向南去：铁屑楼酒店、皇建院街、得胜桥郑家油饼店（开二十多个炉做饼）；一直朝南抵达太庙街、高阳酒店，街上夜市格外热闹。

土市北去乃马行街也，人烟浩闹。先至十字街④，曰“鷯儿市⑤”，向东曰“东鸡儿巷”，向西曰“西鸡儿巷”，皆妓馆所居。近北街曰“杨楼街”，东曰“庄楼”，今改作“和乐楼⑥”；楼下乃卖马市也；近北曰“任店”，今改作“欣乐楼⑦”；对门马铛家羹店。

【译】从土市子向北去就是马行街，街上人多热闹。先到十字街，叫作“鷯儿市”，向东去叫“东鸡儿巷”，向西去叫“西鸡儿巷”，都是妓馆所居之地。朝北最近的街叫

---

① 铁屑楼酒店：《酒名记》作“铁薛楼”，自酿瑶醖酒有名于时。据说为犹太人开设的酒楼。

② 太庙：皇家安放祖先灵牌定时举行祭祀的地方。

③ 高阳正店：《酒名记》作“高阳店”，自酿流霞酒很有名。

④ 先至十字街：涵芬楼《说郛》引作“北至十字街”。

⑤ 鷯（liáo）儿市：邓注：“鷯儿市。鷯应从《说郛》作鹌。”意在合于宋元时对卖淫妇女的隐称“卖皮鹌鹑儿”。

⑥ 和乐楼：自酿“琼浆酒”有名于时。圮于金兵。

⑦ 欣乐楼：自酿“仙醪酒”很有名。圮于金兵。

“杨楼街”，东面的叫“庄楼”，今改名叫作“和乐楼”；楼下是卖马的集市；靠近北边的叫“任店”，今天改名叫“欣乐楼”；对门是马铛家羹店。

## 酒楼

凡京师酒店，门首皆缚彩楼欢门①。唯住店入其门，一直主廊约百余步，南北天井②两廊皆小阁子③。向晚灯烛荧煌④，上下相照，浓妆妓女数百聚于主廊槏面上⑤，以待酒客呼唤，望之宛若神仙。北去杨楼，以北穿马行街东西两巷，谓之大、小货行，皆工作伎巧⑥所居。小货行通鸡儿巷妓馆，大货行通笺纸⑦店、白矾楼⑧（后改为丰乐楼）。宣和间更修三层相高，五楼相向，各有飞桥栏槛⑨，明暗相通，珠帘绣额⑩，灯烛晃耀。初开数日，每先到者赏金旗，过一两夜



---

① 彩楼欢门：酒楼门前的装饰性建筑物。据说起自五代，为欢迎后周太祖郭威游幸汴京潘楼酒店而设。

② 天井：四面有房的方形庭院，俗称院子。

③ 小阁子：指酒阁子，今称单间雅座。

④ 灯烛荧煌：闪动的微弱的灯光。

⑤ 槏（qiǎn）面上：栏杆上。槏，栏杆的横木。

⑥ 工作伎巧：这里指从事手工伎艺的人。

⑦ 笺纸：精美彩画的纸张。

⑧ 白矾楼：东京最大的酒楼。在东华门外景明坊。

⑨ 飞桥栏槛：天桥与栏杆。飞桥，这里指楼与楼之间相通的天桥。栏槛，宛委山堂《说郛》作“栏楹（yíng）”。

⑩ 珠帘绣额：涵芬楼《说郛》引作“珠檐绣额”。

则已[①]。元夜[②]，则每一瓦陇中皆置莲灯一盏。内西楼后来禁人登眺，以第一层下视禁中[③]。

【译】凡是京城中酒店，门口都扎有彩帛装饰的门楼。只有住店不同，进入店门，是一条笔直的长约一百多步的主廊，南北天井两边的走廊旁都是一间间的酒阁子。入夜以后，闪动的微弱的灯光，上下相互映照，又有数百个浓妆艳抹的妓女聚集倚靠在主廊的栏杆上，等待酒客的呼唤，远远看去就像天上的“神仙”。向北去是杨楼，以北穿过马行街有东西两巷，叫作大、小货行，住的都是从事手工伎艺的人。小货行通鸡儿巷妓馆，大货行通戕纸店、白矾楼（后改名为丰乐楼）。宣和年间，重新翻修为三层高楼，有五座楼房遥遥相对，各楼之间用装有栏杆的飞桥，或明或暗相互联通；珠子的门帘、刺绣的门额，在灯烛光下晃动闪耀。刚开张不几天，每当有先到的喝酒的人就赠金旗一面，过了一两天后就不再赠送了。每遇元宵之夜，就在每一条瓦陇下挂上一盏莲花形的灯笼。内西楼后来禁止喝酒的人等登高眺望，因为从最上层可以俯视皇宫。

大抵诸酒肆瓦市，不以风雨寒暑、白昼通夜，骈阗[④]如

---

① 已：止，停止，完毕。

② 元夜：正月初一夜晚。

③ 内西楼后来禁人登眺，以第一层下视禁中：《宣和遗事》卷下：“樊楼乃丰乐楼之异名，上有御座，徽宗与李师师宴饮于此，士民皆不敢登楼。”与此说不同。

④ 骈阗：聚集，相连。

此。州东宋门外：仁和店[①]、姜店[②]；州西：宣城楼、药张四店、班楼[③]；金梁桥下刘楼；曹门：蛮王家[④]、乳酪张家；州北八仙楼[⑤]；戴门楼：张八家园宅正店[⑥]。郑门河：王家、李七家正店；景灵宫东墙长庆楼；在京正店七十二户，此外不能遍数，其余皆谓之“脚店[⑦]”。卖贵细下酒，迎接中贵饮食，则第一白厨。州西安州巷张秀，以次保康门李庆家、东鸡儿巷郭厨[⑧]，郑皇后宅后宋厨[⑨]，曹门砖筒李家，寺东骰子李家、黄胖家。

**【译】** 大多京城中的酒楼、瓦子，不论风雨寒暑、白天黑夜，都是这样连续营业。州城东宋门外：仁和店、姜店。州西的宣城楼、药张四店、班楼。金梁桥下的刘楼。曹门：蛮王家、乳酪张家。州城北的八仙楼；戴门楼：张八家园宅正店；郑门河：王家、李七家正店；景灵宫东墙的长庆楼；

---

① 仁和店：自酿的“琼浆酒”著名当时，宋神宗曾以此店之酒曲宴群臣。宋仁宗的谕德（老师）鲁宗道也曾易服微行饮于此店。

② 姜店：《酒名记》有“姜宅园子正店，自酿羊羔酒有名当时”。

③ 班楼：《酒名记》说它自酿“琼波酒”。

④ 蛮王家：《酒名记》有“蛮王园子正店”，自酿“玉浆酒”。

⑤ 八仙楼：《酒名记》说它自酿“仙醪酒”。

⑥ 园宅正店：《都城纪胜·酒肆》：“宅子酒店，调外门面装饰如仕宦宅舍，或是旧仕宦宅子改作者。”

⑦ 脚店：二等酒店，自己不能酿酒，只能贩卖正店的酒。

⑧ 郭厨：《酒名记》有“郭小齐园子正店”，自酿“琼液酒”。

⑨ 宋厨：原作“宋厨”。《学津》《秘册》本、宛委山堂《说郛》引、涵芬楼《说郛》引皆作“宋”，据改。

在京城的酒家有七十二户，此外不能一一详述，其余都是二等酒店。出售昂贵精细的菜肴，迎接朝中高官宴饮待客的，第一要数白厨师。州西安州巷的张秀，其他依次是保康门李庆家、东鸡儿巷郭厨师、郑皇后宅后宋厨师、曹门砖筒李家、寺东骰子李家和黄胖家。

九桥门街市酒店，彩楼相对，绣旆[①]相招，掩翳[②]天日。政和后来，景灵宫东墙下长庆楼尤盛。

【译】九桥门街市上的酒店，彩楼相对，旌旗招展，遮掩了整个天空。政和年以来，景灵宫东墙下的长庆楼的生意尤为兴隆。

## 饮食果子

凡店内卖下酒厨子，谓之“茶饭量酒博士”，至店中小儿子[③]皆通谓之“大伯”。更有街坊妇人，腰系青花布手巾[④]，绾危髻[⑤]，为酒客换汤斟酒，俗谓之“焌糟”。更有百姓入酒肆，见子弟少年辈饮酒，近前小心供过，使令买物命妓，取钱送物之类，谓之“闲汉”。又有向前换汤、斟酒、歌唱，或献果子、香药之类，客散得钱，谓之“厮波”。又

① 绣旆（pèi）：绣制的旗帜。这里指酒旗。旆，末端像燕尾形的旗子。

② 掩翳（yì）：遮掩，遮盖。

③ 小儿子：青年男子。

④ 手巾：洗手、擦手用的布巾。

⑤ 绾（wǎn）危髻：挽结成高叠而作尖锐状的发式，又叫“乌蛮髻”。绾，盘绕打结。

有下等妓女，不呼自来，筵前歌唱，临时以些小钱物赠之而去，谓之“劄客”，亦谓之“打酒座”。又有卖药或果实萝卜之类，不问酒客买与不买，散与坐客，然后得钱，谓之“撒暂”。如此处处有之，唯州桥炭张家、乳酪张家不放前项人入店，亦不卖下酒，唯以好腌藏菜蔬，卖一色好酒。

【译】凡在酒店内做菜的厨师，叫作“茶饭量酒博士”。至于在店中当差的青年男子，全都通称叫作“大伯”。也有街坊间的妇人，腰间系着青花布手巾，头上挽起高且尖的发髻，在店中为酒客加水斟酒，她们俗称为“焌糟”。还有的城中百姓到酒店，见了那些年轻的富家子弟，就到跟前去小心伺候，听从他们指使，为他们购买酒食、召唤妓女，或者帮他们做取钱送物之类的事，这种人称为“闲汉”。另有一些主动上前为酒客加水、斟酒、歌唱，或者献上各色果子、香药之类，等酒客宴席散时能够得一些赏钱的人，称为“厮波”。还有一些下等的妓女，不用招呼，主动来到宴席前唱歌，酒客临时用些零星钱物送给她们并打发她们走开，把她们称为“劄客”，也叫“打酒座”。还有那些卖药或卖果实、萝卜之类食物的人，不问酒客买与不买，就将食物散发给在座的酒客，然后从酒客处得些钱物，这类人称为“撒暂”。像这样的人在酒楼里处处都有，唯独州桥炭张家、乳酪张家，不让以上所说的人进入店中，也不销售各种菜肴，只售上好的腌藏的蔬菜和清一色的好酒。

所谓茶饭者，乃百味羹、头羹①、新法鹌子羹、三脆羹、二色腰子、虾蕈、鸡蕈②、浑泡等羹、旋索粉③、玉棋子④、群仙羹、假河鲀⑤、白渫齑⑥、货鳜鱼⑦、假元鱼⑧、

① 头羹：宛委山堂《说郛》引、《秘册》本无此二字。

② 鸡蕈（xùn）：伞菌类植物，又名香蕈、肉蕈、鸡腿蘑。《本草纲目》卷二十八："蘑菇蕈，又名'肉蕈'，长二三寸，白色柔软，其空虚，状如未开的玉簪花，俗名鸡腿蘑。其味如鸡也。"

③ 旋索粉：现搓成的粉条，今称水粉。《易牙遗意》卷下："索粉：每干粉一斤，用湿粉二两，打成厚浆放镟子中……。连镟子放汤锅内煮之，（候十分熟）取出……。团在手中，搓索下滚汤中，浮起便捞在冷水中，沥干，随意荤素浇供。只用芥辣尤妙。"

④ 玉棋子：白色的棋子。棋子，指形状如棋子的面食。《饮膳正要》卷一："水龙棋子……， 切成钱眼（状）……。"今民间将死面团擀成薄皮，切成小菱形块，叫"豆棋子"。

⑤ 假河鲀：假河豚。味似河豚而非河豚的食品，或指鮠（wéi）鱼。《补笔谈·药议》："吴人嗜河鲀，有遇毒者，往往杀人，可为深戒……。《本草》所载河鲀，乃今之鮰鱼，亦谓之'鮠鱼'，非人所嗜者。江浙间谓之回鱼者是也。"亦有用面皮包羊肉馅子制成河鲀样的素河鲀。

⑥ 白渫（zhá）齑（jī）：用水煮熟后切碎拌和的菜肴。白渫，烹调技法，即白水煮。

⑦ 货鳜鱼：疑指以鳜鱼为主要原料制成的菜肴。今中原民间，对以粉条、大白菜丝、熟肉丝等调拌在一起的，称为"调货菜"，炒制的称为"炒货菜"。

⑧ 假元鱼：以鸡肉、黑羊头肉等制成味似元鱼的菜肴。《居家必用事类全集·庚集》："假鳖羹：肥鸡煮软，去皮，丝擘如鳖肉。黑羊头煮软，丝擘如裙栏。鸭子黄与豆粉溲和为卵，焯熟。用木耳、粉皮衬底，面上对装肉，汤烫好，汤浇。加以姜丝、菜头供之。加乳饼尤佳。"元鱼，今通称鳖、甲鱼、团鱼。

决明兜子[①]、决明汤齑、肉醋托胎、衬肠沙鱼[②]、两熟紫苏鱼[③]、假蛤蜊、白肉[④]、夹面子、茸割肉、胡饼、汤骨头、乳炊羊[⑤]、肫羊[⑥]、闹厅羊[⑦]、角炙腰子[⑧]、鹅鸭排蒸、荔枝腰子、还元腰子、烧臆子[⑨]、入炉细项、莲花鸭签、酒炙肚胘、虚汁垂丝羊头、入炉羊、羊头签[⑩]、鹅鸭签、鸡签、盘兔、炒兔、葱泼兔、假野狐、金丝肚羹、石肚羹、假炙



① 决明兜子：以粉皮兜包决明草等制成的菜肴。因似“兜笼”，故名。制法如“山海兜”，《山家清供》卷下：“山海兜：春采笋蕨之嫩者，以汤瀹之。取鱼虾之鲜者，同切作块子……，以粉皮乘覆，各合于二盏内蒸熟。”决明，豆科草本，又名草决明、假花生、园草决。其嫩茎叶、花朵、种子等均可食用。鲍鱼亦称决明，这里似指草决明。

② 衬肠沙鱼：以肠子衬底，上放沙鱼的菜肴。制法不详。沙鱼，淡水小鱼，体小如手指，名“鲨鮀”“土步”。

③ 两熟紫苏鱼：以山药、紫苏、粉皮等制成的素鱼。因先用油炸，再煮制而成，故名“两熟”。《居家必用事类全集·庚集》：“两熟鱼（以熟山药、乳团、姜末、豆粉等调拌成馅子，用粉皮包裹）折掩捏鱼样，油炸熟，再入蘑菇汁内煮，楪供。”紫苏，一年生草本，唇形科。大叶而香，用作调味香料。

④ 白肉：未调味的熟肉。

⑤ 乳炊羊：乳蒸羊。因避宋仁宗赵祯讳，改蒸为炊。《癸辛杂识》后集：“口腹所嗜，无不极其至，人乳蒸肫、牛心作炙，古今皆然也。”这里未必是人乳。

⑥ 肫（tuǎn）羊：炖羊。宛委山堂《说郛》引、《秘册》本无“肫羊”二字。

⑦ 闹厅羊：现蒸羊，原名“过厅羊”。《云仙杂记》：“熊翻每会客至酒半，阶前旋杀羊，令众客自割，随所好者。彩线系之纪号毕，蒸之，各自认取，以刚竹刀切食，一时盛行，号‘过厅羊’。”

⑧ 角炙腰子：菜肴名。

⑨ 烧臆子：烤胸叉。臆，同“肊”，即胸叉部位。

⑩ 入炉羊、羊头签：涵芬楼《说郛》引作“入炉羊头签”，少一“羊”字。

獐[1]、煎鹌子、生炒肺、炒蛤蜊、炒蟹[2]、煠蟹[3]、洗手蟹[4]之类，逐时旋行[5]索唤，不许一味有缺。或别呼索，变造下酒，亦即时供应。

【译】而所谓的“茶饭”，即百味羹、头羹、新法鹌子羹、三脆羹、两色腰子、虾蕈、鸡蕈、浑泡等羹、旋索粉、玉棋子、群仙羹、假河鲀、白渫齑、货鳜鱼、假元鱼、决明兜子、决明汤齑、肉醋托胎、衬肠沙鱼、两熟紫苏鱼、假蛤蜊、白肉、夹面子、茸割肉、胡饼、汤骨头、乳炊羊、炖羊、闹厅羊、角炙腰子、鹅鸭排蒸、荔枝腰子、还元腰子、烧臆子、入炉细项、莲花鸭签、酒炙肚胘、虚汁垂丝羊头、入炉羊、羊头签、鹅鸭签、鸡签、盘兔、炒兔、葱泼兔、假野狐、金丝肚羹、石肚羹、假炙獐、煎鹌子、生炒肺、炒蛤蜊、炒蟹、煮蟹、蟹生等类，随时随意地点取各种菜肴，绝不会缺少任何一种。或者要求改做其他菜肴，也会很快做好供应给酒客。

---

① 假炙獐：宛委山堂《说郛》引作“假炙獐豝”。

② 炒蟹：宛委山堂《说郛》引无“炒”字，作连上读“炒蛤蜊、蟹”。

③ 煠蟹：水煮蟹。《清嘉录》卷十：“汤煠而食，故谓之煠蟹。”

④ 洗手蟹：蟹生。《蟹略》卷三：“今人以蟹沃之盐酒，和以姜橙，是蟹生，亦曰洗手蟹。”《吴氏中馈录》：“蟹生：用生蟹剁碎，以草果、花椒、葱、盐、醋、熟麻油等共十味，入蟹肉拌匀，即可食用。”

⑤ 旋行：回环而行。

又有外来托卖炙鸡、爊鸭①、羊脚子②、点羊头、脆筋巴子③、姜虾、酒蟹④、獐巴鹿脯⑤、从食蒸作、海鲜时果，旋切莴苣、生菜、西京⑥笋。

又有小儿子，着白虔布衫、青花手巾，挟白瓷缸子卖辣菜。

【译】酒店里还有一些外来托着盛具，卖炙鸡、卤鸭、羊脚子、点羊头、脆筋巴子、姜虾、酒蟹、獐巴鹿脯、蒸制的面食、海鲜时果的人，还有拿着现切的莴苣、生菜、洛阳笋的人。

有的年轻男子身着白虔布衫，系着青花手巾，挟着白瓷缸子，在叫卖辣菜。



① 爊（yù）鸭：卤鸭。《居家必用事类全集·庚集》："熬鹅鸭：每只洗净。炼香油四两，爁变黄色，用酒醋水三件中停浸没，入细料物半两，葱三茎，酱一匙，慢火养熟为度。"

② 羊脚子：羊肉块。脚子，宋元时的计量单位"块"的俗语。脚，意同"角"。

③ 脆筋巴子：菜肴名。巴子，《座客赘语》卷一："日晒肉曰巴，凡物之干如腊者，皆曰'巴'。"制法是将羊、鹿、獐肉，切作条或片，去筋膜，微带脂，用盐、酒、醋腌两宿，取出晒干即好。

④ 酒蟹：纯用酒、盐、椒腌浸的蟹。《蟹谱》："酒蟹须十二月间作，于酒瓮间撇清酒，不得近糟，和盐浸蟹，一宿即取出，于厣（yǎn）中去粪秽，重实椒盐讫，叠净器中，取前所浸盐酒，更入少新撇（清酒）者，同煮一沸，以别器盛之，隔宿候冷，倾蟹中，须令满。蟚（péng）蜞亦可依此法。二三月间只用生干煮酒。"

⑤ 鹿脯：《居家事类全集·己集》中"腌鹿脯"，净肉切条，与盐、川椒、莳萝、好酒等一起拌腌，每天上下翻动两遍，三五天取出，"以线逐条穿，油搽，晒干为度"。

⑥ 西京：洛阳。

又有托小盘卖干果子，乃旋炒银杏[①]、栗子、河北鹅梨、梨条、梨干[②]、梨肉、胶枣[③]、枣圈[④]、梨圈、桃圈、核桃肉[⑤]、牙枣、海红[⑥]、嘉庆子[⑦]、林檎旋、乌李、李子旋[⑧]、

---

① 银杏：银杏树的核果，亦名“白果”“佛指甲”“佛指柑”“鸭脚”“公孙果”，有敛肺定喘的作用。

② 河北鹅梨、梨条、梨干：它本同。涵芬楼《说郛》引作“河北鹅梨条”。“梨”字不重。梨干，焙干的梨肉，又名“梨花”。《群芳谱》卷五十五引《农桑通决》：“西路产梨处，取甜梨去皮，切作厚片，火焙干，谓之梨花，允为佳品，可充贡。”

③ 胶枣：蒸枣。《本草纲目》卷二十九：“时珍曰：‘切而晒干者为枣脯。煮熟榨出者为枣膏，亦枣瓤。蒸熟者胶枣，加以糖、蜜拌蒸则更甜，以麻油同蒸，则色更润泽。’”

④ 枣圈：《重修政和政类本草》卷二十三：“青州枣，去皮核焙干为枣圈，达都下为奇果。”

⑤ 核桃肉：胡核仁。这里指炒核桃仁。《重修政和政类本草》卷二十三：“核桃仁……，七月采核破之，取仁阴干。今都下市贾多取炒货之，云食之益人。”

⑥ 海红：宋代有二说。一指柑橘，（宋）韩彦直《桔录》：“海红柑，颗极大，有及尺以上围者，皮厚而色红，藏之久而味愈甘。木高二三尺，有生数十颗者，枝垂委地，亦可爱。是柑可以致远，今都下堆积道旁多此种。初因近海，故以海红得名。”二指海棠果，（宋）郑樵《通志》卷七十六：“甘棠，谓之‘棠梨’，其花谓‘海棠花’，其实谓之‘海红子’。”这里似指前者。

⑦ 嘉庆子：指以盐、糖等制成的李子。《演繁露》：“伟述《两京记》：‘东都（洛阳）嘉庆坊有李树，其实甚鲜，为京之美，故称嘉庆子。’今人但言嘉庆子。”《本草纲目》卷二十九：“嘉庆子……，今人用盐曝、糖藏、蜜煎为果。堆曝干白李有益。其法：夏李色黄时摘之，以盐挼去汁，合盐晒萎，去核复晒干，荐酒，作饤皆佳。”

⑧ 李子旋：李子条，去核的干果肉。旋，这里指烹饪技术的刀法，即回旋着切削成长条片状。

樱桃煎[①]、西京雨梨[②]、夫梨[③]、甘棠梨[④]、凤栖梨[⑤]、镇府浊梨[⑥]、河阴[⑦]石榴、河阳查子[⑧]、查条、沙苑榅桲[⑨]、回马孛

---

① 樱桃煎：樱桃与蜜制成的食品。制法有两种。一是：用梅水煮制后加蜜，待凝结后以模具印成花样。《山家清供》卷下："樱桃煎……，杨诚诗云：'何人弄好手，万颗捣虚脆。印成花钿薄，染作冰斯翠。北果非不多，此味良独美。'要之，其法不过煮以梅水，去核、捣为饼而加以蜜耳。"一是：加蜜慢火煎制，《事林广记》别集卷七："樱桃煎：樱桃不以多少，挟去核，放银石器内，先以半斤蜜慢火煎出水，控向筲箕中令干，再入蜜二斤，慢火煎如琥珀色为度。放冷，以磁瓦器收贮之为佳也。"

② 西京雨梨：《秘册》《学津》本、宛委山堂《说郛》引皆同。邓注本从涵芬楼《说郛》引改作"雪梨"。今按：（宋）周叙《洛阳花木记·梨之别》条有"雨梨"，无"雪梨"。

③ 夫梨：邓注本同。《秘册》《学津》本、宛委山堂与涵芬楼《说郛》引皆作"尖梨"。按：《旧五代史·周太祖纪》《资治通鉴》卷二百九十胡三省注、《洛阳花木记》《洛阳伽兰记》《本草纲目》卷三十引《图经本草》皆有"水梨"（又名香水梨、含消梨）之名，曾为贡品。疑"夫梨"应作"水梨""香水梨"。

④ 甘棠梨：俗称"棠梨"。《重修政和政类本草》作"甘棠御（语）儿梨"。甘棠，地名，今河南宜阳。

⑤ 凤栖梨：《纪异录》："陕州（今河南陕州）山中有梨树，（唐太宗）贞观初有凤栖上，结实脆美，因号凤栖梨。"唐代为贡品，自后周太祖下诏，始罢贡。

⑥ 镇府浊梨：浊梨，一名御梨，一名紫花梨。《太平御览》卷九百六十九引魏文帝诏："真定御梨，大若拳，甘若蜜，脆若凌，可以解烦释渴。"镇府，汉为真定国，唐改镇州，五代、宋都叫真定府，今河北保定一带。

⑦ 河阴：今河南广武一带。

⑧ 河阳查子：河阳，今河南孟州一带。查子，即山楂。

⑨ 沙苑榅桲：榅桲，又叫"木李""榠楂"，蔷薇科，落叶灌木或小乔木。花白色或淡红色。果实秋熟，梨形或苹果形，味甘酸。

萄[①]、西川乳糖[②]、狮子糖[③]、霜蜂儿、橄榄[④]、温柑[⑤]、绵枨[⑥]、金桔[⑦]、龙眼、荔枝、召白藕[⑧]、甘庶、漉梨[⑨]、林檎干、枝头干[⑩]、芭蕉干[⑪]、人面子[⑫]、巴览子[⑬]、榛子[⑭]、榧

---

① 回马孛萄：似指新疆马奶葡萄。

② 西川乳糖：乳糖，一名石蜜，以牛奶、砂糖等煎制而成。《重修政和政类本草》卷二十三："石蜜，乳糖也……出益州及西戎……《唐本草》云：'……西域来者佳。'江左亦有殆胜蜀者，云用牛乳汁和沙糖煎之，并作饼块……禹锡等云：'……煎甘蔗汁及牛奶则易细白耳，今人又谓之捻糖，易消化。'"西川，宋代西川路的简称，今四川成都一带。

③ 狮子糖：制成狮子样的乳糖。

④ 橄榄：又名"青果""白榄""谏果"。常绿乔木。核果纺锤形，绿色，成熟果淡黄色。

⑤ 温柑：温州出的柑子，一名"乳橘"。

⑥ 绵枨：柚子，柑橘类，又叫"文旦"，皮下有白色绵瓤，故曰"绵橙"。

⑦ 金桔：又名"金弹橘""金柑""金橙""牛奶橘"。芸香科，灌木或小乔木。果十二月成熟，大小如鸽蛋，皮光滑，金黄色，汁多味酸。

⑧ 召白藕：涵芬楼《说郛》引作"邵白藕"。

⑨ 漉（lù）梨：又名"鹿梨""鼠李""山梨""赤罗梨"，今名"豆梨"。蔷薇科，落叶乔木或灌木。开白花，九月收果，球形，如拇指大，黑褐色，有斑点，味酸。

⑩ 枝头干：《石林燕语》卷五："东北有果如李，每熟不得摘，辄便槁，土人因取藏之，谓之'枝头干'。"

⑪ 芭蕉干：《岭外代答》卷八："（芭蕉）去皮取肉……，以梅汁渍，暴干、按扁，所云芭蕉干是也。"

⑫ 人面子：《桂海虞衡志·志果》："人面子如大梅李，核如人面，两目鼻口皆具。肉甘酸，宜蜜煎。"

⑬ 巴览子：疑指巴旦杏（扁桃）的种仁。《曲洧旧闻》卷四："巴览子如杏核，色白，扁而尖，来自西蕃，比年近畿人种之亦生。"巴览子，诸本同。涵芬楼《说郛》引作"巴榄子"。

⑭ 榛子：桦木科榛树的种子。产辽东。

子[1]、虾具之类。诸般蜜煎、香药果子[2]、罐子党梅、柿膏儿、香药小元儿、小腊茶[3]、鹏沙[4]元子之类。

【译】还有的人手托小盘专卖各色干果，即如现炒的银杏、栗子、河北鹅梨、梨条、梨干、梨肉、蒸枣、枣圈、梨圈、桃圈、胡核仁、牙枣、海棠果、嘉庆子、林檎旋、乌李、李子条、樱桃煎、西京雨梨、水梨、甘棠梨、凤栖梨、镇府浊梨、河阴石榴、河阳山楂、山楂条、沙苑榅桲、回马孛萄、西川乳糖、狮子糖、霜蜂儿、橄榄、温柑、柚子、金橘、龙眼、荔枝、召白藕、甘蔗、漉梨、林檎干、枝头干、芭蕉干、人面子、巴览子、榛子、榧子、虾具等品种。此外还有各种蜜煎、下酒果子、罐子党梅、柿膏儿、香药小元儿、小茶饼、硼砂丸子等品种。

更外卖软羊、诸色包子、猪羊荷包[5]、烧肉干脯、玉板鲊[6]、豝鲊[7]、片酱之类。



---

① 榧子：又叫“香榧”“榧实”“玉山果”“玉榧”。红豆杉科榧树的种子。《本草衍义》：“榧实大如橄榄……，其仁黄白色，嚼久味渐甘美。”

② 香药果子：又叫下酒果子。《岁时广记》卷十一：“以纸帖为药囊，实干绫木瓜，菖蒲咸酸等物，谓之‘下酒果子’。”

③ 小腊茶：小茶饼。《事林广记》别集卷七：“造腊茶法：细茶焙干，精米汤和之，于茶模子内用木槌捶实，焙干。”

④ 鹏沙：硼砂。

⑤ 猪羊荷包：荷，即荷叶。涵芬楼《说郛》引作“猪羊和包”。

⑥ 玉板鲊：用大青鱼、鲤鱼，以香辛调料、盐等腌制的鱼块。

⑦ 豝（bā）鲊：用荷叶包裹十数块的鱼鲊。豝鲊，宛委山堂《说郛》引作“把鲊”。

其余小酒店亦卖下酒，如煎鱼、鸭子；炒鸡、兔；煎燠肉、梅汁[①]、血羹、粉羹[②]之类，每分不过十五钱。

诸酒店必有厅院，廊庑[③]掩映，排列小阁子，吊窗花竹，各垂帘幕，命妓歌笑，各得稳便[④]。

【译】酒家还外卖软羊、各种包子、猪羊荷包、烧肉干脯、玉板鲊，豝鲊、片酱等类食物。

其余的小酒店，亦售卖下酒菜，如煎鱼、鸭子；炒鸡、兔；煎燠肉、梅汁、血羹、粉羹等类食物，每份不过十五文钱。

各酒店都必有厅堂庭院，堂下四周的廊屋相互衬托，两旁排列小阁子，阁子上装有吊窗，种植着花竹，门口分别垂挂着门帘和帷幕，招来妓女唱歌嬉笑，各行方便。

① 梅汁：煮制的梅水。《广群芳谱》卷五十四引《居家必要》："乌梅洗净，捣烂，水煮滚，入红糖，使酸甘得宜，水内泡冷，暑月饮甚妙。或捣烂加蜜适中，调汤微煮饮。"

② 粉羹：涵芬楼《说郛》引无此二字。

③ 廊庑（wǔ）：堂下四周的廊屋。

④ 稳便：恰当；方便；稳妥。

# 卷三

## 马行街北诸医铺[①]

马行北去，乃小货行[②]时楼[③]、大骨传[④]药铺，直抵正系旧封丘门[⑤]。两行金紫医官[⑥]药铺，如杜金钩家、曹家独胜之；山水李家口齿咽喉药；石鱼儿、班防御、银孩儿、杨郎中[⑦]家医小儿；大鞋任家产科。其余香药铺席、官员宅舍，不欲遍记。夜市比州桥[⑧]又盛百倍，车马阗拥[⑨]不可住足，都人谓之“里头”。

【译】从马行街向北去，是小货行时楼、大骨传药铺，一直走到底正是旧封丘门。街两侧都是国医药铺，如：杜金钩家、曹家为最好；山水李家的口齿咽喉药；石鱼儿、班防御、银孩儿、杨郎中家专给小孩看病；大鞋任家是产科。其

① 马行街北诸医铺：《秘册》《学津》本作“马行街北医铺”。马行街，都城夜市酒楼极繁胜的地方。人物嘈杂，灯火照天，每至四鼓罢市。上元五夜，马行南北几十里，夹道药肆，盖多国医，咸巨富，声伎非常，烧灯尤壮观。

② 小货行：或为街道地段名称，待考。

③ 时楼：一家酒楼名。自酿“碧光酒”。

④ 大骨传：《秘册》本作“大骨傅”。

⑤ 直抵正系旧封丘门：一直走到底正是旧封丘门。

⑥ 金紫医官：穿紫色公服、赐束金饰腰带的医官，泛指翰林医官局的“国医”。

⑦ 郎中：“医生”的俗称。

⑧ 比州桥：原作“北州桥”，从《秘册》《学津》本改。

⑨ 阗（tián）拥：指拥挤不堪。阗，充满。

余各种卖香药的店铺、官员宅舍，不想一一详述。这里的夜市比州桥又要热闹百倍，车马拥挤不堪、无法立足，京城人把这里称为“里头”。

## 大内西右掖门外街巷

大内西去，右掖门、祆庙①，直南浚仪桥，街西尚书省东门。至省前横街，南即御史台②，西即郊社③。省南门正对开封府后墙；省西门谓之“西车子曲”；史家瓠羹、万家馒头在京第一；次曰吴起④庙。出巷乃大内西角楼。

【译】从皇宫向西去，右掖门外有祆庙，一直向南是浚仪桥，街西是尚书省的东门。到尚书省前的横街，街南就是御史台。西面即祭祀天地之所的郊社。尚书省南门正对着开封府的后墙；尚书省西门称为“西车子曲”；街上史家的瓠羹、万家的馒头，是京城中都数第一的食品；其次是吴起庙。出了巷口就是皇宫的西角楼。

---

① 祆（xiān）庙：祆教祀祆神（火神）的庙宇。祆教，即拜火教，本名琐罗亚斯德教，源于波斯。

② 御史台：中央监察机关。负责全国的监察事务。在司法方面，主要监察大理寺和刑部的司法审判活动；遇到有重大疑案，也参与审判或受理有关行政诉讼的案件。

③ 郊社：古代帝王冬至南郊祭天称“郊祀”，夏至北郊祭地谓“社祀”，合称为“郊社”。这里指负责祭祀事宜、祈祷之礼的郊社局。

④ 吴起：战国时军事家，卫国人。曾任魏国的将军和楚国的宰相。被楚国的宗室大臣所杀。著有《吴起兵法》。

大街西去，踊路街南太平兴国寺[①]后门，北对启圣院[②]。街以西殿前司[③]，相对清风楼、无比客店、张戴花洗面药、国太丞[④]、张老儿、金龟儿、丑婆婆药铺、唐家酒店，直至梁门，正名“阖闾”。

【译】大街向西去，踊路街南面是太平兴国寺的后门，北面对着启圣院。大街以西是殿前司，与殿前司相对的是清风楼、无比客店、张戴花洗面药、国太丞、张老儿、金龟儿、丑婆婆药铺、唐家酒店，一直就到了梁门，梁门正式名是“阖闾门”。

出梁门西去，街北建隆观[⑤]，观内东廊于道士卖齿药，都人用之。街南蔡太师[⑥]宅。西去州西瓦子，南自汴河岸，北抵梁门大街，亚于里瓦，约一里有余。过街北即旧宜城楼。近西去金梁桥街。西大街荆筐儿药铺、枣王家金银铺。近北巷口熟药惠民西局，西去瓮市子，乃开封府刑人

---

① 太平兴国寺：简称“兴国寺”。原为唐代“龙兴寺”，宋太祖时重修。宋太宗太平兴国二年（公元 977 年）更名为“太平兴国寺”。寺内供奉宋太祖塑像。

② 启圣院：“启圣禅院”的简称。原为五代后晋护圣营，因宋太宗诞生于此，故于太平兴国六年（公元 981 年）诏建寺，赐名启圣禅院寺。

③ 殿前司：殿前侍卫司的简称，总理禁卫军的机构。

④ 国太丞：指太常寺丞、秘书丞、殿中丞，是没有实权仅领俸禄的寄禄官。

⑤ 建隆观：原为周世宗所建太清观。宋太祖建隆（公元 960—963 年）初年重修后更名为建隆观。

⑥ 太师：与太傅、太保合称“三师”。原为宋朝初年对元老重臣退休后的加官，属特殊待遇，并无执掌。后改“三师”为“公”，位等宰相。

之所[1]也。西去盖防御药铺、大佛寺[2]、都亭西驿[3]，相对京城守具所。

【译】出梁门向西去，街的北面是建隆观，观内的东廊有于道士专卖治牙病药，京城人有用这药的。街的南面是蔡京太师的宅园。再向西去是州西瓦子，州西瓦子南面从汴河岸起，北面一直抵达梁门大街，次于城内的里瓦，大约一里有余。过街北面就是原先的宜城楼。近旁向西去是金梁桥街。西大街有荆筐儿药铺、枣王家金银铺。近旁北首的巷口是熟药惠民西局，再向西去是卖瓮的市场，这里是开封府对犯人行刑的地方。向西去是盖防御药铺、大佛寺、都亭西驿，与之相对的是京城守具所。

自瓮市子北去大街，班楼酒店；以北大三桥子，至白虎桥直北，即卫门州。

【译】自卖瓮的市场向北去的大街，有班楼酒店；再往北是大三桥子，到白虎桥后一直往北就到了卫州门。

## 大内前州桥东街巷

大内前：州桥之东临汴河大街曰相国寺，有桥平正[4]如州桥，与保康门相对。桥西贾家瓠羹、孙好手馒头。近南即

---

① 刑人之所：刑场。

② 大佛寺："宝相寺"的俗称。五代后唐明宗长兴元年（公元930年）建。因内有弥勒大佛，故俗称"大佛寺"。

③ 都亭西驿：原为"上源驿"，宋真宗祥符元年（公元1008年）改都亭西驿。

④ 平正：平整。

保康门潘家黄耆圆，延宁宫[①]禁女道士观，人罕得入。街西保康门瓦子。东去沿城皆客店，南方官员、商贾、兵级皆于此安泊[②]。近东四圣观[③]、袜袎巷[④]。以东城角定力院[⑤]，内有朱梁高祖御容[⑥]。

**【译】**皇宫的前面：州桥的东面挨着汴河大街的叫相国寺。寺前有一座像州桥一样平整的桥，与保康门相对。桥的西面是贾家瓠羹店、孙好手馒头店。近旁南首就是保康门潘家黄耆丸店，还有延宁宫女道士观，这里普通人很难进入。街西是保康门瓦子。向东去沿城一带都是客店，南方来的官员、商人、兵丁及低级军职人都在此住宿。近旁东首是四圣观、袜筒巷。再向东城角处是定力院，院内有梁太祖朱温的画像。

出保康门外，新建三尸庙[⑦]、德安公庙[⑧]。南至横街，

---

① 延宁宫：宋真宗的保庆皇后建，原名“延宁观”，宋仁宗庆历六年以曾有罢修寺观诏，故落成后改名“延宁宫”。

② 安泊：停留，住宿。

③ 四圣观：奉祀四方之神，即紫微北极大帝之四将的道观。

④ 袜袎（yào）巷：袜筒巷。袎，袜筒。

⑤ 定力院：佛寺。定力，佛教术语，“五定”法力之一的“禅定之力”，意为坚定精进、能破除一切杂念邪想。

⑥ 朱梁高祖御容：或指梁太祖朱温的画像或塑像。

⑦ 三尸庙：道教庙宇，俗称三神庙。三尸，即三尸神，又叫三虫、三姑，隐于人身，有害于人。据说这由汉代方士所创说。上尸青姑伐人眼，中尸白姑伐人五脏，下尸血姑伐人胃。凡学神仙之术，必先绝其三尸，恬谈无欲。

⑧ 德安公庙：奉祀夷门山神的庙宇。宋真宗封开封夷门山神为德安公，命开封府春秋二季致祭。

西去通御街，曰麦秸巷[1]。口以南太学东门、水柜街余家染店。以南街东法云寺[2]。又西去横街，张驸马宅。寺南祐神观后门[3]。

【译】出了保康门外，有新建的三尸庙、德安公庙。向南到横街，向西去通御街的是麦秸巷。巷口以南是太学东门、水柜街的余家染店。再向南去街的东面是法云寺。又向西去的横街有张驸马宅邸。法云寺南面是祐神观的后门。

## 相国寺内万姓交易[4]

相国寺每月五次开放，万姓交易。大三门[5]上皆是飞禽猫犬之类，珍禽奇兽无所不有。第二三门[6]皆动用什物[7]。庭中设彩幕露屋义铺[8]，卖蒲合[9]、簟席[10]、屏帏[11]、洗漱、鞍

---

① 麦秸巷：原作“麦稍巷”，今从“朱雀门外街巷”条改。

② 法云寺：在南薰门外、云骥桥之西。

③ 祐神观后门：“后门”二字原不清，据《秘册》《学津》《三怡堂》本补。

④ 相国寺内万姓交易：《秘册》《学津》本作“相国寺万姓交易”，无“内”字。相国寺，原是战国时魏国公子无忌的故宅，北齐时创建为大建国寺，后废为宅第。唐代僧人惠云重建为寺。唐睿宗由相王登基，因“感梦”赐名大相国寺。宋代多次修缮，为皇家、公卿、外国使臣行香参禅和游幸的地方。万姓，百姓。

⑤ 大三门：指相国寺的头道大门，宋太宗时修建成楼阁式，名三门阁，亲书“大相国寺”金字门额。三门，佛教术语，三解脱门的简称，俗称山门。

⑥ 第二三门：宛委山堂《说郛》引、《秘册》《学津》本作“第三门”，无“二”字。

⑦ 什物：泛指日常应用的衣物及零碎用品。

⑧ 彩幕露屋义铺：临时搭盖的布幕棚屋。

⑨ 蒲合：用蒲草编成的小盒子。

⑩ 簟（diàn）席：以竹簟制成的方文竹席。

⑪ 屏帏：屏帐。

辔、弓剑、时果、腊脯之类。近佛殿，孟家道院[①]王道人蜜煎、赵文秀笔及潘谷墨[②]占定。两廊皆诸寺师姑[③]卖绣作：领抹、花朵[④]、珠翠头面、生色销金花样幞头[⑤]、帽子[⑥]、特髻[⑦]、冠子[⑧]、绦线[⑨]之类。殿后资圣门前皆书籍、玩好、图画及诸路散任官员[⑩]土物、香药之类。后廊皆日者[⑪]货术、传神之类。

【译】相国寺每月五次开放，百姓可在寺中进行交易。寺院大门处，买卖的是飞禽、猫、狗之类的动物，各种珍禽奇兽，无所不有。第二、三进山门，全是各类日常应用的衣物及零碎用品。庭中设有彩色的幕帐棚屋，售卖的有蒲草席、竹席、屏帐、洗漱之具、马鞍子、缰绳、嚼子、弓剑，时令鲜果、干果、腊肉之类的物品。靠近佛殿处，是孟家道



---

① 孟家道院：宛委山堂《说郛》引作"孟家道冠"。

② 潘谷墨：宋代名墨。潘谷，著名墨工。

③ 师姑：尼姑。

④ 花朵：指妇女插戴的首饰。

⑤ 生色销金花样幞头：用金装饰的新样幔头。生色，新颖别致，与众不同。销金，以金饰物。

⑥ 帽子：指纱帽。样式很多，通常为圆顶、圆檐。纱帽，视朝、听讼、宴见宾客时穿戴。

⑦ 特髻（jì）：假髻、假发。

⑧ 冠子：妇女戴的帽子。

⑨ 绦（tāo）线：绦环，又名偏诸，丝线编织成的花边或扁平的带子。

⑩ 散任官员：对闲散没有一定职掌官员的通称，也叫"散官"，又称"散阶"。散任，宛委山堂《说郛》引、《秘册》《学津》本作"罢任"。

⑪ 日者：以占卜算卦为职业的人。

院王道人的蜜饯、赵文秀的笔及潘谷的墨占据的地方。两边走廊都是各寺院的尼姑在卖刺绣、领抹、花朵、珍珠翡翠头饰及各种镶嵌金钱的幞头、帽子、假发、贵妇的冠子、丝带之类的饰物。大殿后资圣门前全是售卖图书、奇珍异宝和图画及各路卸任官员从各地带来的土特产品、香料、药材之类的物品。后廊都是占卜、卖卦和出售各类神像的人。

寺三门阁上并资圣门①，各有金铜铸罗汉五百尊、佛牙②等。凡有斋供③，皆取旨方开三门。左右有两瓶琉塔。寺内有智海、惠林④、宝梵、河沙、东西塔院⑤，乃出角院舍各有住持⑥僧官。每遇斋会⑦，凡饮食茶果、动用器皿，虽三五百分，莫不咄嗟⑧而办。

【译】相国寺的第三道门楼阁和资圣阁，各有五百尊

① 资圣门：疑应作资圣阁。阁前是皇族、大臣观赏佛牙的场地。夏天的时候京城人在此纳凉。“资胜薰风”，为“东京八景”之一。

② 佛牙：相传佛牙、佛骨为释伽牟尼火化后遗存的牙骨，又传说遗存四颗完整牙齿更是佛教珍宝，即佛牙舍利。

③ 斋供：供佛的食品。这里指皇家之忌日和圣节所例行的佛事活动。

④ 惠林：这里指以禅宗命名的禅院，一作慧林，俗名铁佛寺。惠林，《五灯会元》《汴京遗迹志》作“慧林”。

⑤ 河沙、东西塔院：《事物纪源·相国寺》《汴京遗迹志·相国寺》载，宋神宗所立相国寺八院中无“河沙”之名。

⑥ 住持：佛教僧职，又叫“方丈”，尊称“长老”。本为久住护持佛法的意思，后来作为寺院主管僧的职称。

⑦ 斋会：佛教术语，即会众僧讲经而施舍斋食的活动。

⑧ 咄（duō）嗟（jiē）而办：马上就办。《太平御览·裴氏语林》：“石崇恒冬月得韭齑（jī），为客作豆粥，咄嗟便办。”

鎏金铜铸的罗汉、佛牙等。凡有斋供的时候，都要得到皇上旨意方能开第三道门。山门左右，有两座琉璃塔。寺内有智海、惠林、宝梵、河沙、东西塔院，各院都有住持、僧官。每逢寺中斋会的时候，凡是饮食茶果和各种应用器皿，即使要三五百份，都会马上备齐。

大殿两廊皆国朝[①]名公笔迹，左壁画炽盛光佛[②]降九曜鬼[③]百戏[④]，右壁佛降鬼子母揭盂[⑤]。殿庭供献乐部马队[⑥]之类。大殿朵廊皆隐楼殿人物[⑦]，莫不精妙。

【译】大殿两边的走廊都是本朝著名人物的手迹，左面墙壁上画着“炽盛光佛降九曜鬼百戏图”，右面墙壁上画着“佛降鬼子母揭盂图”。大殿的庭院中有乐队马队之类的仪仗。大殿两侧的走廊都在墙上画着许多楼殿、人物的壁画，

① 国朝：宋时人指本朝。

② 炽盛光佛：菩萨名。三佛顶之一，又名金轮佛顶尊、大轮佛顶尊、炽盛光如来佛。站在释迦的右边，为护法佛。据说佛身的毛孔能放出炽盛的光耀，故名。其佛法称“炽盛光佛顶法”。

③ 九曜鬼：九种能发光的照耀者，又叫“九执”。

④ 百戏：古代对乐舞杂技的总称，又叫“散乐”。

⑤ 鬼子母揭盂：鬼子母将妖子收入钵中的故事。鬼子母，鬼子母神，又称为“欢喜母”“暴恶母”“爱子母”，梵文音译诃利帝母。原为婆罗门教中的恶神，护法二十诸天之一，专吃人间小孩，称为“母夜叉”。被佛法教化后，成为专司护持儿童的护法神。鬼子母揭盂，《秘册》本从宛委山堂《说郛》引作“鬼子母建立”，误。《识小录》《图画见闻志》作“鬼子母揭钵图”。

⑥ 乐部马队：军乐队，即“钧容班”。

⑦ 大殿朵廊皆隐楼阁人物：意为壁画。朵廊，大殿两旁的侧廊。

都很精致美妙。

## 寺东门街巷

寺东门大街，皆是幞头、腰带[①]、书籍、冠朵[②]铺席，丁家素茶[③]。寺南即录事巷[④]妓馆。绣巷皆师姑、绣作居住。北即小甜水巷，巷内南食店[⑤]甚盛，妓馆亦多。向北李庆糟姜[⑥]铺。直北出景灵宫东门前又向北曲东[⑦]税务街、高头街。姜行后街，乃脂皮画曲妓馆。南北讲堂巷[⑧]，孙殿丞[⑨]药铺、靴



① 腰带：腰间的服饰。上有不同质料的胯装饰物，士庶有别。用革制成，有金、银、犀，其下铜、铁、角、石、墨玉之类，各有等差。

② 冠朵：冠子与花朵。

③ 丁家素茶：《秘册》作“丁家素分茶”。

④ 录事巷：唐代对妓女通称“录事”，又称“酒纠”。五代名妓崔小红居此巷，故名。

⑤ 南食店：《梦粱录》卷十六：“向者汴京开南食店、川饭分茶，以备江南来往士夫，谓其不便北食故耳。”

⑥ 糟姜：《吴氏中馈录》：“糟姜方：姜一斤，糟一斤，盐五两，拣社日前可糟。不要见水，不可损了姜皮，用干布擦去泥，晒半干后，糟盐之，入瓮。”

⑦ 又向北曲东：《秘册》本作“又向北向东”。

⑧ 讲堂巷：原为相国寺僧众讲经说法的地方。

⑨ 殿丞：“殿中省丞”的简称，即殿中丞。殿中省设监、少监、丞的长官各一人。宋徽宗以前均为兼官或寄禄官，之后专掌省中事务。孙殿丞，其人不详。

店。出界身北巷，巷口宋家生药铺[1]，铺中两壁[2]皆李成[3]所画山水。

**【译】**相国寺东门的大街，都是卖幞头、腰带、书籍、冠朵的店铺，还有丁家素茶店。相国寺南面即是录事巷妓馆。绣巷里全是尼姑和做刺绣活的人的居住之所。相国寺北面是小甜水巷，巷内专售南方饭食的店铺很多，巷内妓馆也很多。向北是李庆糟姜铺，一直向北可到景灵宫东门前，再向北折向东是税务街、高头街。姜行后街，是脂皮画曲妓馆。南北讲堂巷中，有孙殿丞药铺和靴店。出了界身北巷，巷口是宋家生药铺，店铺内的两面墙上都是李成所画的山水画。

自景灵宫东门大街向东，街北旧乾明寺[4]，沿火改作五寺三监[5]。以东向南，曰第三条甜水巷。以东熙熙楼客店，都下着数[6]。以东街南高阳正店。向北入马行。向东街北曰

---

① 出界身北巷，巷口宋家生药铺：原作“出界北巷、巷口宋家生药铺”，今据《秘册》《学津》本补为“出界身北巷，巷口宋家生药铺”。

② 铺中两壁：《秘册》《学津》本作“本铺中两壁”。

③ 李成：名画家，唐朝宗室后代。宋太祖开宝年间进士，字咸熙，京兆人（今陕西长安县至华县之间），后迁营丘（今山东临淄），人称营丘子。擅画山水，与关同、范宽号称山水画三大宗师。

④ 乾明寺：原名报先寺。宋太宗太平兴国二年八月改报先寺为乾明寺，重新整修。

⑤ 五寺三监：寺与监皆官府名，如太常寺、将作监。北宋设九寺五监，五寺三监所指不详。疑指合署办公地。五寺三监，原作“五寺王监”。今从《秘册》《学津》本改作“五寺三监”。

⑥ 着数：数得着，有名气。

东辂院。南曰第二甜水巷。以东审计院①。以东桐树子韩家②，直抵太庙前门。南往观音院③，乃第一条甜水巷也。

太庙北入榆林巷，通曹门大街，不能遍数也。

【译】自景灵宫东门大街向东去，街北面原先是乾明寺，因沿火改为五寺三监。从东面向南去，是叫第三条甜水巷。再向东是熙熙楼客店，京城中是数得着而有名气的。再往东街南是高阳正店。向北进入马行街。再向东街北是车辂院。南面是第二条甜水巷。东面是审计院。再东面是桐树子韩家，一直抵达太庙的前门。向南通往观音院，即第一条甜水巷。

从太庙向北进入榆林巷，通向曹门大街，（街上的情况）不能一一详述。

## 上清宫④

上清宫在新宋门里街北，以西茆山下院。醴泉观⑤在东水门里。观音院在旧宋门后太庙南门。景德寺⑥在上清宫

① 审计院：亦名“审计司”。负责诸军兵马的增减及供给军饷的数额。

② 桐树子韩家：宰相韩绛家。韩绛，字子华，开封人，与兄韩亿、弟韩维皆为宰相、执政。《能改斋漫录》卷十一：“韩子华兄弟皆为宰相。门有梧桐，京师人以桐木韩家呼之。”

③ 观音院：周世宗时峨眉僧茂正所建，为相国寺的僧舍下院之一。

④ 上清宫：道观，宋太宗建，神宗赐名上清储祥宫。

⑤ 醴泉观：宋真宗大中祥符元年（公元1008年）五月泰山醴泉出，诏于其地建醴泉观，后又建观于京城。

⑥ 景德寺：俗名“东相国寺”，以纪念后周恭帝诞节，名天寿寺，宋真宗景德二年（公元 1005 年）改名“景德寺”。

背[1]，寺前有桃花洞[2]，皆妓馆。开宝寺[3]在旧封丘门外斜街子，内有二十四院，惟仁王院最盛。天清寺在州北[4]清晖桥。兴德院[5]在金水门外。长生宫在鹿家巷。显宁寺[6]在炭场巷北。婆台寺[7]在陈州门里。兜率寺[8]在红门道。地涌佛寺[9]，在州西草场巷街南。十方静因院[10]在州西油醋巷。浴室



① 背：这里指后边、背后。

② 桃花洞：在杨州门内西北，即上清宫道士所居处，环植以桃，故名。

③ 开宝寺：旧名“独居寺”，北齐天保十年（公元559年）建，唐玄宗开元十七年（公元729年）祀泰山返回时居此，更名为“封禅寺”。宋太祖开宝三年增建朵殿廊庑，改名为“开宝寺”。

④ 天清寺在州北：《汴京遗迹志》作“天清寺在陈州门里，繁台上……”即州南，与“州北”说不同。天清寺，五代时汴京四大名寺之一。天清，（周）世宗（诞）节名。内有著名的兴慈塔（俗称繁塔），宋太宗太平兴国二年（公元977年）重修。

⑤ 兴德院：原为宋英宗的住所。宋神宗熙宁八年（公元1075年）八月手诏，先皇帝自齐州防御使入继大统，治平二年（公元1065年）建兴德军，……可赐额兴德禅院，赐游田三十顷。

⑥ 显宁寺：后周时，与天清、显静、圣寿并称“东京四大寺”。

⑦ 婆台寺：对婆台前后白云、天清、相国三寺的总称。

⑧ 兜率寺：旧名“旌孝寺”，宋仁宗时改名“兜率寺”。

⑨ 地涌佛寺：地涌佛，佛教术语。意为因受释加如来之教化，有无数菩萨从地下涌出，故名。

⑩ 十方静因院：十方，佛家指东西南北、东南西南、东北西北、上下，又叫“十方地面”。静因，（宋）苏轼《宸奎阁纪略》《汴京遗迹志》作“净因”。

院[①]在第三条甜水巷。福田院[②]在曹门外。报恩寺在卸盐巷。太和宫[③]女道士，在州西洪桥子大街。洞元观[④]女道士，在班楼北。瑶华宫[⑤]在金水门外。万寿观[⑥]在旧酸枣门外十王宫[⑦]前。

【译】上清宫在新宋门里面街的北面，往西是茆山下院。醴泉观在东水门里。观音院在旧宋门后面的太庙的南门处。景德寺在上清宫的背后，寺前有桃花洞，寺内都是妓馆。开宝寺在旧封丘门外的斜街子，寺内有二十四个院子，只有仁王院最兴盛。天清寺在州北清晖桥。兴德院在金水门外面。长生宫在鹿家巷。显宁寺在炭场巷的北面。婆台寺在陈州门里面。兜率寺在红门道。地涌佛寺在州城西草场巷的街南。十方静因院在州城西的油醋巷。浴室院在第三条甜水

① 浴室院：浴室即浴圣，佛教的消灾仪式之一。

② 福田院：旧名悲田院，亦名贫子院。开元二十二年断京城乞儿，官置病坊给廪食，或曰养病院。二十三年分置于诸寺。宋朝因之，以僧院名福田。福田，乃佛教语，《梵纲经戒本疏》三："能恭敬恭养，慈愍惠施，则能生无量之福果，故名福田。"

③ 太和宫：皇家道观。《江邻几杂志》："宋真宗的后宫人杜氏，因以销金盛迎驾，上怒，令出家为道士，居太和宫。"

④ 洞元观：在大佛寺迤西。宋仁宗景祐二年富平郡王姑施氏愿入道为女冠，乃以崔怀道私第八十间改为道观，赐名洞源。

⑤ 瑶华宫：原名"安和院"。宋仁宗的郭后与杨美人先后入道居此，乃改赐院名曰"瑶华宫"。后瑶华宫失火，取其地作大池，名曰"曲江池"。

⑥ 万寿观：原为"玉清昭应宫东偏殿"。供俸章懿太后御容。

⑦ 十王宫："睦亲宅"的俗称。诏即玉清昭应宫旧地建宫，合十位聚居，赐名"睦亲宅"。

巷。福田院在旧曹门的外面。报恩寺在卸盐巷。太和宫女道士观在州城西洪桥子大街。洞元观女道士观在班楼的北面。瑶华宫在金水门外面。万寿观在旧酸枣门外的十王宫前。

## 马行街铺席

马行北去，旧封丘门外袄庙斜街，州北瓦子。新封丘门大街，两边民户铺席外，余诸班直军营相对，至门约十里余。其余坊巷院落，纵横万数，莫知纪极①，处处拥门②，各有茶坊酒店，勾肆饮食③。市井经纪之家④，往往只于市店旋买饮食⑤，不置家蔬。

【译】从马行街往北去，旧封丘门外有袄庙斜街，是州北的瓦子。新封丘门的大街两边除居民住户和店铺门面之外，还有御前当值的禁卫军的军营相对排列，直到距离封丘门约十里远的地方。其余都是坊巷院落，纵横着万余家，多得数不清，处处都是门挨着门，中间各有茶坊酒店及集市卖饮食的摊贩。街市上经营买卖的人家往往都是在店铺中购买所需的饮食，不在家里做饭。



---

① 莫知纪极：多得数不清。纪极，终极，限度。

② 拥门：门挨着门。

③ 勾肆饮食：艺人俳优的卖艺场所和卖饮食的摊贩。

④ 市井经纪之家：街市上经营买卖的人家。经纪，即经营买卖。

⑤ 旋买饮食：《秘册》《学津》本作“旋置饮食”。

北食则矾楼[①]前李四家、段家熬物、石逢巴子；南食则寺桥金家、九曲子周家最为曲指[②]。夜市直至三更尽[③]，才五更[④]又复开张，如要闹处，通晓不绝；寻常四梢[⑤]远静去处，夜市亦有燋酸豏[⑥]、猪胰[⑦]胡饼、和菜饼[⑧]、獾儿野狐肉、果木翘羹、灌肠[⑨]、香糖果子之类。冬月虽大风雪阴雨，亦有夜市：㓵子姜豉、抹脏、红丝、水晶脍[⑩]、煎肝脏、蛤蜊、螃蟹、胡桃、泽州饧[⑪]、奇豆、鹅梨、石榴、查子、榅桲[⑫]、糍

---

① 矾楼：原名“白矾楼”，后来更名为“丰乐楼”，一说为“樊楼”。位于宋都御街北端，是据史书记载于1988年复建的一组庭院式仿宋楼阁，是开封目前最大的仿宋游乐中心。

② 最为曲指：第一。

③ 夜市直至三更尽：宋以前京城的夜禁甚严，宋太祖乾德三年（公元965年）始诏开封府：“今京城夜漏未及三鼓，不得禁止行人。”三更，即半夜子时，夜十一至一点。

④ 五更：天亮时，三至五点。

⑤ 四梢：俗语。指城镇的边缘地区。

⑥ 酸豏（xiàn）：酸馅。

⑦ 猪胰（yí）：猪的夹脊肉。

⑧ 和菜饼：馅饼之类的食品。和菜，几种菜蔬拌制在一起。

⑨ 灌肠：血肠。《居家必用事类全集·庚集》：“灌肠：肥羊盘肠并大肠洗净。每活血勺半，凉水勺半，搅匀依常法灌满。活血则旋对，不可多了，多则凝，不能灌入。”《物类相感志·饮食》：“白血灌肠，用藕汁入血中灌之则白。”

⑩ 水晶脍：利用胶质凝结的菜肴。《居家必用事类全集》记载三种制法：（1）肉皮冻；（2）鱼冻；（3）琼脂冻。

⑪ 泽州饧：饧即饴饧。泽州，今山西晋城一带。

⑫ 榅（wēn）桲（po）：属灌木或小乔木，果实芳香，味酸可供生食或煮食。又供药用，以治水泻、肠虚、烦热及散酒气。

糕[1]、团子、盐豉汤[2]之类。至三更方有提瓶卖茶者。盖都人公私荣干[3]，夜深方归也。

【译】京城里售卖北方风味食品的矾楼前有李四家、段家熬物、石逢巴子；而南方风味食品则以寺桥金家、九曲子周家为第一。夜市一直到三更时分才结束，而才到五更又重新开张，如果是热闹的地方，夜市通宵不断。即使是在寻常城镇的边缘地区，夜市上也有燋酸豏、猪胰胡饼、和菜饼、獾儿野狐肉、果木翘羹、灌肠、香糖果子一类的食品售卖。冬月即使遇大风雪或阴雨天，也会有夜市。有㓥子姜豉、抹脏、红丝、水晶脍、煎肝脏、蛤蜊、螃蟹、胡桃、泽州饧、奇豆、鹅梨、石榴、查子、榅桲、糍糕、团子、盐豉汤一类的食品售卖。一直到三更时分，尚有提着开水瓶卖茶的。大概京城人或因办公事或因办私事，往往到深夜才回来。

## 般载杂卖

东京搬载车[4]，大者曰“太平”，上有箱[5]无盖，箱如构栏而平[6]；板壁前出两木，长二三尺许，驾车人在中间，两

---

① 糍糕：用江米做的糍糕。

② 盐豉汤：用盐豉捻头杂肉煮汤，称为“盐豉汤”。

③ 荣干：办事情。荣，通“营”。《说文通训定声·鼎部》：“荣，假借为营。”

④ 搬载车：用来装货物的车子。

⑤ 箱：同“厢”。

⑥ 箱如构栏而平：“构栏”原作“构拦”，从《秘册》《学律》本改。

手扶捉[1]鞭绥[2]驾之；前列骡或驴二十余，前后作两行，或牛五七头拽之[3]。车两轮与箱齐，后有两斜木脚拖拽[4]；中间悬一铁铃，行即有声，使远来者车相避。仍于车后系驴骡[5]二头，遇下峻险桥路，以鞭吓之，使倒坐缍车[6]，令缓行也。可载数十石。官中车惟用驴，差小耳。

【译】东京城内的装货物的车子，大的称为“太平车”，车上有车厢而无车盖，车厢像构栏但是平整的，车厢的板壁前伸出两根直木，约两三尺长。驾车人在两根直木中间，两手抓着长鞭和缰绳来驾车。车前排列骡或驴二十余头，前后分作两行，或用五七头牛拉车。车两边的轮子与车厢平齐，车后装有两块斜木脚拖拽；中间挂一个铁铃，车行即发出声音，能使远处来的车相互避让。还在车后系骡或驴两头，遇到要下陡峻的道路或危险的桥梁时，就用鞭子吓唬它们，使它们向后拖车子，让车子减速。太平车可载数十石货物。官府用的太平车只用驴来拉，车子要小一些。

其次有“平头车”，亦如“太平车[7]”而小。两轮前出

① 扶捉：扶持，抓握。

② 绥：这里指控制驴骡的绳子。绥，原作“綏”。邓注按：“綏疑当作绥”，今改。

③ 拽（yè）之：拖拉的意思。

④ 拖拽：制动结构。

⑤ 驴骡：《秘册》《学律》本作“骡驴”。

⑥ 缍（duǒ）车：垂车，向后拖，减慢车速。

⑦ 太平车：《邵氏闻见后录》卷二十二：“今之民间辎车，重大椎扑，以牛挽之，日不能行三十里，少蒙雨雪，则跬步不进，故俗谓之太平车。”

长木作辕，木梢[1]横一木，以独牛在辕内，项[2]负横木，人在一边，以手牵牛鼻绳驾之，酒正店多以此载酒稍桶矣。稍桶如长水桶，面安靥口[3]，每桶三斗许，一贯[4]五百文。

**【译】**其次有“平头车”，形状像“太平车”但稍小。两个车轮前伸出两根长木作为车辕，长木的前段横一根木，把一头牛套在车辕内，牛颈上背负着横木，驾车人坐在车的一边，用手牵着牛鼻绳来驾车。酒店大多用这种“平头车”运载盛酒的稍桶。稍桶的形状像长水桶，桶面上安有靥口，每个稍桶可装酒三斗左右，价值一千五百文钱。

又有宅眷坐车子[5]，与“平头车”大抵相似，但棕[6]作盖[7]，及前后有构栏门，垂帘。

又有“独轮车[8]”，前后两人把驾[9]，两旁两人扶拐[10]，



① 木梢：木头的前边、顶端。

② 项：这里指牛脖子。

③ 靥（yè）口：指凸出的小桶口。

④ 贯：货币的计量单位。一贯等于一千文。《事物纪原》卷十：“自古用钱，贯皆以千……。”

⑤ 宅眷坐车子：通常指妇女坐的车子。宅眷，女眷。

⑥ 棕：棕榈叶。

⑦ 盖：这里指车蓬。

⑧ 独轮车：也叫“江州车子”，今俗称“小红车”。

⑨ 把驾：今俗称“驾把”“驾辕”。

⑩ 拐：带拐的车把。

更有驴拽，谓之“串车[①]”，以不用耳子转轮[②]也。搬载竹木瓦石，但无前辕，止一人或两人推之。此车往往卖糕及糕糜[③]之类人用，不中[④]载物也。

【译】城中还有富贵人家的女眷坐的车子，与“平头车”大体相似，只是以棕榈叶作顶盖，前后有构栏状的车门，并垂挂着门帘。

另有一种“独轮车”，前后有两人驾辕，两旁各有一人扶住带拐的车把，前面有驴拉，这称为“串车”。因为它不用耳子转轮，搬载竹木瓦石。车前无车辕，只有一人或两人推的车，这种车往往用作卖糕和糕糜一类的食品的人使用，不可以装载重物。

平盘[⑤]两轮，谓之“浪子车”，唯用人拽。又有载巨石大木、只有短梯盘而无轮，谓之“痴车”，皆省人力也。

又有驼骡驴驮子[⑥]，或皮或竹为之，如方匾竹筌[⑦]，两搭



① 串车：今俗称“挂牲口”，又叫“跑梢”。

② 耳子转轮：何意不详。

③ 糕糜：《居家必用事类全集·庚集》：“糕糜：羊头煮极烂，提去骨，原汁内下回回豆，候软，下糯米粉，成糕糜。下酥蜜、松仁、胡桃仁和匀供。”

④ 不中：俗语。不可以的意思。

⑤ 平盘：疑只有车底盘，两边无栏，今平板车。

⑥ 驮子：这里指用骆驼、骡、驴驮东西。

⑦ 竹筌（cuō）：竹篓，竹笼。

背上；斛斗[①]则用布袋[②]驮之。

【译】还有一种平板的两轮车，称为“浪子车”，这种车只能由人来拉。还有一种装载巨石或大木料、只有短梯形的车盘而没有轮子的车，称为“痴车”，这些车都节省人力。

此外还有用骆驼、骡子或驴来驮运东西，用皮革或竹子做成的，如方匾、竹篓子，在牲口的背上一边搭一个；如果是粮食，就要用布袋来驮运。

## 都市钱陌

都市钱陌[③]：官用七十七[④]；街市通用七十五；鱼肉菜七十二陌[⑤]；金银七十四；珠珍、雇婢妮、买虫蚁[⑥]六十八；文字[⑦]五十六陌。行市[⑧]各有短长[⑨]使用。

【译】京城集市中使用钱陌：官府使用以七十七文为

① 斛斗：量器。十斗为一斛。这里疑指粮食。

② 布袋：盛装粮食的口袋，俗名“布袋”。

③ 钱陌：数钱的计算方法。

④ 官用七十七：“省钱”的钱法。《容斋三笔》卷四“省钱百陌”条：“太平兴国二年（公元 977 年），始诏民间缗钱，定以七十七为百，自是以来，天下承用，公私出纳皆然，故名‘省钱’。”

⑤ 鱼肉菜七十二陌：“依除”的钱法。《归田录》卷二：“用钱之法，自五代以来，以七十七为百，谓之‘省陌’。今市并交易又剋其五，谓之‘依除’。”

⑥ 虫蚁：对小动物的俗称。又特指玩赏之类的禽鸟，如百灵、画眉等。

⑦ 文字：文字交易，指代写书信、讼状之类。

⑧ 行市：行情。

⑨ 短长：这里作多少讲。

一陌；集市中通用以七十五文为一陌；鱼肉菜交易以七十二文为一陌；金银交易以七十四文为一陌；珠宝交易、雇用婢女、买卖各种小动物以六十八文为一陌；代写书信、讼状文书以五十六文为一陌。各行根据行情不同使用时各有不同。

## 雇觅人力

凡雇觅人力，干当人①、酒食作匠之类，各有行老②供雇。觅女使③，即有引至④、牙人⑤。

【译】凡要雇佣人力，诸如家仆、厨师、手艺工匠一类的人，分别有行老来推荐被雇佣人。雇佣女仆要有保人、引荐的人。

## 防火

每坊巷三百步许，有军巡铺⑥屋一所，铺兵五人，夜间巡警，收领公事⑦。

又于高处砖砌望火楼。楼上有人卓望⑧，下有官屋数

---

① 干当人：具体办事之人，又叫勾当人。这里泛指受雇于他人的家仆与技艺之人。

② 行老：行业的头人。这里指代为介绍职业的人。

③ 女使：女仆，女用人。

④ 引至：介绍职业的荐举人、保人。引至，或作“引置”“引致”。

⑤ 牙人：又叫“驵（zǎng）侩”“互郎”“市牙”。这里指介绍职业的居中人。

⑥ 军巡铺：京城治安的基层单位，由军巡使领导。亦是我国最早的专职消防部队，即军巡铺。创建至今已有近千年的历史，其组织之严密、器械之众多、制度之完善，在世界消防史上属史无前例。

⑦ 收领公事：受领公事。收领，《秘册》《学律》本作“及领”。

⑧ 卓望：在高处眺望。

间，屯驻军兵百余人，及有救火家什[①]，谓如大小桶、洒子[②]、麻搭[③]、斧锯、梯子、火叉、大索[④]、铁猫儿[⑤]之类。每遇有遗火[⑥]去处，则有马军奔报军厢主[⑦]、马步军、殿前三衙[⑧]、开封府，各领军级扑灭，不劳百姓。

【译】京城中的街巷每隔三百步左右，就设有一所军巡铺的房屋，内有铺兵五人，负责夜间巡逻警戒，应对火警事宜。

还在地势较高的地方用砖建造望火楼，楼上有人瞭望巡视。望火楼下有很多间房屋，驻扎百余名军兵，还配有各种救火用的器具，诸如大小水桶、洒子、麻搭、斧锯、梯子、火叉、大绳、铁猫儿等。每当有地方失火，就有骑兵飞奔报告军厢主、马步军、殿前三衙、开封府衙，各部门率领兵士迅速前往灭火，不需要劳烦百姓了。

---

① 家什：家什，应用器具、工具的俗称。

② 洒子：洒水灭火的工具，即水囊、水袋、唧筒（水枪）之类。

③ 麻搭：一种在长杆顶端缚扎散麻蘸吸泥水灭火的工具。《武经总要》卷十二："麻搭：以八尺杆，系散麻二斤，沾泥浆，皆以蹙（cù）火。"

④ 大索：大绳。

⑤ 铁猫儿：救火用的铁钩一类的器具。

⑥ 遗火：失火。

⑦ 军厢主：对"京城四厢都指挥使"的俗称，又称"厢使""军巡使"。

⑧ 三衙：对侍卫亲军马军司、侍卫亲军步军司与殿前司的合称。皆为管理禁军的机构。

## 天晓诸人入市

每日交五更，诸寺院行者[①]打铁牌子[②]或木鱼[③]，循门报晓[④]，以各分地分，日间求化。诸趋朝、入市之人闻此而起。诸门桥[⑤]、市井已开，如瓠羮店门首坐一小儿叫饶骨头[⑥]，间有灌肺[⑦]及炒肺，酒店多点灯烛沽卖，每分不过二十文，并粥饭点心[⑧]。亦间或有卖洗面水、煎点茶汤药者[⑨]，直至天明。

【译】每日清晨的五更时分，各个寺院的行者敲打着铁牌子或木鱼，沿街挨门逐户报晓天气，行者报晓也各分地段，白天则在城内募化。那些赶早朝和入集市的人听到报晓声就起身。那时各城门吊桥、街市都已开放。如瓠羹店门口坐着一个小孩儿，叫着饶骨头，其间也有卖灌肺和炒肺的。酒店里大多点着油灯、蜡烛做生意，每份不过

① 行者：对佛教徒的称谓。一是指在寺院服杂役而没有剃度的出家人；二指行脚参禅或乞食的“行脚”僧人；三又泛指入佛教修行者。这里指前两种人。

② 铁牌子：铁版，法会乐器。

③ 木鱼：木制的佛教法器。有两种：一是圆形，上刻鱼鳞文，诵经时敲打，以调音节；二是长形，像鱼，吊在佛堂前，开饭或集合众僧时扣击。这里指前者。

④ 循门报晓：沿街挨门逐户报晓天气晴、阴、雨。晓，天明。

⑤ 门桥：这里指城门吊桥。

⑥ 饶骨头：价钱极便宜的皮骨。

⑦ 灌肺：《居家必用事类全集·庚集》：灌肺，取带心羊肺一具，冲洗干净，用生姜斗、麻泥、杏泥、白面、豆粉、熟油、盐一起拌匀，将肺灌满，慢火煮熟。

⑧ 点心：米面蒸食叫点心。

⑨ 煎点茶汤药者：《秘册》《学律》本作“煎点汤药者”，无“茶”字。

二十文钱，连同粥饭、蒸食。或有卖洗面水、煎点汤茶药的人，一直到天亮。

其杀猪羊作坊，每人担猪羊及车子上市，动即百数。如果木[①]亦集于朱雀门外及州桥之西，谓之“果子行”，纸画儿亦在彼处，行贩[②]不绝。其卖麦面[③]，秤作一布袋[④]谓之“一宛”，或三五秤作“一宛”，用太平车或驴马驮之。从城外守门[⑤]入城货卖，至天明不绝[⑥]。更有御街州桥至南内[⑦]前，趁朝卖药[⑧]及饮食者，吟叫百端[⑨]。

**【译】**那些杀猪、羊的作坊，每人挑着猪、羊或将猪、羊装在车子上去街市，入城卖的猪羊，人员攒动，数以百计。卖水果的也集中在朱雀门外和州桥的西边，称为“果子行”，卖纸画的也集中在这里，往来贩卖货物的商贩络绎不绝。还有卖麦面粉的，每秤装一布袋，称为“一宛”，或者以三五秤为“一宛”，用太平车或驴、马来驮运。他们都在

① 果木：对水果的俗称。

② 行贩：往来贩卖货物的商贩。

③ 其卖麦面：宛委山堂《说郛》引、《秘册》本作“其麦面”，无“卖”字。

④ 秤作一布袋：宛委山堂《说郛》引、《秘册》《学律》本作“每秤作一布袋”。秤，衡器。宋元时一秤为十五斤。

⑤ 守门：这里指守在城门外边。

⑥ 至天明不绝：宛委山堂《说郛》引，作“至天色明不绝”。

⑦ 南内：对大内、皇宫的别称。此为南宋语，与太上皇宋高宗所居“北内”相对而言。

⑧ 趁朝卖药：趁早晨上朝时卖香药。

⑨ 吟叫百端：各种各样的叫卖声。百端，各种各样。

城门外守候，城门一开就进城售卖，直到天亮人员不断。在御街州桥到皇宫南面门前，还有一些趁早晨上朝时卖香药和饮食的人，有着各种各样的叫卖声。

## 诸色杂卖

若养马，则有两人日供切草；养犬则供饧糟；养猫则供猫食并小鱼。其锢路①、钉铰②、箍桶③、修整动使、掌鞋、刷腰带、修幞头帽子、补角冠④。日供打香印则管定铺席人家牌额⑤，时节⑥即印施佛像等。其供人家打水者，各有地分坊巷，及有使漆⑦、打钗环⑧、荷⑨大斧斫柴⑩、换扇子柄、供香饼子、炭团；夏月则有洗毡、淘井⑪者，举意皆在目前。或军营放停乐人，动鼓乐于空闲，就坊巷引小儿妇女观看，

---

① 锢路：今中原民间把打破的瓷器、铁锅等用小铁钯脚固定在一起叫锢路。修治的匠人所喊市声为："锢路锅、钉锅。"锢，即塞。如铁器穿孔，铸熔铁堵塞，使其不漏。

② 钉铰：指补锅、锔碗等。

③ 箍桶：原作"箍桶"。从邓注按"箍"，应作"箍"改。

④ 角冠：妇女的帽子，又叫"垂肩冠"。

⑤ 牌额：指店铺的字号。

⑥ 时节：节气，节日。俗称"四时八节"。

⑦ 及有使漆：《秘册》《学津》本作"以有使漆"。使漆，指油漆匠人。

⑧ 钗环：妇女的首饰。钗，用于挽结扦插头发的首饰。环，有指环、臂环，即戒指、手镯之类。

⑨ 荷：肩扛。

⑩ 斫柴：劈柴。

⑪ 淘井：清理井底杂物和淤泥。

散糖果子之类，谓之“卖梅子”，又谓之“把街[1]”。

**【译】**如果养马，每天就需要两个人供给切好的草料；养狗就需要每天供给饧糟；养猫就需要每天供给猫食和小鱼。城中还有那些锢路锅、锔碗、箍桶、修整日常用具、补鞋、刷腰带、修理幞头和帽子、修补妇女帽子的匠人。每天供应印制盘香的，则有自己固定的店铺和字号。每逢四时节令，即印制施送佛像等物。那些专为别人打水的人，各有自己的地区街巷。城中还有专门刷油漆、打制钗环、扛着大斧为人劈柴、换扇子柄和供应香饼子、炭团的人。夏天的时候还有专为人洗毡毯、淘井的人，他们随时可以出现在眼前。有的军营聚集了鼓乐手，在空闲的时候吹打鼓乐，到街巷吸引小孩和妇女来观看，并散发糖果、点心一类的吃食，称为“卖梅子”，又叫“把街”。

每日如宅舍宫院前，则有就门[2]卖羊肉头肚、腰子白肠、鹑兔鱼虾、退毛鸡鸭、蛤蜊、螃蟹、杂爊、香药果子；博卖[3]冠梳领抹、头面衣着、动使铜铁器、衣箱、磁器之

① 把街：《秘册》《学津》本作“杷街”。

② 就门：到门前，守在门前。

③ 博卖：《秘册》《学津》本作“扑卖”。据下文“扑上件物事者”，这里疑作“扑卖”。

类。亦有扑[①]上件物事[②]者，谓之“勘宅[③]”。其后街或闲空处团转盖局屋[④]，向背聚居[⑤]，谓之“院子”，皆小民居止[⑥]。每日卖蒸梨枣[⑦]、黄糕麋、宿蒸饼[⑧]、发芽豆[⑨]之类。

【译】每天到那富人宅院前，就有小贩上门卖羊肉、羊头、羊肚、羊腰子、白肠、鹌鹑、兔、鱼、退毛的鸡和鸭、蛤蜊、螃蟹、腌藏的肉食、香药、果品等。也有以赌博方式售卖冠梳、领抹、头面、衣着、日用铜铁器、衣箱、瓷器一类物品。也有直接赌博以上物品的，称为“勘宅”。城中后街或空闲的地方，人们盖起了简陋的房屋，这些房屋门户相对或相背称为“院子”，都是些普通百姓在这里居住。这些人每天卖些蒸梨枣、黄糕麋、发面蒸饼、五香发芽蚕豆一类的吃食。

---

① 扑：扑卖。以赌博游戏的方式售卖。

② 物事：东西，物品。

③ 勘宅：到院子里。勘，勘查，寻问。

④ 团转盖局屋：《秘册》《学津》本作“团转盖屋”，无“局”字。

⑤ 向背聚居：面对面、背靠背地居住。这是指房子。

⑥ 皆小民居止：《秘册》《学津》本作“小民居止”，无“皆”字。

⑦ 蒸梨枣：煮梨枣。《本草纲目》卷三十引《图经本草》：“桑皮梨，惟堪蜜煮食之，止口干。”今开封仍有此品，先将梨蒸制，然后与枣一起用冰糖、蜂蜜水慢火煎煮制。桑皮梨，今俗名红梨。

⑧ 宿蒸饼：发面蒸饼。《饮膳正要》卷一：“飥饼（经捲儿同）：隔宿用酵子、盐、温水，一同和面。次日入面接肥，再和成面。每斤作二个，入笼内蒸。”

⑨ 发芽豆：这里指煮熟的五香发芽蚕豆。芽原作“牙”，今改。

每遇春时，官中差人夫[①]监淘在城渠，别开坑盛淘出者泥，谓之“泥盆”。候官差人来检视了方盖覆，夜间出入。月黑[②]宜照管也。

【译】每到开春的时候，官府差人来监督清理疏通城中的河渠，要另外挖坑用于装盛挖出的河泥，称为“泥盆”。泥盆必须等到官府所差之人检查之后才可以盖上，方便夜间行人出入。在没有月亮的夜晚，官府按惯例都会派人来照料管理。



① 官中差人夫：《秘册》《学津》本作“官差人夫”。

② 月黑：没有月亮的夜晚，俗称“月黑头”。

# 卷四

## 军头司[①]

军头司每旬休按阅内等子[②]、相扑手[③]、剑棒手格斗。

诸军营殿前指挥使直[④]，在禁中有左右班、内殿直[⑤]、散员、散都头[⑥]、散直、散指挥[⑦]、御龙左右直，系打御从

① 军头司：原误作“军头目”，据正文标题《秘册》与《学津》本改。

② 旬休按阅内等子：十天休假时检阅内等子。内等子，皇宫禁卫的一种，又叫内前等子。军头司管辖的步兵，从禁军中选择体力强壮之人充任，除了朝会、圣节大宴担任相扑手之外，皇帝外出时还握拳随驾左右护卫。

③ 相扑手：摔跤的人。相扑，我国传统的体育项目，古称“角抵”，也叫“争交”，犹今之摔跤。

④ 殿前指挥使直：殿前诸班直之一，凡大朝会、圣节、拜郊等皇帝大的活动皆在御前站班，以护卫皇帝。

⑤ 内殿直：五代后周禁军名。招收军校及武臣子弟有才勇者充任，均为骑军。其职在扈从皇帝，拱卫京师，属殿前司。宋初沿置。开宝四年（公元 971 年）废除。内殿，皇帝召见大臣和处理国事之处，因在皇宫内，故名。

⑥ 散都头：官名。后周世宗显德元年（公元 954 年）以武艺超绝及相貌堂堂者署为殿前诸班，因有此号。宋朝殿前司马军有散都头左右二班，为近侍卫士。都头，军职名。唐中期诸军统帅之称，后为一部军队为一都的长官之称。唐僖宗时，当权宦官募神策新军五十四都，各都长官称都将，亦称“都头”。宋各军指挥使下设此官，属低级军官。起源晚唐、五代之际，军队中已有都的编制。

⑦ 散指挥：散指挥使，殿前诸班直之一。后周时创建。散指挥使，原名“伴饭指挥使”，是对无军功的骑兵军头的称谓。宋代改名为“散指挥使”，是为无军功的军头所设的职务。

物[1]。御龙骨朵子直[2]、弓箭直、弩直[3]、习驭直、骑御马、钧容直[4]、招箭班、金枪班、银枪班。殿侍诸军[5]、东西五班，常入祗候，每日教阅[6]野战，每遇诸路解到武艺人[7]，对御[8]格斗。

【译】军头司每过十天休假检阅内等子、相扑手、剑棒手格斗。

诸军营殿前指挥使直，在宫中有左右班，其他还有内殿直、散员、散都头、散直、散指挥使亦各有左右班。御龙左右直负责皇帝出行时应有的器具。其他还有御龙骨朵子直、弓箭直、弩直、习驭直、骑御马、钧容直、招箭班、金枪班、银枪班。殿前司、侍卫马军司、侍卫步军司所属的诸禁军东西五班，常在宫中随时候命，每日还要训练野战之阵。每逢各路解送军事战斗技术高强之人到京城，在皇帝赐宴并与群臣共饮的时候表演格斗。

① 打御从物：执擎御从物。御从物，皇帝外出时应有的器具。如交椅、金花唾盂、水罐、次锣、乘垒、龙凤掌扇、缨绋之类。

② 御龙骨朵子直：原名“骨朵子直”，宋太宗改名为御龙骨朵子直。骨朵子，仪仗器物，又称“蒜头”。

③ 弩直：殿前诸班直之一。弩，兵器。以机械发射的弓。

④ 钧容直：宋时从禁军中选拔组成的仪仗乐队。他们以骑吹形式在“御驾”出行时演奏教坊乐。

⑤ 殿侍诸军：殿前司、侍卫马军司、侍卫步军司所属的诸禁军。

⑥ 教阅：训练。

⑦ 武艺人：对善于骑射击刺等的军事战斗技术人员的称谓。

⑧ 对御：指皇帝赐宴，与群臣共饮。

天武[1]、捧日[2]、龙卫、神卫各二十指军，谓之“上四军”，不出戍。骁骑、云骑、拱圣、龙猛、龙骑各十指挥。殿前司、步军司有虎翼各二十指挥。虎翼水军、宣武各十五指挥。神勇、广勇各十指挥。飞山床子弩[3]、雄武、广固等指挥。诸司则宣效、六军[4]、武肃、武和、街道司[5]，诸司诸军指挥动以百数。诸宫观宅院各有清卫厢军[6]、禁军剩员[7]十指挥。

【译】天武、捧日、龙卫、神卫各二十指军，称为“上四军”，不用离开京城去戍守边疆。骁骑、云骑、拱圣、龙猛、龙骑诸军，各有部属十个指挥。殿前司、步军司有虎翼军各二十个指挥。虎翼水军、宣武军，各有十五个指挥。神勇军、广勇军，各十个指挥。飞山床子弩、雄武、广固等各设有指挥。各司则有宣效六军，武肃、武和、街道司等，各司、各军所属指挥动辄数以百计。各处宫观宅院还各有清卫厢军、禁军剩员十个指挥。

---

① 天武：禁军步兵的军号之一，旧名“控鹤”，宋太宗改名“天武”。皇帝外出时担任禁卫或把守城门。

② 捧日：宋朝组建的一个军队，是宋初上四军之一，主要由具装骑兵组成，最早是一支梁晋夹河对峙时，投降过来的梁军部队。

③ 飞山床子弩：飞山，床子弩的军名，即“飞山营”。床子弩，是一种特大型的弓，需要十人乃至数十人张弓搭箭。因弓座似床，故名。

④ 六军：疑指拣中六军。即左龙武、右龙武、左羽林、右羽林、左神武、右神武。

⑤ 街道司：皇帝外出时负责清扫道路的机构，属员由兵士组成，属都水监。

⑥ 清卫厢军：负责打扫道观寺院的军队。这里指开封府属的厢军。

⑦ 禁军剩员：由禁军中有战功尚可供职的残废军人所组成，在殿前值班。

其余工匠：修内司、八作司[①]、广固作坊、后苑作坊、书艺局、绫绵院、文绣院、内酒坊、法酒库、牛羊司、油醋库、仪鸾司、翰林司、喝探[②]、武严、辇官、车子院、皇城官[③]亲从官、亲事官、上下宫、皇城黄皂院子、涤除，各有指挥，记省[④]不尽。

【译】其余工匠有：修内司、八作司、广固作坊、后苑作坊、书艺局、绫绵院、文绣院、内酒坊、法酒库、牛羊司、油醋库、仪鸾司、翰林司、喝探、武严、辇官、车子院、皇城官亲从官、亲事官、上下宫皇城黄皂院子、涤除，各自都有所属指挥，回忆所及难以详细记述。

## 皇太子纳妃

皇太子纳妃，卤部仪仗[⑤]，宴乐仪卫[⑥]。妃乘厌翟车[⑦]，

① 八作司：官署名。宋属将作监，分东西二司，掌京城内外修缮事务。金有八作左右院，掌收军须、军器。元属工部，右八作司掌出纳内府漆器、红瓮等并制造铜铁器、皮毛等物，左八作司掌出纳内府毡货、柳器等物。

② 喝探：呵止并探查盘问。与旧时戒严呼询口令略同。这里指警卫军队“御营喝探”。

③ 皇城官：邓注按：“‘官’应作‘司’，连下读作‘皇城司亲从官、亲事官’。”

④ 记省：回忆。

⑤ 卤部仪仗：皇帝出行时以羽仪导行的仪仗队。卤部，即卤簿。甲楯有先后部伍之次，皆著之簿，故谓。《事物纪原》卷二引《五礼精义》：“卤，大盾也，以大盾领一部之人，故名卤簿。”

⑥ 仪卫：仪仗和卫士的统称。文的称仪，武的叫卫。

⑦ 厌翟车：后、妃、公主所乘的车，用野鸡羽毛来装饰。《宋史·舆服二》：“厌翟车，赤质，其厢饰以次翟羽。”翟，雉鸟。

车上设紫色团盖[①]，四柱维幕[②]，四垂大带[③]，四马驾之。

【译】皇太子纳妃的时候，使用卤簿仪仗，宴乐时则有仪卫。太子妃乘坐厌翟车，车上设有紫色的圆形车篷，车篷四面以丝网笼罩，四角垂挂玉带，用四匹马驾车。

## 公主出降[④]

公主出降亦设仪仗、行幕步障[⑤]、水路。凡亲王公主出则有之。皆系街道司兵级数十人，各执扫具、镀金银水桶，前导[⑥]洒之，名曰“水路”。用檐床[⑦]数百，铺设房卧[⑧]，并紫衫[⑨]卷脚幞头天武官抬舁[⑩]。又有宫嫔数十，皆真珠钗插吊朵，玲珑簇罗头面，红罗销金袍帔[⑪]，乘马双控双搭青盖[⑫]前

---

① 团盖：指遮蔽风雨的圆形车篷。

② 四柱维幕：指车篷四面以丝网笼罩。

③ 大带：玉带。

④ 公主出降：皇帝的女儿出嫁。

⑤ 行幕步障：阻挡行人视线和遮蔽风尘的活动帐幕。行幕，出行使用的帐幕。

⑥ 前导：指在前面开路，走在前面。

⑦ 檐床：只有座位而没有轿厢的便轿，也叫兜子。邓注按：“檐应作担。”今按：《宋史·舆服志》作“檐”。

⑧ 铺设房卧：指陪嫁的家具及床上用品等。

⑨ 紫衫：紫色的短上衣，又叫“窄衫”。穿戴简便。

⑩ 抬舁（yú）：共同抬着。

⑪ 袍帔（pèi）：妇女的礼制套服。长度至足上、有表有里的对襟宽敞外衣叫袍；披在外面肩上的长至膝下、上绣有文饰、下面两端接头处有坠子的长宽带称帔，又名“绕襟”。这里指有身份地位的“命妇”之霞帔。

⑫ 青盖：圆伞形的仪仗器物。这里指导盖。宋有花盖、导盖，皆赤质，如伞而圆，沥水绣花龙。又有曲盖，差小，难乘舆用之。

导，谓之“短镫”。

【译】公主出嫁，也设有仪仗、行幕、步障、水路。凡亲王的公主出嫁都是这样的。全都由几十个街道司的兵士，各拿洒扫用具、镀着金银的水桶，在前面洒扫开道，称为“水路”。仪仗所使用的便轿多达几百个，上面有陪嫁的家具和床上用品，都由身穿紫衫、头戴卷脚幞头的天武军官抬着。还有几十名宫嫔，全部头戴珍珠钗插和吊朵、玲珑簇罗头面，身披红罗销金霞帔，骑着马并排前行，另有手拿青色导盖的人做前导，称为“短镫”。

前后用红罗销金掌扇[①]遮簇，乘金铜檐子，覆以剪棕，朱红梁脊，上列渗金[②]铜铸云凤花朵。檐子[③]约高五尺许、深八尺、阔四尺许，内容六人。四维垂绣额珠帘，白藤[④]间花。匡厢之外，两壁出栏槛，皆缕金花，装雕木人物神仙。出队[⑤]两竿十二人，竿前后皆设绿丝条[⑥]，金鱼勾子勾定。

【译】仪仗队伍的前后都用红罗销金掌扇遮蔽、簇拥

---

① 掌扇：仪仗器物。宋代有朱团扇、雉尾扇、散扇等名目。有圆形、方形、扁圆形、上圆下方形。扇柄一般长八尺余，以金涂铜装饰。一人执导于舆前。掌扇，《宋史·仪卫五》“皇太子妃卤簿”作“降扇”。

② 渗金：洒金。

③ 檐子：舆轿之类的代步器物，又叫“棕檐子”。类似今日的轿子。木质，正方，棕顶，内设裀褥、朱椅、脚踏，赭窗红帘，竿头螭首，因“舁以二竿，故名‘檐子’”。

④ 白藤：棕榈科，簇生，长可达10—25米，茎柔韧，可编织器物。

⑤ 出队：排列成队。

⑥ 丝条：编织的丝绳。这里指竿头所挂的丝穗。

着，公主乘坐的是镶金裹铜的轿子，轿顶上盖着剪花的棕榈装饰，轿子的梁脊是朱红色的，上面排列着洒金铜铸的云凤花朵。轿子约高五尺多、进深八尺、宽四尺多，轿内可容纳六人。轿子的四角垂挂着有刺绣横额的珠帘，上面配有白藤，其间还有花的图案。轿厢的外面，两边高出厢壁的栏槛上，都镂刻着金花，装饰着雕刻的木质人物、神仙。轿子的两竿，排列有两队共十二人的士兵，竿前竿后都挂有绿色的丝穗，并用金鱼状的钩子钩住。

## 皇后出乘舆[1]

皇太后、皇后出乘者，谓之“舆”。比檐子稍增广[2]，花样皆龙，前后檐皆剪棕。仪仗与驾出[3]相似而少，仍无驾头[4]、警跸[5]耳。

**【译】**皇太后、皇后出行乘坐的轿子，称为“舆”。比檐子稍为扩大了一些，装饰的花样全都是龙，舆的前后檐上有装饰用的修剪过的棕片。出行时仪仗队与皇帝出行时的规格大体相似，只是人数少一些，没有驾头和沿途警卫而已。

士庶家[6]与贵家婚嫁，亦乘檐子，只无脊上铜凤花朵。

---

① 舆：舆轿。皇后所乘的名“龙檐子”“藤舆”，少次于“龙舆”。

② 稍增广：稍大。

③ 驾出：皇帝外出。

④ 驾头：仪仗器物，俗称“杌子”。一名“七宝床”，正殿法座。每车驾出幸，则使老内臣马上拥之，为前驱。

⑤ 警跸（bì）：古代帝王出入时，于所经路途侍卫警戒，清道止行。

⑥ 士庶：士子（学子）与百姓。

左右两军[①]自有假赁[②]所在，以至从人衫帽衣物、从物俱可赁，不须借缗[③]。

【译】士子、百姓人家与权贵人家有婚嫁之事，也都乘坐檐子，只是檐子脊梁没有铜凤、花朵装饰。檐子左右两旁的仪仗，自出钱雇请的，以至于随从的衫帽、衣服及其他有关用品都是可以租赁的，不需要自己去借用。

余命妇[④]王宫士庶通乘坐车子，如檐子样制，亦可容六人。前后有小勾栏，底下轴贯两挟朱轮[⑤]，前出长辕，约七八尺，独牛驾之，亦可假赁。

【译】其他受皇帝封号和有品级的妇女、王公、士庶，都要乘坐车子，车子的样式像檐子，也可容纳六人。车子的前后有小栏杆，车厢底部有轴横贯且两旁安装朱红色的车轮，车子的前部伸出长长的车辕，大约七八尺，用一头牛驾车，这也可以租赁的。



---

① 左右两军：这里指迎娶仪仗队。

② 假赁：租赁。这里指出钱雇请仪仗队。

③ 不须借缗：不须借用。邓注：“缗即措。”

④ 命妇：受皇帝封号、有品级的妇女。

⑤ 两挟朱轮：两旁安装朱红色的车轮。挟，从旁钳住。

## 杂赁

若凶事出殡，自上而下，凶肆[1]各有体例[2]，如方相[3]、车舆、结络彩帛，皆有定价，不须劳力。

寻常出街市干事[4]，稍似路远倦行[5]，逐坊巷桥市自有假赁鞍马者，不过百钱。

【译】如有丧事、出殡，从上到下的事情需要的相关物品，在经营有关殡葬用具的店铺都有一定的规矩，如送葬的方相、车舆、结络、彩帛等，都各有定价，不须再劳费精力。

平常外出到街市办事，如不乐意走远路，各处街坊里巷、桥头集市自有租赁鞍马的地方，租费不超过一百文钱。

## 修整杂货及斋僧请道[6]

傥[7]欲修整屋宇，泥补墙壁；生辰忌日[8]，欲设斋僧尼



① 凶肆：经营有关殡葬用具的店铺。

② 体例：规矩。

③ 方相：丧葬仪仗的一种，即驱疫避邪的神象，又称“魌（qī）头”，俗称“开路神”。民间出殡时，以纸扎成的开路神，即其遗制。

④ 干事：俗语，办事情。

⑤ 路远倦行：不乐意走远路。倦，厌倦。

⑥ 修整杂货及斋僧请道：“及”原误作“反”，据正文标题、《秘册》与《学津》本改。

⑦ 傥（tǎng）：倘，如果的意思。

⑧ 生辰忌日：生日和亲人死亡日。

道士[1]，即早辰[2]桥市街巷口皆有木竹匠人，谓之“杂货工匠”，以至杂作[3]人夫[4]、道士、僧人，罗立[5]会聚，候人请唤，谓之“罗斋”。竹木作料，亦有铺席。砖瓦泥匠，随手即就。

【译】如果想要整修房屋，用泥修补墙壁；或遇生辰、先人忌日，想设斋请僧尼或道士作法事，每天早晨在桥市、街巷口，都有做木竹活的匠人，称为“杂货工匠”，以至还有各种手艺的民夫、道士、僧人，聚集排列在一起，等候雇主召唤，称为“罗斋”。涉及竹木材料，也有专门的店铺。砖瓦泥匠，随处就可以找到。

## 筵会假赁

凡民间吉凶筵会，椅桌陈设、器皿合盘[6]、酒担动使之类，自有茶酒司管赁。吃食下酒，自有厨司。以至托盘下请书[7]、安排坐次、樽前[8]执事[9]、歌说劝酒，谓之“白席

① 设斋僧尼道士：指作佛事，设道场，为人祈祷、祈福。

② 早辰：早晨。辰，古代计时的十二时辰之第五，即上午7—9点。

③ 杂作：指各种技艺。

④ 人夫：受雇用的民夫。

⑤ 罗立：罗列。

⑥ 器皿合盘：指盛装食物的盘、碗、碟之类。合盘，今中原仍有其名，为盛装糕点的用具。木质、正方形盘，可以一层一层地摞起来。一本作“食盘”。

⑦ 请书：请帖，请柬。

⑧ 樽前：指宴席间。

⑨ 执事：办事人员，即执事人。

人[①]”，总谓之“四司人[②]”。

【译】凡民间喜事、丧事等宴会，桌椅及相关陈设、各种盘、碗、碟、酒担及应用器物，自有茶酒司掌管租赁。饭食菜肴，自有厨师负责烹制。还有那些托盘送东西、下请帖、安排座次的人、宴席间服务、说唱、劝酒的人，称为“白席人”。以上统称为“四司人”。

欲就园馆亭榭、寺院游赏命客[③]之类，举意便办，亦各有地分。承揽排备，自有则例，亦不敢过越取钱。虽百十分[④]，厅馆整肃[⑤]，主人只出钱而已，不用费力。

【译】如果想要到园馆、亭榭或寺院游玩赏景、宴请宾客的，随时就可以办妥，也各分有地段，有专门的人承揽安排，也有常规，更不敢过分要价。即使有百十桌宴席，厅堂楼馆会安排很有条理，主人只是出钱而已，完全不用自己费力劳神。

## 会仙酒楼

如州东仁和店、新门里会仙楼[⑥]正店，常有百十分厅

---

① 白席人：在婚、丧、祭祀典礼时司仪唱读仪式的人，即赞礼人或相礼人。

② 四司人：民间筵席的服务人员，即帐设司、厨司、茶酒司、台盘司。

③ 命客：宴请客人。

④ 百十分：这里指宴请客人有一百来桌。

⑤ 整肃：整齐，有条理。

⑥ 会仙楼：《酒名记》载，自酿“玉醑酒”有名于京师。在雷家桥北。

馆，动使各各足备，不尚[①]少缺一件。

【译】例如州东的仁和店、新门里的会仙楼酒店，经常备有百十份厅堂楼馆中应用的器具，样样准备都很充足，不允许缺少一件。

大抵都人风俗奢侈，度量[②]稍宽。凡酒店中，不问何人，止两人对坐饮酒，亦须用注碗一副[③]、盘盏两副、果菜碟各五片、水菜[④]碗三五只，即银近百两矣。虽一人独饮，碗遂亦用银盂之类，其果子菜蔬无非精洁。若别要下酒，即使人外买软羊[⑤]、龟背、大小骨、诸色包子、玉板鲊[⑥]、生削巴子、瓜姜之类。

【译】大概京城的人的习俗都很奢侈，排场有点大。凡是在酒店中，不管是什么人，哪怕只是两人对坐饮酒，也要用一副注碗、两副盘盏、五只果碟、五只菜碟、三五只的新鲜蔬菜碗，这样需要银子近百两了。即使一个人独饮，所用的碗具也要是银盂一类的器皿，果子、菜蔬也都很精致干净。如果另外要下酒菜，就让人到外面买软羊、龟背、大小

① 不尚：不允许。

② 度量：器量、涵养，这里指排场、气派。

③ 注碗一副：注子和注碗一套。注子，温酒时的盛酒器。注碗，内盛热水，放入注子以温酒的碗状成套器皿。

④ 水菜：新鲜蔬菜。

⑤ 软羊：蒸制或炰制的羊肉食品。《梦粱录·分茶酒店》有“蒸软羊”“羊四软”。《酒肆》有“零卖软羊”“羊杂炰四软”的肴馔。疑指羊下水。炰，煨煮也。

⑥ 玉板鲊：也叫“玉版鲊”。用鳣、鲟制成的鱼干。

骨、各种包子、玉版鲊、生削巴子、瓜姜一类的菜肴。

## 食店

大凡食店，大者谓之“分茶”，则有头羹、石髓①羹、白肉、胡饼、软羊、大小骨、角炙②、犒腰子③、石肚羹、入炉羊、罨生④软羊面、桐皮面⑤、姜泼刀、回刀、冷淘⑥、棋子⑦、寄炉面饭⑧之类。吃全茶，饶齑⑨头羹。

【译】大凡京城中的饮食店，大者称为“分茶”，菜肴有头羹、石髓羹、白肉、胡饼、软羊、大小骨、角炙、㸆腰子、石肚羹、入炉羊、生焖软羊面、桐皮面、姜泼刀、回刀、过水面、棋子、寄炉面饭等。如果客人吃“全茶”，就

---

① 石髓：石钟乳。古人用于服食，也可入药。

② 炙（zhì）：烤。

③ 犒（kào）腰子：㸆腰子。邓注按：“‘犒’应作‘熇’，俗作焅，读如靠。”今俗作“㸆”，即以小火慢熬，使汤汁耗尽的烹调法。

④ 罨（yǎn）生：生焖的烹调法。罨，将火苗掩盖起来，使其无火焰称罨火。罨，邓注按：“罨即淹。罨，犹言生淹。疑下有脱文。”或误。

⑤ 桐皮面：疑为豚皮面。《齐民要术》卷九：“豚皮饼法：汤溲粉，令如薄粥。大铛中煮汤；以小杓子挹粉著铜钵中，顿钵著沸汤中，以指旋钵，令粉悉著钵中四畔。饼既成，仍挹钵倾饼著汤中，煮熟。令漉出，著冷水中，酷似豚皮。臛浇麻、酪任意，而滑且美。”

⑥ 冷淘：过水面。俗称捞面条。过井水而凉的叫冷淘，过热水而温热的称温淘。《山家清供·自爱淘》：“候面熟过水，作因供食。”《帝京岁时记》：“夏至……，家家俱冷淘面，即俗说过水面也。”《方言别录》卷上引《通雅》：“今南京皆以温面为温淘。”旧俗，煮面熟即捞出，不过水，浇卤食，谓“热挑”。

⑦ 棋子：形状像棋子一样的食品。

⑧ 寄炉面饭：在炉子内烹煮的面饭。

⑨ 齑：捣碎的姜、蒜、韭菜等。或指细、碎。

赠送一份畜头羹。

更有川饭店，则有插肉面[①]、大燠面、大小抹肉淘[②]、煎熬肉、杂煎事件[③]、生熟浇饭。

更有南食店，鱼兜子[④]、桐皮熟脍面[⑤]、煎鱼饭。

【译】还有川菜饭馆，菜肴有煮肉面、大燠面、大小抹肉过水面、煎熬肉、杂煎内脏、生熟浇饭等。

还有南方风味的饭馆，菜肴有鱼丸、桐皮熟脍面、煎鱼饭等。

又有瓠羹店，门前以枋木[⑥]及花样沓[⑦]结缚如山棚[⑧]，上挂成边猪羊[⑨]，相间三二十边。近里门面窗户，皆朱绿装饰，谓之“驩门[⑩]”。

【译】还有瓠羹店，门前用枋木和各种刻花图案扎成彩棚的模样，上面挂着成片的猪肉、羊肉，猪肉、羊肉相隔有



① 插肉面：煮肉面。

② 大小抹肉淘：大小件“抹肉”浇头的过水面。

③ 杂煎事件：煎肝、肠、肚等。事件，鸟兽的内脏。

④ 鱼兜子：疑是鱼丸。

⑤ 桐皮熟脍面：把制成的豚皮切丝食用的面食。

⑥ 枋木：方柱形木，特指横木。

⑦ 沓（qǐ）：疑为“棨”，刻花之木。

⑧ 山棚：为庆祝节日而搭建的彩棚，其状如山高耸，故名。

⑨ 成边猪羊：成片的猪羊。今俗，一爿（pán）猪肉称一边。带脊骨的一爿叫“硬边”，不带脊骨的一爿称“软边”。

⑩ 驩（huān）门：欢门，以五彩装饰的门窗。驩，同“欢”。

二三十片。靠近门面窗户的地方，都用朱绿等彩帛装饰，称为“欢门”。

每店各有厅院，东西廊称呼“坐次”。客坐，则一人执箸纸①，遍问坐客。都人侈从②，百端③呼索④，或热，或冷，或温，或绝冷，精浇⑤，膘浇⑥之类，人人索唤不同。行菜得之⑦，近局⑧次立，从头唱念⑨，报与局内。当局者谓之“铛头⑩”，又曰“着案⑪”。讫。须臾⑫，行菜者左手杈三碗，右臂自手至肩驮迭约二十碗，散下尽合各人呼索，不容差错。一有差错，坐客白之主人，必加叱骂，或罚工价，甚者逐之。

【译】每一家店都有厅堂、庭院，东西的走廊称为“坐次”。客人落座后，便有一人拿来擦筷子的纸，询问每个客

① 箸纸：擦筷子的用纸。后世称“纸花”。箸，筷子。

② 侈从：侈纵。奢侈而放纵。

③ 百端：多种多样；百般。

④ 呼索：呼叫索取。这里指点、要菜肴。

⑤ 精浇：瘦肉浇头。

⑥ 膘浇：肥肉浇头。

⑦ 行菜得之：《秘册》作“行菜行之”。行菜，店堂招待员。俗称“堂倌”。

⑧ 局：这里指厨房。

⑨ 从头唱念：大声地一一念菜名。后世称“响堂报菜”。

⑩ 铛头：制作菜肴的厨师。俗称“掌灶”“灶头”“炉子头”。

⑪ 着案：白案和红案的厨师。白案制作米面食品，红案掌切配菜肴。

⑫ 须臾：一会儿，很短的时间。

人要吃些什么。京城的人奢侈而放纵，尽情地点要菜肴，有点热菜的，有点凉菜的，有点温菜的，有点冷冻菜的，有点瘦肉臊子面的，有点肥肉臊子面的，人人点要的饭菜各不相同。堂倌拿着菜单，走到厨房边站好，把菜单从头大声地念一遍，报给厨房里的厨师。厨房里掌勺的称为“铛头”，又称“着案”。报完后，一会儿工夫，堂倌左手杈着三个菜碗，右臂从手至肩依次叠放约二十个碗，分发给客人且与每个人所点要的饭菜必须相符，绝不容许出一点差错。一旦出现差错，客人告诉食店的老板，老板一定会对堂倌进行责骂，或者扣他的工钱，严重的要被辞退。



吾辈入店，则用一等琉璃[1]浅棱碗，谓之“碧碗”，亦谓之“造羹”。菜蔬精细，谓之“造齑”，每碗十文。面与肉相停[2]，谓之“合羹”。又有“单羹”，乃半个也。

**【译】**我们这样的人进店，就用一等琉璃浅棱碗，称为“碧碗”，也称“造羹”。菜蔬做得精细，称为“造齑”，每碗十文钱。面与肉的量大致相等，称为“合羹”。还有一种“单羹”，就是半份。

旧只用匙[3]，今皆用箸矣。更有插肉、拨刀[4]、炒羊、

---

① 琉璃：本指天然宝石。这里指用黏土加长石、石青等为原料烧制的陶瓷器。

② 相停：俗语。相等，各半，等份。

③ 匙：调羹勺。

④ 拨刀：疑为拨鱼之类的面食。《居家必用事类全集·庚集·玲珑拨鱼》：以白面加水搅成稠糊，“用匙拨入滚汤，候熟，（浇）臊子汁食之”。今也有用刀拨制的。

细料物棋子、馄饨店；及有素分茶，如寺院斋食也；又有菜面、胡蝶齑[①]、肐膣[②]，及卖随饭、荷包白饭[③]、旋切细料馉饳[④]儿、瓜齑[⑤]、萝卜之类。

【译】过去食店里只用汤匙，如今都有筷子了。还有插肉、拨刀、炒羊、细物料棋子、馄饨等食店；另外有专供素食的“分茶”，如寺院里的素斋食品；还有卖菜面、胡蝶齑面、肐膣，以及卖随饭、荷叶包白饭、旋切细料馉饳儿、瓜齑、萝卜之类的食店。

## 肉行

坊巷桥市，皆有肉案[⑥]，列三五人操刀，生熟肉从便索唤，阔刀、片批[⑦]、细抹、顿刀之类。至晚即有燠[⑧]曝[⑨]熟食

---

① 胡蝶齑：指水煮的胡蝶齑面。

② 肐膣：面食品。《居家必用事类全集·山药肐膣》：以面粉、姜汁、豆粉、熟山药和成硬面团，“骨鲁槌砑开，切作筭子，入豆粉，卧定案上，搓约长尺许。下锅煮熟，合荤、素汁任用”。

③ 荷包白饭：荷叶包裹的白米饭。

④ 馉饳：古代的一种面食，有馅。一说即“馄饨”。

⑤ 瓜齑：瓜齑，即炒制或凉拌的丝、片、丁混成的菜肴。《吴氏中馈录·瓜齑》：“酱瓜、生姜、葱白、淡干笋或茭白、虾米、鸡胸肉各等分，切长条丝儿，香油炒过供之。”开封今有“鸡瓜咸菜”。这里所说“细料馉饳儿、瓜齑、萝卜之类”未说明是炒制或生熟凉拌。

⑥ 肉案：这里指卖肉的商户。今民间俗称“肉架子”，设备有挂肉的架子与切肉的案子。

⑦ 片批：切肉的一种刀法。刀略倾斜，切之使肉成片状。

⑧ 燠：将肉类在油中熬熟，拌以盐酒和作料，油渍在坛中，随吃随取。

⑨ 曝：上海古典文学出版社本作“爆”。指爆炒。

上市。凡买物不上数钱得者是数[①]。

【译】街坊巷道、桥头集市上，都有卖肉的案子，三五个人站成一列操刀切肉，有生肉、熟肉，有宽切、片切、抹刀、顿刀等切法，随意挑选。到了夜晚又有燠爆的熟食上市。凡是买东西的人都是少量购买的较多。

## 饼店

凡饼店，有油饼店、有胡饼[②]店。若油饼店，即卖蒸饼[③]、糖饼，装合、引盘之类。胡饼店即卖门油[④]、菊花、宽



① 凡买物不上数钱得者是数：意思是指少量购买的人较多。“是数”的“数”，意思是频繁、较多。

② 胡饼：今芝麻烧饼。《释名·释饮食》：“胡饼作之大漫冱（hù）也，亦言以胡麻著上也。”王先谦疏证：“郑注《周礼·鳖人》云：互物谓有甲𦝫（liǎng）胡（漫冱），龟鳖之属，则𦝫胡乃外甲两面周围蒙合之状，胡饼之形似，故取名也。”《资治通鉴·唐肃宗元年》胡三省注：“胡饼， 今之蒸饼。高似孙曰：胡饼，言以胡麻著上也。崔鸿《前赵录》：石虎讳胡，改胡饼曰麻饼。《缃素杂记》曰：有鬻胡饼者，不晓名之所谓，易其名曰炉饼。以为胡人所啖，故名胡饼也。”

③ 蒸饼：似今馒头。

④ 门油：表面刷油制成的饼食。今俗所谓“外油里不油”的烙饼即是。

焦、侧厚[1]、油碢[2]、髓饼[3]、新样满麻。每案用三五人擀剂[4]卓花[5]入炉，自五更桌案之声远近相闻。唯武成王庙前海州[6]张家、皇建院[7]前郑家最盛，每家有五十余炉。

**【译】**京城里的饼店有油饼店，也有胡饼店。如油饼店，售卖的有馒头、糖饼，可以装盒，也可以放在盘中。胡饼店，则卖烙饼、菊花、薄脆、马蹄烧饼、油砣、髓饼、新样满麻等各式饼食。每张面案上有三五个人，擀剂、琢花后入炉烘烤。每天五更开始，面案上的响声远近都能听到。京城的饼店唯有武成王庙前海州张家、皇建院前郑家的生意最兴旺，每家都有五十多个饼炉。

---

① 宽焦、侧厚：宽焦，今之薄脆。侧厚，今之马蹄烧饼。《云庄四六余语》："旧说，以红生白熟、脚色手纹、宽焦薄脆之属为天生对偶。"《真珠船》卷三："今三原（今陕西三原）市肆卖饼有侧厚者。按《东京梦华录》胡饼店卖宽焦、侧厚，乃知其称有自。宽焦即《武林旧事》宽焦、侧厚者，今京师但名'薄脆'。"

② 油碢（tuó）：秤砣状的食品。今扬州人以萝卜丝拌面糊，放入秤砣形的模子中用油炸制，俗名"油砣""油端子"，或其遗制。碢，同"砣"。

③ 髓饼：以骨髓油和面制成的饼食。《齐民要术·饼法》："髓饼：以髓脂、蜜合和面，厚四五分、广六七寸，便著胡饼炉中令熟，勿令反覆。饼肥美，可经久。"又辽俗，以熟糯米与白羊髓脂和成饼团形称"髓饼"。

④ 擀剂：把小面团擀开，供装馅。剂，把和好的面切成小块儿，每块可做一个饼的面团，为一剂。

⑤ 卓花：或称"琢花"。做成花纹。今开封俗，用刀在烧饼生坯的边缘刻上花纹叫"剁花"，乃宋代"卓花"遗制。

⑥ 海州：唐宋时今江苏东海和辽时今辽宁海城都曾叫海州。

⑦ 皇建院：原是周太祖郭温的住宅，后改为寺院。

## 鱼行

卖生鱼[①]则用浅抱桶[②]，以柳叶间串，清水中浸，或循街出卖。每日早惟新郑门、西水门、万胜门，如此生鱼有数千担入门。冬月即黄河诸远处客鱼[③]来，谓之“东鱼”，每斤不上一百文。

【译】卖活鱼的人用浅抱桶，将鱼用柳条穿着，放在清水中浸泡着，或者沿街叫卖。每天早晨仅新郑门、西水门、万胜门，像这样的活鱼有数千担进城。冬天的时候，就有从黄河等较远地方的鱼贩过来卖活鱼，称为“东鱼”，每斤鱼不到一百文钱。



① 生鱼：活鱼。

② 抱桶：今俗讹为“布桶”。木质，椭圆形，长不过三尺，深不足一尺，内盛清水数寸深，用来盛鱼，是卖鱼的专用工具。

③ 客鱼：当地行商贩卖外来的鱼。

# 卷五

## 民俗

凡百所卖饮食之人，装鲜净盘合器皿，车檐动使奇巧可爱，食味和羹[①]不敢草略[②]。其卖药卖卦，皆具冠带。至于乞丐者，亦有规格。稍似懈怠[③]众所不容。其士农工商，诸行百户衣装各有本色[④]，不敢越外。谓如香铺裹香[⑤]人，即顶帽披背[⑥]；质库掌事[⑦]，即着皂衫[⑧]角带[⑨]、不顶帽之类。街市行人便认得是何色目[⑩]。加之人情宜谊，若见外方之人为都人凌欺，众必救之；或见军铺[⑪]收领到斗争公事，横身劝救，有陪酒食担官方救之者，亦无惮[⑫]也。

【译】凡是京城里售卖饮食的商贩，都用干净的盘盒

---

① 食味和羹：指制作食品。

② 草略：粗糙疏略。

③ 懈怠：松懈、马虎。这里有不守规矩、破坏规矩的意思。

④ 诸行百户衣装各有本色：《燕翼诒谋录》卷一："国初仍唐旧制，有官者服皂袍，无官者白袍，庶人布袍，而紫惟施于朝服，非朝服而用紫者，有禁。"

⑤ 裹香：制香。

⑥ 顶帽披背：戴帽子、穿背子。背子，汉族传统服装的一种。男女皆服，式样有异。

⑦ 质库掌事：当铺的掌柜、主事人。质库，当铺。

⑧ 皂衫：也作"阜衫"。黑色短袖单衣。

⑨ 角带：束在外面的腰带，平民的服饰。

⑩ 色目：种类、名目、等级。这里作身份、行当讲。

⑪ 军铺：指主管治安的军巡铺。

⑫ 无惮：不畏惧、不害怕。

器皿来盛装新鲜的食品，车或担上的各种器具物件都很奇巧、可爱，对食物的滋味、调和的羹汤不敢粗糙疏略。那些卖药卖卦的人，都穿着整齐的冠带。甚至连那些乞丐，也有相应的规矩。稍有懈怠就为众人所不容。那些士人、农民、工匠、商贩及各行各业、各个店家所着衣装各有本行业的特色，不敢越出常规。比如香铺里的制香人，就戴帽子、穿背子；当铺里的管事，穿黑色短袖单衣、腰束角带、不戴顶帽。街市上的行人，一看着装便能认出是什么身份。

加之人情宜谊，若见外方之人为都人凌欺，众必救之；或见军铺收领到斗争公事，横身劝救，有陪酒食担官方救之者，亦无惮也。

【译】而且京城的人很看重人情和友谊，如果看见外地人被京城人欺负，众人一定会出面帮助他；如果遇见被军巡铺拘捕的斗殴争吵案件中的人，也会挺身劝阻救助，有时也会陪上酒食且承担官方的压力而去救助他人，也没有害怕。

或有从外新来邻左[①]居住，则相借措动使，献遗汤茶[②]，指引买卖之类。更有提茶瓶之人[③]，每日邻里互相支茶，相问动静。凡百吉凶之家，人皆盈门。

【译】如有人从外地刚到，居住旁边称为邻居，就会纷

---

① 邻左：指邻居。

② 献遗汤茶：赠送茶水。

③ 提茶瓶之人：主动为别人联系和传递消息的人。《都城纪胜》："提茶瓶，即是趁赴充茶酒人。寻月旦望，每日与人传语往还，或讲集人情分子。"

纷借给他们各种日用器具，或者给他们送去茶水，指引他们买东西的地方等等。还有那些提茶瓶的人，每天在邻里之间走动，为人送茶，相互询问各自的情况。凡是遇到各种吉、凶之事的人家，邻居们都会涌到他家来帮忙。

其正酒店户，见脚店[①]三两次打酒，便敢借与三五百两银器[②]。以至贫下人家就店呼酒，亦用银器供送。有连夜饮者，次日取之。诸妓馆只就店呼酒而已，银器供送，亦复如是[③]。其阔略[④]大量，天下无之也。以其人烟浩穰[⑤]，添十数万众不加多，减不觉少。所谓花陈酒池、香山药海[⑥]。别有幽坊小巷、燕馆歌楼[⑦]，举之万数，不欲繁碎[⑧]。

【译】那些正规的大酒店，遇到零卖的小店来店里买过两三次酒的，便敢将价值三五百两的银器借给他。甚至那些贫困人家，到店里叫酒菜回家中待客，酒店也会供送银器的。如遇通宵饮酒的人家，就第二天再取回银器杯盘。各家妓馆也只管向酒店索要酒菜就行了，酒店供送银器杯盘，也是这样。这种大度而不拘束的经营方式，天下没有的。京城

---

① 脚店：供人临时歇脚的小客店。这里指零卖的小酒店。

② 三五百两银器：《秘册》本为“二五两银器”。

③ 亦复如是：也是这样。

④ 阔略：疏放，不拘束。

⑤ 浩穰：形容人烟稠密繁华。

⑥ 花陈酒池、香山药海：形容商业繁荣。

⑦ 燕馆歌楼：燕馆，又称“燕昭馆”，宴饮的馆子。歌楼，歌舞场所。

⑧ 繁碎：烦琐。这里是详细叙述的意思。

里人烟稠密繁华，增加十几万人没感觉多，减少十几万人也没感觉少。这可以说是“花陈酒池、香山药海”。然而京城里也有幽坊小巷、燕馆歌楼，列举起来数以万计，这里就不详细叙述了。

## 京瓦伎艺

崇、观[①]以来，在京瓦肆伎艺[②]：张廷叟、孟子书主张[③]。小唱[④]：李师师[⑤]、徐婆惜、封宜奴、孙三四等诚其角者[⑥]。嘌唱弟子：张七七、王京奴[⑦]、左小四、安娘、毛团等。教坊[⑧]减罢并温习：张翠盖、张成，弟子：薛子大、薛

---

① 崇、观：宋徽宗时崇宁（公元1102—1106年）、大观（公元1107—1110年）两个年号的合称。

② 伎艺：手艺或艺术表演等。

③ 主张：主持。

④ 小唱：乐曲体裁之一，由管乐伴奏；后演变成民间曲艺。《都城纪胜·瓦舍众伎》：“唱叫小唱，谓执板唱慢曲、曲破，大率重起轻杀，故曰浅斟低唱，与四十大曲舞旋为一体。”孟子书：教坊乐官。

⑤ 李师师：东京名妓，善歌舞，相传与宋徽宗来往甚密。

⑥ 诚其角者：实在是出众的演员。

⑦ 嘌唱弟子：张七七、王京奴：宛委山堂《说郛》节录本“张七七”为连上读，作“诚其角者为王子青、张七七、王京奴”，无“嘌唱弟子”四字，衍“为王子青”四字。嘌唱弟子，歌唱小曲之类的女艺人。嘌唱，以打鼓击盏掌握节拍而加以虚声的演唱。弟子，泛指歌舞杂剧等百戏女艺人。

⑧ 教坊：中国古代舞乐机构。唐高祖置内教坊于禁中，掌教习音乐，原属太常寺。武则天如意元年（公元692年），改为云韶府，以宦官为使。玄宗开元二年（公元714年），又置内教坊于蓬莱宫侧，京都置左右教坊，掌俳优杂技，教习俗乐，以宦官为教坊使，后遂不再属太常寺。此后凡祭祀朝会用太常雅乐，岁时宴享则用教坊俗乐。宋、金、元各代亦置教坊，明置教坊司，司礼部，清废。

子小、俏枝儿、杨总惜、周寿奴、称心等。般[①]杂剧[②]杖头傀儡[③]：任小三。每日五更头回[④]小杂剧[⑤]，差晚看不及矣[⑥]。悬丝傀儡[⑦]：张金线、李外宁；药发傀儡[⑧]：张臻妙、温奴哥、真个强、没勃脐、小掉刀。筋骨上索[⑨]杂手伎[⑩]：浑身眼、李宗正、张哥。球杖[⑪]、踢弄[⑫]：孙宽、孙十五、曾无党、高怒、李孝详。讲史[⑬]：李糙、相中立、张十一、徐明、赵

---

① 般：同“搬”，这里是表演的意思。

② 杂剧：一种把歌曲、宾白、舞蹈结合起来的中国传统艺术形式。最早见于唐代，那意思和汉代的“百戏”差不多，泛指歌舞以外诸如杂技等各色节目。

③ 杖头傀儡：杖头木偶，由艺人用木棍操作表演的木偶戏。又叫窟礧（léi）子、魁礧子。傀儡，指傀儡戏中的木偶人，杖头傀儡，原作“枝头傀儡”，今改。

④ 头回：宋代演戏时称第一个节目。

⑤ 小杂剧：滑稽小戏。

⑥ 差晚看不及矣：意为去得稍晚就看不到了。

⑦ 悬丝傀儡：提线木偶戏。

⑧ 药发傀儡：药法傀儡。演出方式不详，一般认为表演时与焰火有关，如“吐火”即是其一。

⑨ 上索：绳戏。类似今日走钢丝。从《武林旧事·诸色伎艺人》：“傀儡：悬丝、杖头……”。

⑩ 杂手伎：泛指各种杂技表演艺人，今俗称“杂耍儿”。

⑪ 球杖：打球的工具，呈“L”形，有金银装饰的，也有铜铁装饰的。这里指打球的技艺。

⑫ 踢弄：包括踢碗和拶球两类。踢碗就是今日说的蹬技。

⑬ 讲史：又叫“讲史书”“说史书”，尤今之评词。讲说通鉴，汉唐历代节史文传、兴废战争之事。

世亨、贾九。小说[1]：王彦喜、盖中宝、刘名度。散乐[2]：张真奴。舞旋[3]：杨望京。小儿相扑杂剧、掉刀蛮牌[4]：董十五、赵七、曹保义、朱婆儿、没困驼、风僧哥、俎六姐。影戏[5]：丁仪、瘦吉等弄乔影戏[6]。刘百禽弄虫蚁[7]。孔三



---

① 小说：说唱艺术，又叫“银字儿”。表演时有说有唱、有音乐伴奏，铺叙一段有头有尾的故事。

② 散乐：民间的歌舞杂戏。俳优歌舞杂进，往往汉乐府遗声。

③ 舞旋：古代一种回旋的舞蹈。

④ 掉刀蛮牌：两人对打的杂技。掉刀，兵器。刀首两面刃，上宽下窄，长柄。蛮牌，盾牌，一名“旁牌”。

⑤ 影戏：又称“影子戏”，是一种优美的传统民间戏曲艺术，中国被誉为“影戏的故乡”，起源于唐、五代，繁荣于宋、元、明、清，至今已有1000多年的历史。形成以来，一直得到了上自王公贵族、文人士大夫，下至市民百姓的喜爱。

⑥ 弄乔影戏：假装、扮演的影戏。弄乔，装假、故意做作。这里可能指“手影戏”。

⑦ 弄虫蚁：一名“教虫蚁”“弄百禽”。以动物表演的杂技。

传[①]、要秀才诸宫调[②]。毛详、霍伯丑商迷[③]。吴八儿合生[④]。张山人说诨话[⑤]。刘乔、河北子、帛遂、胡牛儿、达眼五、重明、乔骆驼儿、李敦等杂班[⑥]。外入孙三神鬼、霍四究说三分[⑦]、尹常卖五代史、文八娘叫果子[⑧]。其余不可胜数。不以风雨寒暑，诸棚看人日日如是。

---

① 孔三传：北宋泽州艺人。早年生长生活在歌舞之乡阳阿（现大阳古镇），古代诸宫调的发明者，堪称中国古代的音乐大师。在其早年的艺术生涯和成名后一直活跃在开封汴梁。他在实践中将唐、宋以来的大曲、词调、绕令以及当时北方民间流行的乐曲和上党曲调收集起来，按其声律高低，归纳成不同的宫调，演唱起来变化无穷，丰富多彩。其创造的宫调对当时的大曲演唱形式是一个突破性发展，不仅在当时北方的学艺界有很高的声誉，而且在京都汴梁及宫廷演出也极负盛名，他对元代杂剧的兴起和中国曲艺及戏剧的繁荣，都有着不可磨灭的历史功绩。

② 诸宫调：是说唱的一种形式，是一种古老的传统民间艺术，属于中国宋、金、元时期的一种大型说唱文学。是从变文和教坊大曲、杂曲的基础上发展而来的，因集若干套不同宫调的曲子轮递歌唱而得名。诸宫调以说唱为主，又因为它用琵琶等乐器伴奏，故又称“弹词”或“弦索”。

③ 商迷：商谜。一种以猜谜语形式为特征的滑稽风趣的说唱艺术。商谜有商者、来客两人表演，商者出谜，来客猜谜，有问有答，反复斗智，类似相声中的猜谜。宋代文人猜谜风气很盛，瓦舍中的艺人就以猜谜语为内容，创造了一种表演伎艺，称为“商谜”。宋元之后有将商谜作为猜谜语活动的代名词。

④ 合生：也作“合笙”。宋代说书的一个流派。艺人当场指物赋诗，也称唱题目。其内容滑稽并含讽劝意味的，叫乔合生。宋代洪迈《夷坚支乙志·合生诗词》：“江浙间路岐伶女，有慧黠知文墨能於席上指物题咏应命辄成者，谓之‘合生’；其滑稽含玩讽者，谓之‘乔合生’。”

⑤ 说诨话：宋代“说话”类别之一。说诙谐逗趣的话。

⑥ 杂班：杂扮。

⑦ 说三分：演说三国分争故事的说话伎艺。原在街巷演出，后入瓦肆勾栏，故称“外入”。

⑧ 叫果子：模仿街市上各种叫卖声的歌唱艺术，也叫“吟叫”“叫声”。

【译】崇宁、大观以来，在京城的瓦肆伎艺由张廷叟、孟子书来主持。小唱有李师师、徐婆惜、封宜奴、孙三四等人确实算得上是名角。嘌唱有弟子张七七、王京奴、左小四、安娘、毛团等。教坊中裁减后仍在练习的张翠盖、张成，他们的弟子有薛子大、薛子小、俏枝儿、杨总惜、周寿奴、称心等。杂剧杖头傀儡有任小三，他每天的五更时就表演小杂剧的第一个节目，稍晚去就看不上了。悬丝傀儡有张金线、李外宁。药发傀儡有张臻妙、温奴哥、真个强、没勃脐、小掉刀等。身上捆绳索的杂手伎有：浑身眼、李宗正、张哥等。球杖、踢弄有孙宽、孙十五、曾无党、高恕、李孝详等。说历史类评书有李糙、相中立、张十一、徐明、赵世亨、贾九等。小说类评书有王彦喜、盖中宝、刘名度。散乐有张真奴。舞旋有杨望京。小儿相扑、杂剧、掉刀、蛮牌等节目的有董十五、赵七、曹保义、朱婆儿、没困驼、风僧哥、俎六姐等。影戏有丁仪、瘦吉等扮演的影戏。刘百禽表演各种禽鸟戏。孔三传、耍秀才表演各种宫调。毛详、霍伯丑表演商谜。吴八儿表演合生。张山人说诙谐逗趣的话。刘乔、河北子、帛遂、胡牛儿、达眼五、重明、乔骆驼儿、李敦等表演杂扮。外地来的孙三擅长扮演神鬼、霍四究说三国故事评书、尹常卖说五代故事评书、文八娘擅长吟叫。其他的各种艺人和表演形式不可胜数。无论是风雨寒暑，各个戏棚里的观众都爆满，天天都是这样。

教坊、钧容直，每遇旬休按乐[①]，亦许人观看。每遇内宴前一月，教坊内勾集[②]弟子小儿习队舞[③]作乐，杂剧节次[④]。

【译】教坊、钧容直，每逢旬休的时候都要练习演唱、奏乐，也允许百姓观看。每逢皇宫内宴会的前一个月，教坊里就会召集弟子、小孩来练习队舞、奏乐，杂剧也逐一演练。

## 娶妇

凡娶媳妇，先起草帖子[⑤]，两家允许，然后起细帖子[⑥]，序[⑦]三代名讳[⑧]、议亲人有服亲[⑨]、田产、官职之类。次担许口酒，以络盛酒瓶[⑩]，装以大花八朵，罗绢生色或银胜[⑪]八枚，又以花红缴担上，谓之“缴担红”与女家[⑫]。女家以

① 按乐：奏乐。这里指教坊、钧容直的排练、演习。

② 勾集：召集。

③ 队舞：多人集体表演。宋代宫廷的队舞有“小儿队”“女弟子队”。

④ 节次：逐次，逐一。

⑤ 草帖子：婚家男女简单介绍家庭情况的柬帖，俗谓“小帖”。

⑥ 细帖子：订婚帖子。

⑦ 序：按次第叙写。

⑧ 三代名讳：曾祖、祖父、父亲的名字。

⑨ 议亲人有服亲：意为父母是否双全。服亲，居丧、服孝期间。

⑩ 以络盛酒瓶：用网兜盛装酒瓶。络，络子，今之网兜、网袋。

⑪ 罗绢生色或银胜：用彩色罗绢或银质制成的花胜。花胜，首饰，又称彩结、彩花。通常是以罗绢剪成的芙蓉、菱藕、梅花等，并染以色彩。

⑫ 以花红缴担上，谓之“缴担红”与女家：意思是替女家赏给抬担子人的谢礼。花红，谢礼、赏钱。缴，交纳、交给。

淡水两瓶、活鱼三五个、箸一双，悉送在原酒瓶内[①]，谓之“回鱼箸”。或下小定、大定[②]，或相媳妇[③]与不相。若相媳妇，即男家亲人或婆往女家，看中即以钗子插冠中，谓之“插钗子”，或不入意，即留一两端彩段与之压惊，则此亲不谐[④]矣。

【译】凡是娶媳妇，首先要起草一份“小帖”，待男、女两家同意后，再起草“订婚帖子”，上面按次序写上曾祖、祖父、父辈三代人的姓名，以及议婚人的父母、田产、官职之类的情况。然后，男方派人挑着许亲酒，这许亲酒要用网兜盛装酒瓶，还要装上八朵大花、八枚色彩鲜艳的罗绢或银胜，并用花红绸子缠绕在酒担上，称为“缴担红”，送给女方家。女方家用二瓶淡水、三五条活鱼、一双筷子，全都放在男方原来的酒瓶内，称为作“回鱼箸”。此后，男方家确定结婚日期，或去女方家中相媳妇，或者不相。若去女方家中相媳妇，就要男方家的一位亲人或未来的婆婆要去女方家中。相中后就用一支钗子插在女方的帽子上，称为“插钗子”；如果没相中，就留下一两端彩缎给女方压惊，这就指这桩亲事不成了。



---

① 送在原酒瓶内：“原”字原作“元”。邓注按：“‘元’即‘原’俗字。”今改。

② 小定、大定：指确定结婚日期。

③ 相媳妇：旧指议亲时男方亲人到女方家中相看议亲对象。民间俗称相亲。

④ 不谐：不成，不成配偶。谐，成功，配偶。

其媒人[①]有数等。上等戴盖头[②]、着紫背子；说官亲[③]宫院[④]恩泽[⑤]；中等戴冠子、黄包髻[⑥]、背子，或只丝裙，手把清凉伞儿，皆两人同行。

【译】媒人也分成几等。上等媒人头戴盖头，身穿紫色背子，专门给官吏、皇亲国戚说媒；中等媒人头戴冠子、包黄色的头巾、身穿背子（也有的不穿背子而只系裙的），手拿青色的遮阳伞，一般都是两个人同行。

下定[⑦]了，即旦望[⑧]媒人传语，遇节序即以节物、头面、羊酒之类追女家[⑨]，随家丰俭；女家多回巧作[⑩]之类。次下财礼[⑪]；次报成结日子；次过大礼。先一日或是日早，下催妆



① 媒人：今称婚姻介绍人。

② 盖头：遮蔽风尘用的特制披肩帽子。用纱罗制成，垂于帽檐的四周。

③ 官亲：官吏的亲戚。

④ 宫院：后妃所居之所，也指王子住所。这里指皇亲国戚。

⑤ 恩泽：这里指婚事。

⑥ 黄包髻：发髻作成之后，用黄色的绢、缯等之类包裹起来。

⑦ 下定：下聘。指订婚时男方给女方聘礼。

⑧ 旦望：朔望。每月农历初一和十五。

⑨ 遇节序即以节物、头面、羊酒之类追女家：俗谓“追节”。旧俗订婚后男方按节馈送礼物给女方。

⑩ 巧作：这里指女子结婚前亲手绣制的荷包、汗巾、枕套等的小件手工活计。

⑪ 财礼：男方付给女方的聘金、聘礼。

冠帔、花粉[①]；女家回公裳[②]、花幞头之类。前一日，女家先来挂帐、铺设房卧，谓之“铺房”，女家亲人有茶酒利市[③]之类。

【译】下了聘礼后，即由媒人在初一或十五在两家之间传话。遇到各种节日，男方家就要用各色应节的礼物、饰物及羊、酒之类送往女方家，礼物的价值随男方家的经济情况而定；女方家大多回赠一些由女子亲手绣制的小件活计。然后就要正式下财礼；再后是通报女方家结婚的日子；最后是行结婚大礼。婚礼前一天，或当天早上，男方要将催妆的冠帔、花粉送到女方家；女方家回送公裳、花幞头之类的东西。婚礼前一天，女方家人先到新房里挂上帐子、铺好卧房，称为“铺房”。男方家还要给来者招待茶酒和赠送喜钱等。

至迎娶日，儿家以车子或花担子发迎客，引至女家门，女家管待迎客，与之彩缎，作乐催妆上车。担从人未肯起，吵咬利市[④]，谓之“起担子”，与了[⑤]然后行。迎客先回至儿家门，从人及儿家人乞觅利市钱物花红等，谓之“拦

---

① 花粉：花子与搽脸粉。花子是用极薄的金属片或彩纸剪成小花朵等形状，贴在脸的额上和两颊，又叫“花钿”。

② 公裳：冠婚等通用的服饰。方领、前襟加黑边的宽大长衣，束大带、穿黑鞋、戴乌纱帽。

③ 利市：吉利、好运气。这里指赏的喜钱。

④ 吵咬利市：指吵闹着要喜钱、赏物。

⑤ 与了：给了。

门[①]”。新妇下车子，有阴阳人[②]执斗，内盛谷豆、钱果、草节等，咒祝[③]望门而撒，小儿辈争拾之，谓之“撒谷豆[④]”，俗云厌青羊等杀神也。新人下车檐，踏青布条或毡席，不得踏地[⑤]；一人捧镜倒行，引新人跨鞍[⑥]。蓦草[⑦]及秤上过；入门于一室内，当中悬帐，谓之“坐虚帐”，或只径入房中，坐于床上，亦谓之“坐富贵”。其送女客急三盏而退，谓之“走送”。众客就筵三杯之后婿具公裳、花胜簇面，于中堂升一榻，上置椅子，谓之“高坐[⑧]”；先媒氏[⑨]请、次姨氏[⑩]或妗氏请[⑪]，各斟一杯饮之，次丈母请，方下坐。

**【译】**到迎娶的当天，男方家派人用车子或抬着花轿

① 拦门：《事文类聚》：“迎娶新妇到门，新妇下车，乡党僚友塞道填门，厚要钱物，以为利市者乎？诏人‘障车’有禁，今世俗有‘拦门’自当罢去。”拦门，原作“欄门”，《秘册》《学津》本作“拦门”，今改。

② 阴阳人：占卜算命的阴阳先生。

③ 咒祝：祈祷。

④ 撒谷豆：又叫“撒豆谷”。旧时婚俗。

⑤ 新人下车檐，踏青布条或毡席，不得踏地：民间旧俗，谓之“传毡”或“传席”。用两片毡（席）由后向前传递。

⑥ 跨鞍：跨马鞍。《苏氏演义》卷上：“婚姻之礼，坐女于马鞍之侧，或谓北人尚乘鞍马之义。夫鞍者，安也，欲其安稳同载者也。”

⑦ 蓦（mò）草：蹙草，从草秸上走过。

⑧ 高坐：《归田录》卷二：“今之士族，当婚之夕，以两椅相背，置一马鞍，反令婿坐其上，饮以三爵，女家遣人三请而后下，乃成婚，谓之‘上高坐’。”

⑨ 媒氏：指媒人。

⑩ 姨氏：姨母。

⑪ 妗氏：舅母。

去迎亲，一直被引导到女方家门前。女方家款待前来迎亲的客人，赠送彩缎给他们，然后奏乐、催妆、送新娘上车或轿子。随从之人不肯起程，吵嚷着要喜钱，称为“起担子”，给了喜钱然后出发。迎亲的人先回到男方家门前，随行的人和男方的家人纷纷索要喜钱、礼物等，这称为“拦门”。新娘下车时，有阴阳先生手里拿着斗，斗内盛着谷豆、钱果、草节等，他一边祷告一边朝门口撒斗中之物，小孩子们争着去捡，这称为“撒谷豆”，风俗是可以镇住青羊等杀神。新娘下了车或轿子，脚踏青布条或毡席，不能踏在地上；前面一人捧着镜子要倒着行走，引着新娘跨过马鞍，再从草秸上跨过；进门到了一个房间，房间里当中悬挂帐帷，称为“坐虚帐”，也有径直进入房中的，坐在床上，也称为“坐富贵”。女方家送新娘的来客，快速喝三杯酒后就告辞了，称为“走送”。等所有宾客入席喝三杯酒后，新郎穿好公裳、用花胜遮蔽面部，在厅堂中央放置一榻，榻上再放一把椅子，称为“高坐”。先由媒人来请，再由姨母或舅母这些长辈来请，并各斟一杯酒喝下后，最后由丈母娘来请，方才坐下。

新人门额[1]，用彩一段，碎裂其下，横抹挂之[2]。婿入



---

① 门额：门头、门框上的横木。

② 横抹挂之：横向贴紧地挂着。抹，紧贴。

房即众争扯小片[1]而去，谓之“利市缴门红”。婿于床前请新妇出，二家各出彩缎绾一同心[2]，谓之“索巾”；男挂于笏[3]，女搭于手；男倒行出，面皆相向，至家庙[4]前参拜毕，女复倒行，扶入房讲拜[5]，男女各争先后。对拜毕就床，女向左、男向右坐，妇女以金钱、彩果散掷，谓之“撒帐[6]”。男左女右留少头发，二家出匹段、钗子、木梳、头须之类，谓之“合髻”。然后，用两盏以彩结连之，互饮一盏，谓之“交杯酒”。饮讫，掷杯并花冠子于床下，盏一仰一合，俗云“大吉”，则众喜贺。然后掩帐，讫，宫院中即亲随人抱女婿去，已下人家 即行出房参谢诸亲，复就坐饮酒，散后，次日五更用一桌，盛镜台、镜子于其上，望上展拜[7]，谓之“新妇拜堂”；次拜尊长亲戚，各有彩缎、巧作、鞋枕等为献[8]，谓之“赏贺”。尊长则复换一匹回之，谓之“答贺”。

**【译】**新房的门额上，用一段彩缎，将其下部撕裂成条，横转过来挂到上边。等新郎进入新房后，众人便争先撕

① 扯小片：撕下一小片。

② 绾一同心：挽一个同心结。

③ 笏（hù）：又叫“手板”。有象牙、木质两种，古时作记事用。这里作装饰物。

④ 家庙：祖庙，宗族祠堂。即祭祀祖先处理宗族事务的场所。

⑤ 讲拜：成婚的交拜。

⑥ 撒帐：新人入房的坐帐仪式。

⑦ 望上展拜：《秘册》《学津》本作“望堂展”。展拜，跪拜礼。

⑧ 鞋枕：《秘册》《学津》本作“鞋袜”。

扯一小片而去，称为“利市缴门红”。新郎在床前请新娘出来，男女两家各拿出一块彩缎，挽成一个同心结，叫作“牵巾”。新郎把彩缎挂在笏板上，新娘把彩缎搭在手上。新郎倒退着出门，两人面对面，一同到家庙前参拜完之后，新娘倒退而出，由人搀扶着到新房中进行结婚拜礼。新郎、新娘争着先拜。对拜后就来到床边，新娘面向左坐着、新郎面向右坐着，妇女们用金钱、彩果等撒在床上，称为“撒帐”。男在左边女在右边，各自取下一缕头发，两家人取出成匹的绸缎、钗子、木梳、头须一类的物品，称为“合髻”。然后，将两只酒杯用彩缎连接起来，新郎、新娘各饮一杯，称为“交杯酒”。饮完后，将酒杯和花冠子一同放在床下，如果酒杯一仰一合，当时风俗称为“大吉”，则众人就会前来贺喜。然后将床帐掩上，如果是皇亲国戚，便由亲信随从将新郎抱去，此下的各等人家，新人自行出房，去参见拜谢各位亲戚长辈，之后重新就坐饮酒。酒席散后，在第二天五更时分，用一张桌子，上面放着镜台和镜子，新娘朝上行跪拜礼，称为“新妇拜堂”；然后拜见尊长亲戚，并分别赠彩缎、巧作、鞋子、枕头一类的礼品，叫作“赏贺”。长辈则另换一匹彩缎回赠，称为“答贺”。

婿往参妇家，谓之“拜门①”；有力能趣办②，次日即

① 拜门：今民俗称“回门”。

② 趣办：速办，快办。

往，谓之“复面拜门”。不然三日七日皆可，赏贺亦如女家之礼。酒散，女家具鼓吹[①]、从物迎婿还家。

【译】女婿前去娘家参拜，称为“拜门”。要尽力快速置办好礼物，第二天就可前往，称为“复面拜门”。如次日不能去，在婚礼后的第三天或第七天去也是可以的，赏贺的礼物，也像娘家的礼数一样。待酒席散后，娘家准备鼓乐班子、备下礼物，送女婿回家。

三日，女家送彩缎、油蜜蒸饼，谓之“蜜和油蒸饼”；其女家来作会，谓之“暖女[②]”；七日则取女归，盛送彩缎[③]、头面与之，谓之“洗头”；一月则大会相庆，谓之“满月”。自此以后，礼数简矣。

【译】婚礼后的第三天，娘家送彩缎、油蜜蒸饼到婆家，称为“蜜和油蒸饼”；娘家人到婆家会面，称为“暖女”；婚礼后第七天，娘家人来接女儿回家，或者送来彩缎、头面等礼物，称为“洗头”；婚后一月，就要举行一次大的聚会以示庆贺，称为“满月”。在这以后，各种礼数就简单了。

---

① 鼓吹：吹奏、打击乐队。

② 暖女：也作“餪（nuǎn）女”，又叫“餪盘”。旧俗，女儿嫁后三日，母家馈送食物。

③ 盛送彩缎：《秘册》《学津》本作“或送彩段”。

## 育子

凡孕妇入月[①]，于初一日，父母家以银盆，或錂[②]或彩画盆盛粟秆一束，上以锦绣[③]或生色帕複[④]盖之，上插花朵及通草，贴罗五男二女花样[⑤]；用盘合装送馒头，谓之“分痛”；并作眠羊、卧鹿、羊生[⑥]、果实，取其“眠卧”之义；并牙儿[⑦]衣服、裀籍[⑧]等，谓之“催生”。就蓐[⑨]分娩讫，人争送粟米炭醋之类。三日落脐灸囟[⑩]，七日谓之“一腊”。

**【译】**凡是孕妇到了要分娩的月份，在这个月初一的这一天，娘家要用银盆，或金属，或彩画装饰的盆盛放一束粟秆，盆上用锦绣或彩色小夹被子盖着，粟秆上插着花朵和通草，粘贴在纱罗上的五男二女图案；还要用盘盒装着馒头送到婆家，称为“分痛”；用面制成眠羊、卧鹿、羊生、果



① 入月：孕期足月。

② 錂（líng）：金属名。这里指金盆。

③ 锦绣：精美的丝织品。

④ 帕複（fú）：小型的夹被子。複，夹层，双重。

⑤ 通草贴罗五男二女花样：用通草粘贴在纱罗上的五男二女图案。通草，又名木通、通脱木，五加科，小乔木，树皮可作纸用木髓切片入药，也可雕塑粘贴各种图案。

⑥ 羊生：食品名。《梦粱录·育子》：“及眠羊卧鹿、并彩画鸭蛋一百二十枚；膳食：羊生、枣、栗果……”邓注按：“羊生疑误。”或另有所据。

⑦ 牙儿：小儿，小孩子。这里指婴儿。

⑧ 裀（bēng）籍：绷子，包裹婴儿的包被。裀，邓注按：“裀应作绷。”绷，缠束，包扎意。

⑨ 就蓐（rù）：就床褥。蓐，原指草垫子，这里同“褥”。

⑩ 灸囟（xìn）：用艾熏婴儿的头盖骨。囟，婴儿头顶未合缝处。

品等，取其“眠卧”之义；连同婴儿的衣物、包被等一起送去，称为“催生”；待到临盆分娩后，亲友争相送来粟、米、炭、醋一类的生活用品。婴儿出生后三日，剪掉脐带、用艾熏婴儿的头盖骨。出生后七日，称为“一腊”。

至满月则生色及绷绣钱，贵富家金银犀玉为之，并果子，大展洗儿[1]会，亲宾盛集。煎香汤[2]于盆中，下果子彩钱葱蒜[3]等，用数丈彩绕之，名曰“围盆”；以钗子搅水，谓之“搅盆”。观者各撒钱于水中，谓之“添盆”。盆中枣子直立者，妇人争取食之，以为生男之征。浴儿毕，落胎发，遍谢坐客，抱牙儿入他人房，谓之“移窠[4]”。

**【译】**到婴儿满月时，就用彩色的丝线来缝制绣钱，富贵人家的绣钱则用金、银、犀角、玉等贵重之物制作，准备各色点心，大办洗儿会，亲朋好友云集。煎煮香汤倒入盆中，向盆中放入果子、彩钱、葱、蒜等东西，再用数丈长的彩带绕在盆上，称为“围盆”。用钗子搅动盆中的水，称为“搅盆”。围观的人纷纷将钱撒入水中，称为“添盆”。盆中的枣子有直立的，女人们争着取食，认为这是生男孩的兆头。婴儿沐浴完毕，剃去胎毛，再向所有宾客致谢，之后抱

① 洗儿：旧时风俗，婴儿出生三天或满月，亲朋集会庆贺，给婴儿洗身。

② 香汤：用香料煮的香水。

③ 下果子彩钱葱蒜：《爱日斋丛钞》：“闽人生子，三朝浴儿时，家人及宾客皆戴葱钱，曰：‘葱使儿聪明，钱使儿富大，要三日之礼通古今远近为重耳。’”

④ 窠（kē）：借指人安居或聚会的处所。

着婴儿到别人家的房中，称为“移窠”。

生子百日置会，谓之“百晬”；至来岁生日，谓之“周晬”。罗列盘盏于地，盛果木、饮食、官诰[1]、笔研、算[2]称等，经卷、针线应用之物，观其所先拈者以为征兆，谓之“试晬[3]”。此小儿之盛礼也。

**【译】**婴儿出生后一百天，再置办宴会，称为“百晬”。到来年生日的这天，称为“周晬”。这时在地上摆放一些盘盏，盘中盛放果木、饮食、官方文书、笔砚、算秤一类的物件，以及经卷、针线等日常应用的物品，观看婴儿先抓取什么，以此预测他将来的志趣，称为“试晬”。这就是为小儿举行的隆重礼数。



① 官诰：官方的文书。

② 算：古代投壶射礼时计胜负的筹码，用竹制成。

③ 试晬（zuì）：又叫“试儿”“抓周试晬”，罗列各种物件在周岁小儿前，看他先抓什么，以卜幼儿的喜好、前途。晬，婴儿周岁。

# 卷六

## 正月

正月一日年节，开封府放关扑[①]三日。士庶自早互相庆贺。坊巷以食物、动使、果实、柴炭之类歌叫关扑。如马行、潘楼街、州东宋门外、州西梁门外踊路[②]、州北封丘门外及州南一带，皆结彩棚，铺陈冠梳、珠翠、头面、衣着、花朵、领抹[③]、靴鞋、玩好之类，间列舞场歌馆，车马交驰。向晚[④]，贵家妇女纵赏关赌，入场观看，入市店饮宴，惯勿成风，不相笑讶[⑤]。至寒食[⑥]、冬至，三日亦如此。小民虽贫者，亦须新洁衣服，把酒相酬[⑦]尔。

【译】正月初一是新年春节，开封府破例让百姓关扑三天。百姓们从早上起来就互相庆贺新年。坊巷中可以看到用食物、日常应用器具、干果、柴炭之类的东西，唱着喝着

---

① 关扑：以商品为诱饵赌掷财物的博戏。如“套圈”“钓鱼”“押宝盒”“押彩”等。

② 踊（yǒng）路：踊路街。

③ 领抹：原作“领捄（jiù）”，从《秘册》《学津》本改。

④ 向晚：天色将晚，傍晚。

⑤ 不相笑讶：互不耻笑，亦不惊讶。笑讶，原作“笑訝”，据《秘册》《学津》本改。

⑥ 寒食：寒食节，中国传统节日，在夏历冬至后105日，清明节前一二日。是日初为节时，禁烟火，只吃冷食。并在后世的发展中逐渐增加了祭扫、踏青、秋千、蹴鞠、牵钩、斗鸡等风俗，寒食节前后绵延两千余年，曾被称为中国民间第一大祭日。

⑦ 相酬：相互设席宴饮。

让人来关扑的。如：马行街、潘楼街、城东的宋门外、城西的梁门外的踊路街、城北封丘门外及城南一带，全都结扎彩棚，沿街都陈列着冠帽、梳篦、珍珠翡翠、头饰、衣服、花朵、领抹、靴鞋、古玩珍宝之类的商品，其间还有些歌舞场馆，车来人往，很是热闹。傍晚的时候，富贵人家的妇女也出来尽情观赏关扑的场景，有的还进入舞场和歌馆里观看演出，或者进入街市中的饭店里吃喝，这种习惯在京城已经形成风俗，互不耻笑，亦不惊讶。寒食节、冬至节的前后三天里也都是这样。即使是贫穷一些的百姓，在节日也要穿上干净的衣服，相互设席宴饮。

## 元旦朝会

正旦大朝会①，车驾坐大庆殿，有介胄长大人②四人立于殿角，谓之“镇殿将军”。诸国使人入贺；殿庭列法驾仪仗③；百官皆冠冕朝服④；诸路举人⑤解首⑥亦士服⑦立班，其

① 正旦大朝会：正月初一臣僚百官朝见天子的大会。宋代的大朝会全年三次，即正旦、端午、冬至。

② 介胄长大人：全副武装的武士。介胄，铠甲与头盔。长大人，身材魁梧高大的人。

③ 法驾仪仗：皇帝出行之车驾卤簿仪卫有不同规模。《独断》卷下：“天子出行，车驾次第，有大驾，有小驾，有法驾。”

④ 冠冕朝服：君臣朝会时所戴的帽子、穿的衣裳。冕，“冠”的别称。朝服，宋代又名“具服”，朱红色的上衣与下衣，白花罗衬衣，白绫袜子，黑皮朝靴。以官职品级的不同，腰间装饰各异。

⑤ 举人：科举考试中试者。

⑥ 解首：乡试第一名，又叫“解元”。

⑦ 士服：士的礼服，即知识分子阶层的服饰。

服二梁冠[①]，白袍青缘[②]；诸州进奏使，各执方物入献。

【译】新年正月初一举行臣僚百官朝见天子的大会，皇上坐在大庆殿上，有全副武装的高大武士分别站立于大殿的四个角上，称为“镇殿将军”。各国的使臣进殿朝贺；大殿庭前排列法驾仪仗；文武百官都头戴冠冕、身穿朝服；各路应试举人中的解元也身穿士人的礼服按顺序站立，头戴二梁冠、身穿镶有青边的白袍；各州的进奏官，各自拿着本地特产入殿进献。

诸国使人：大辽[③]大使顶金冠[④]，后簷尖长如大莲叶，服紫窄袍[⑤]、金蹀躞[⑥]；副使展裹[⑦]、金带，如汉服。大使拜则立左足，跪右足，以两手着右肩为一拜；副使拜如汉仪。夏国[⑧]使副皆金冠短小样制，服绯窄袍、金蹀躞、吊敦[⑨]，皆叉

① 二梁冠：标志官职品级的礼帽。这里指品级服饰。梁，指礼帽上的纵向条状凸起。宋代以品级不同有一至七梁冠。二梁冠，原作“二量冠”，据《宋史》改。

② 白袍青缘：白袍镶青边。

③ 大辽：契丹族所建的政权，又名契丹国。公元 947 年辽太宗耶律德光灭后晋，改国号大辽，都上京（今内蒙古巴林佐旗南），公元 1125 年被金所灭。

④ 金冠：金饰的毡冠。“金花为饰，或加珠玉翠毛，额后垂金花，组织夹带，中贮发一总。”

⑤ 窄袍：这里指紧身的袍服。

⑥ 蹀（dié）躞（xiè）：契丹族悬挂随身用具的腰带，又叫“鞊（tié）鞢（xiè）带”。

⑦ 展裹：大辽官员的紫色公服。

⑧ 夏国：党项拓跋氏首领李天昊创建的政权，国号大夏，又称“白上国”，都兴庆府（今宁夏银川）。宋人俗称西夏。

⑨ 吊敦：又叫“钓墩”，契丹族的服饰。钓墩，也称为“袜裤”，膝裤。

手展拜[1]。高丽[2]与南番交州[3]使人并如汉仪。回纥[4]皆长髯[5]高鼻，以匹帛缠头，散披其服。于阗[6]皆小金花毡笠[7]，金丝战袍束带，并妻男同来，乘骆驼毡兜铜铎[8]入贡。三佛齐[9]皆瘦瘠[10]，缠头，绯衣[11]上织成佛面。又有南蛮五姓番[12]皆椎髻[13]、乌毡[14]，并如僧人礼拜[15]。入见旋赐汉装棉袄之类。更

---

① 皆叉手展拜：原作“背叉手展拜”，今据《秘册》《学津》本改。叉手展拜，叉手直立拜。《事林广记·叉手法》：“凡叉手之法，以左手紧把右手大拇指，其左手小指则向右手腕，右手四指皆直，以左手大指向上。如以右手掩其胸，手不可太着胸，须令稍去胸二三寸许，方为叉手法。”

② 高丽：今朝鲜。

③ 交州：交趾国。今广东、广西大部和越南北、中部。

④ 回纥：古北方游牧民族，又作“回鹘”。后来部分移到今新疆，部分到今甘肃河西走廊。

⑤ 长髯（rán）：长胡须。指今俗称大胡子。

⑥ 于阗：古西域国名。在今新疆和田一带。

⑦ 毡笠：毡制的笠帽。形似斗笠，帽顶呈圆锥形。本羌人首服，用羊毛做成，谓之“毡帽”。

⑧ 铜铎：铜铃。还有木铎、金铎，与鼓合用。

⑨ 三佛齐：古国名。故地在今印度尼西亚的苏门答腊一带。

⑩ 瘦瘠：原作“瘦脊”，邓注按：“脊应作瘠”，今改。

⑪ 绯衣：红色的衣服。

⑫ 南蛮五姓番：《岭外代答》卷三：“西南五姓番部，曰龙、罗、方、石、张。自昔许上京入贡……，或三年或四五年……。”

⑬ 椎髻：将头发绾结于头顶作椎状的发式。

⑭ 乌毡：服饰名，即指披毡。圆筒状，无领无袖，缘以黑边，有一条毡带用以束腰。男女皆服，昼夜寒暑不离身。

⑮ 僧人礼拜：合手拜，不跪。

有真腊[①]、大理[②]、大石[③]等国，有时来贡。其大辽使人在都亭驿，夏国在都亭西驿，高丽在梁门外安州巷同文馆[④]，回纥、于阗在礼宾院[⑤]，诸番国[⑥]在瞻云馆或怀远驿[⑦]。唯大辽、高丽就馆赐宴。

【译】各国使臣：大辽大使头戴金冠，金冠的后檐尖长得就像一张大莲叶，身穿紫色窄袍、腰带上以金蹀躞为饰物；副使身穿紫色公服、腰束金带，如同汉人服饰。大辽大使拜见天子时，左足屈膝，右足下跪，将双手抱拳放在右肩上为一拜；副使拜见天子如同汉人礼节。西夏国的大使和副使都头戴短小样式的金冠，穿红色的紧身袍服，腰带上饰以金蹀躞，背后悬有钩墩，都叉手行跪拜之礼。高丽国与南方番国的交趾国的使臣行礼都与汉族的礼仪一样。回纥使臣都是长胡须、高鼻梁，用整匹帛来缠头，随便地披着衣服。于阗国的使臣都戴小金花的毡笠，身穿金丝战袍，束着腰带，带着妻儿同来，乘坐的骆驼上带着毡兜、铜铃前来进贡。三佛齐国的使臣都个头儿瘦小，缠头，穿的红色的衣服上都织

① 真腊：也叫“占腊”，故地在今柬埔寨。

② 大理：白蛮大姓段思平所建的王朝，辖地包括今云南全部及四川的西南部。

③ 大石：大食，又称“多石”，宋代对阿拉伯地区的通称。

④ 同文馆：接待高丽使国宾馆。

⑤ 礼宾院：负责番夷朝贡及互市的礼宾机构，并设有番译院。

⑥ 诸番国：古代对少数民族和外国的统称。

⑦ 怀远驿：接待南番、交州、西番、大食、龟兹、于阗、甘州等贡奉客使的国宾馆。

有佛像。又有南蛮五姓番的使臣，都将发髻梳成椎形、戴着乌毡，行礼就像僧人礼拜一样。拜见皇上之后，即会赏赐他们汉装和绵袄一类的衣物。还有真腊、大理、大食等国，有时也派使臣前来进贡。大辽的使臣被安置在都亭驿，西夏国使臣被安置在都亭西驿，高丽国使臣被安置在梁门外安州巷的同文馆，回纥、于阗的使臣被安置在礼宾院，其他各番国的使臣被安置在瞻云馆或怀远驿。只有大辽、高丽两个国家，朝廷才会在驿馆内给使臣赐宴。

大辽使人朝见讫，翌日①诣②大相国寺烧香；次日诣南御园③射弓。朝廷旋选能射武臣伴射④，就彼赐宴⑤，三节人⑥皆与矣。先列招箭班⑦十余于垛子⑧前。使人多用弩子射，一裹无角小幞头子、棉袄子辽人踏开弩子，舞旋搭箭，过与使人。彼窥得端正，只令使人发牙⑨。例，本朝伴射用弓



---

① 翌日：次日。

② 诣：前往，到某地。

③ 南御园：指玉津园。

④ 伴射：陪伴射箭的官员。

⑤ 就彼赐宴：就在那里赐宴。彼，这里指南御园。

⑥ 三节人：这里指出国使臣的随员“三节人从”的省称。

⑦ 招箭班：射箭时的看靶人。“服绯紫绣衣、帕首，分立左右，以唱中否。”

⑧ 垛子：插立射靶的土墙。

⑨ 发牙：搬动驽弓上的搬机以发射。

箭，中的[①]则赐闹装银马鞍、衣着、金银器物有差[②]。伴射得捷[③]，京师市井儿遮路争献口号[④]，观者如堵。翌日，人使朝辞。退朝，内前灯山已上彩，其速如神。

【译】大辽使臣朝见天子后，第二天到大相国寺烧香。次日到南御苑射弓，朝廷选派善射的武臣来陪伴射箭，并在南御园赐宴，辽国使臣的随从也都一同前去。先派招箭班军士十余人分列在垛子前警戒。辽国使臣大多使用弩弓射箭，先由一个头裹无角小幞头子、身穿棉袄子的辽人用脚踏开弩子，拨弄一番后搭上箭，再递给使臣。那辽人已将弩弓瞄准好，使臣只要搬动弩弓的搬机即可。按惯例，本朝陪伴射箭用弓箭射中箭靶，就赏赐闹装银鞍马、衣着、金银器物等是有区别。如伴射者获胜，京师市井少年便争相拦路，献给他们颂诗，围观的人将道路都堵塞了。第二天，各国使臣上朝辞行。刚退朝，皇宫前的灯山就装饰了各种彩带，速度快得就像神仙施了法一样。

---

① 中的：射中箭靶的中心。

② 有差：有区别。

③ 得捷：得胜。

④ 口号：颂诗的一种。多指献给皇帝的颂诗。

## 立春

立春[①]前一日，开封府进春牛[②]入禁中鞭春[③]。开封、祥符两县[④]置春牛于府前。至日绝早[⑤]府僚打春，如方州仪[⑥]。府前左右百姓卖小春牛，往往花装栏坐，上列百戏人物。春幡、雪柳，各相献遗。春日[⑦]，宰执、亲王、百官皆赐金银幡胜[⑧]。入贺讫，戴归私第[⑨]。

【译】立春的前一天，开封府进献一头春牛到皇宫中，用来“鞭牛”活动。开封、祥符两县在各自府衙前也放置了一头春牛。立春当天一大早，府署的官吏们行打春仪式，就像祭大地的仪式。府衙门口的两边，百姓也在售卖小春牛，往往是给春牛用彩花装饰后放置在有栏杆的牛栏里，上面还排列有各种百戏人物。京城人还制作春幡、雪柳等迎春的饰物，相互赠送。立春这一天，宰相、执政官、亲王及百官都



---

① 立春：二十四节气之一，在2月3日、4日或5日。中国以立春为春季的开始。

② 春牛：泥塑、彩绘的土牛。

③ 鞭春：又叫“鞭牛”“打春”“打春牛”。用五色丝彩杖将土牛打碎，以劝农春耕，祈祝丰收的仪式。

④ 开封、祥符两县：开封府的属县，县衙皆在东京城内。城的东半部属开封县，西半部属祥符县。祥符县原名浚仪县。

⑤ 绝早：极早，最早。

⑥ 方州仪：祭大地的仪式。

⑦ 春日：指立春这天，又叫“春朝”。

⑧ 幡胜：也叫“春幡”“彩胜”，用金银箔、罗绢剪成饰物或小旗，戴在头上或系于花下，以欢迎春日的来临。幡，旗帜。

⑨ 戴归私第：戴着回自己的家里。第，府第，官员的宅院。

会得到皇上赏赐的金银幡胜。上朝贺春谢恩完毕，他们戴着幡胜回到自己家中。

## 元宵

正月十五日元宵。大内前自岁前冬至后，开封府绞缚山棚①，立木正对宣德楼。游人已集御街。两廊下奇术异能，歌舞百戏鳞鳞相切②，乐声嘈杂十余里；击丸③蹴鞠④、踏索⑤上竿⑥；赵野人倒吃冷淘；张九歌吞铁剑⑦；李外宁药法傀儡；小健儿吐五色水、旋烧泥丸子⑧；大特落、灰药；榾柮儿杂剧；温大头、小曹嵇琴；党千萧管⑨；孙四烧炼药方；王十二作剧术；邹遇、田地广杂扮；苏十、孟宣筑球⑩；尹长卖《五代史》；刘百禽虫蚁；杨文秀鼓笛。更有猴呈百戏、鱼跳刀门、使唤蜂蝶、追呼蝼蚁。其余卖药卖卦、沙书地谜，奇巧百端，日新耳目。

---

① 山棚：搭建的彩山。

② 鳞鳞相切：像鱼鳞一样的相贴近，这里指歌舞百戏一个接着一个。

③ 击丸：飞弹杂技。置丸于地，反张其弓，飞丸以射之。

④ 蹴（cù）鞠（jū）：踢球。类似今日踢足球，本是军中以游戏方式练武。蹴鞠，用皮做成，中心充实。

⑤ 踏索：类今之走钢丝、踩大绳的杂技。

⑥ 上竿：在竿上表演各种动作的杂技。

⑦ 吞铁剑：长剑直插入喉嗉的技巧术。从西域传来。

⑧ 旋烧泥丸子：宛委山堂《说郛》引、《秘册》本作“旋浇泥丸子”。

⑨ 箫管：又名“雅箫”“排箫”，古代乐器。长一尺四寸，一十四管。箫管形像鸟翼。

⑩ 筑球：古代百戏之一，以杖击球或以足踢球。

【译】正月十五元宵节，皇宫前面从年前的冬至日后，开封府就开始搭建山棚，所竖立的木材正对着宣德楼。游人就开始聚集到御街上，街边两侧走廊下，有的表演着各种奇特技艺和新奇的本领，歌舞百戏一个接着一个，乐声嘈杂得十里之外都能听到；有的表演飞弹杂技、踢球、踏索、竿上杂技；赵野人表演倒吃过水面；张九哥表演吞铁剑；李外宁表演药法傀儡；小健儿表演吐五色水和旋烧泥丸子；大特落表演灰药；榾柮儿表演杂剧；温大头、小曹演奏嵇琴；党千吹奏箫管；孙四表演烧炼药方；王十二表演剧术；邹遇、田地广表演杂扮；苏十、孟宣表演筑球；尹常卖评说《五代史》；刘百禽表演鸟、虫、蚁戏；杨文秀吹笛子。另外还有猴呈百戏、鱼跳刀门、使唤蜂蝶、追呼蝼蚁等演出。其他还有卖药、占卦、表演沙书、地谜等，各种各样奇异巧妙的表演，每天都让人耳目一新。

至正月七日，人使朝辞出门①，灯山上彩，金碧相射，锦绣交辉。面北悉以彩结，山沓上皆画神仙故事，或坊市卖药②卖卦之人。横列三门，各有彩结，金书大牌③。中曰“都门道”，左右曰“左右禁卫之门”，上有大牌曰“宣和与民同乐”。彩山左右以彩结文殊、普贤④跨狮子、白象，各于

① 人使朝辞出门：各国使者朝贺完了，出得门来。

② 坊市卖药：宛委山堂《说郛》引，作“坊市间卖药”。

③ 金书大牌：宛委山堂《说郛》引、《秘册》本作“金书木牌”。

④ 文殊、普贤：菩萨名，站在释迦牟尼佛的左右两边。

手指出水五道，其手摇动。用辘轳[①]绞水上灯山尖高处，用木柜贮之，逐时放下如瀑布状。又于左右门上，各以草把缚成戏龙之状，用青幕遮笼，草上密置灯烛数万盏，望之蜿蜒如双龙飞走。

【译】到了正月初七，各国使臣朝贺完了，出得门来，宫前的灯山已张灯结彩，金碧辉煌，相互照射，色彩鲜艳，交相辉映。朝北的一面，全都用彩带装饰，堆积如山且上面都画着各种神仙的故事、坊市中卖药、占卦之人。在山棚前横着排列三座彩门，各有彩带装饰，上面有用金泥书写的大牌匾。中间的彩门叫“都门道”，左右的彩门叫“左右禁卫之门”，上面的牌匾写着“宣和与民同乐”。彩山的左右，用彩带装饰文殊菩萨和普贤菩萨，二位菩萨分别骑着狮子、白象，摇动他们的手，就会从各自的手指流出五道水柱。用辘轳提水上灯山的最高处，用木柜来贮水，并按时放下，就像瀑布一样。在左右两座彩门上，分别用草把扎成嬉戏的龙的形状，用青色帷幕遮盖，并在草把上密密麻麻地放置灯烛数万盏，远远望去，蜿蜒起伏，像飞舞的双龙。

自灯山至宣德门楼横大街，约百余丈，用棘刺[②]围绕，谓之“棘盆[③]。内设两长竿，高数丈，以缯彩结束[④]，纸糊百

① 辘轳：从井中汲水的工具。

② 棘刺：枣树的枝条。

③ 棘盆：用棘刺围绕的场地。

④ 缯彩结束：用丝织品绑扎、装饰。缯，对丝品的总称。

戏人物悬于竿上，风动宛若飞仙。内设乐棚[1]，差衙前乐人作乐杂戏，并左右军百戏在其中。驾坐一时呈拽[2]。

【译】从灯山到宣德门城楼前的横大街，大约一百多丈，用枣树的枝围绕着，称为“棘盆”。里面设有两根长竿，高达数十丈，用五彩缯布包裹装饰，再把纸糊的百戏人物悬挂在高竿上，随风摆动宛若飞仙一样。“棘盆”内设有乐棚，差遣府衙中的乐人奏乐、演出杂戏，连同左右军的百戏也在其中统一安排。皇上坐在那里，百戏人相继表演。

宣德楼上皆垂黄缘帘，中一位乃御座。用黄罗设一彩棚，御龙直执黄盖[3]、掌扇，列于帘外。两朵楼各挂灯球一枚，约方圆丈余，内燃椽烛[4]。帘内亦作乐，宫嫔嬉笑之声下闻于外。楼下用枋木垒成露台[5]一所，彩结栏槛；两边皆禁卫排立，锦袍、幞头簪赐花、执骨朵子面此乐棚。教坊、钧容直、露台弟子更互杂剧。近门亦有内等子班排立。万姓皆在露台下观看，乐人时引万姓山呼[6]。

【译】宣德楼上都垂挂着黄边的帘子,正中的座位是皇上的御座。用黄罗设置一彩棚，御龙直军士举着黄盖、掌扇，

---

① 乐棚：戏台，戏棚。

② 呈拽：百戏人相继表演。

③ 黄盖：皇帝的黄罗伞。

④ 椽烛：粗大的蜡烛。

⑤ 露台：用木搭成或砖垒成或土堆成的演出台。这里所指类似方木搭成的罴（pí）台。

⑥ 山呼：连续三呼万岁。《事物纪原》卷一：汉武帝登嵩山，吏卒“呼万岁者三，迄今三呼以为式，而号山呼也”。

排列在帘子外。宣德楼两旁的朵楼各挂灯球一只，方圆约一丈有余，球中点燃着巨大的灯烛。帘内也奏乐，宫嫔嬉笑之声，外面都能听到。楼下用枋木垒成一所露台，用彩带装饰着栏杆；露台两边都排列着禁卫兵士，他们身穿锦袍、幞头上插着御赐的花、手执骨朵子，都面朝乐棚。教坊、钧容直、露台弟子们不断地更替演出杂剧。靠近彩门处也有当值的皇宫禁卫排列着。百姓都在露台下观看演出，乐人也不时地引领百姓山呼万岁。

## 十四日车驾幸五岳观①

正月十四日，车驾幸五岳观迎祥池，有对御②，至晚还内。

【译】正月十四日，皇上亲临五岳观迎祥池，这天皇上赐宴，与群臣共饮，到晚上才回宫。

围子③、亲从官皆顶球头大帽、簪花④，红锦团答戏狮子衫，金镀天王腰带，数重骨朵。天武官皆顶双卷脚幞头，紫上大搭天鹅结带宽衫。殿前班，顶两脚屈曲向后花装幞头，着绯、青、紫三色橪⑤金线结带望仙花袍，跨弓剑，乘

① 十四日车驾幸五岳观：原作“十四日驾幸五岳观”，据正文标题补“车”字。

② 对御：原注：“谓赐群臣宴也。”

③ 围子：禁卫人员，又称“禁围”。

④ 簪花：幞头上插花。

⑤ 橪（rǎn）：同“染”。

马，一札鞍辔，缨绋[①]前导。御龙直，一脚指天一脚圈曲幞头，着红方胜[②]锦袄子，看带[③]束带[④]，执御从物，如交椅、唾盂、水罐、果垒、掌扇、缨绋之类。御椅子皆黄罗珠蹙背坐[⑤]，则亲从官执之。诸班直皆幞头、锦袄、束带。

【译】禁卫人员、亲从官都戴着球头大帽、帽上插花，身穿红锦团答戏狮子衫，扎着镀金天王腰带，手持数重骨朵。天武军官员都头戴双卷脚的幞头，身穿紫色且上大搭天鹅、垂挂丝带的宽衫。殿前各班军士头戴两脚屈曲向后的花装幞头，身穿红、青、紫三种颜色染的有垂挂金丝带的望仙花袍，身佩弓剑，骑马，统一的马鞍、笼头，用拂尘为前导。御龙直的军士头戴一脚指天、一脚圈曲的幞头，身穿有红色方胜图案的锦袄子，腰间束鸾带，手拿御驾出行的用具，如金交椅、唾盂、水罐、果盘、掌扇、缨绋等。皇上的御椅都有用绸罗珠玉装饰的脚踏和椅披，由亲从官拿着。御前当值的禁卫军士全都戴幞头、穿锦袄、束腰带。

每常[⑥]驾出，有红纱贴金烛笼二百对，元宵加以琉璃玉柱掌扇灯。快行家各执红纱珠络灯笼。驾将至，则围子数重

---

① 缨绋：仪仗器物，又叫“拂子”“拂尘”。

② 方胜：形状像由两个菱形部分重叠相连而成的一种首饰。后借指这种形状。

③ 看带：织有装饰性花纹，较宽的丝绢腰带，后世也叫“鸾带”。

④ 束带：腰带。

⑤ 黄罗珠蹙背坐：用绸罗珠玉装饰的脚踏和椅披。蹙，这里指脚踏。背坐，指有靠背的椅子，这里指绣饰的椅披。

⑥ 每常：通常。

外，有一人捧月样兀子锦[①]覆于马上。天武官十余人簇拥，扶策，喝曰“看驾头”。次有吏部[②]小使臣百余，皆公裳，执珠络球杖，乘马听唤。近侍余官皆服紫、绯、绿公服[③]。

三衙太尉[④]、知阁[⑤]、御带[⑥]罗列前导。两边皆内等子，选诸军膂力者，着锦袄顶帽，握拳顾望[⑦]，有高声者，捶之流血。教坊、钧容直乐部前引，驾后诸班直马队作乐。驾后围子外，左则宰执、侍从，右亲王、宗室、南班官。驾近，则列横门，十余人击鞭[⑧]，驾后有曲柄小红绣伞[⑨]，亦殿侍执之于马上。

【译】平时皇上御驾出行，有二百对的红纱贴金灯笼，元宵节增加琉璃玉柱掌扇灯。快行家各自手执缀有珍

① 月样兀子锦：锦鞍。兀子，即杌子，小矮凳。

② 吏部：官署名，六部之一，属尚书省。负责文武百官的选试、差遣、资任、叙迁、荫补、考核等事。

③ 公服：也叫“常服”。臣僚百官形制统一，以品级的高下而服色有别。三品以上服紫，五品以上服米，七品以上服绿，九品以上服青。曲领大袖，下施横襕，束以革带、幞头、乌皮靴，王公士夫统一式样。

④ 三衙太尉：负责禁军的殿前司、侍卫步军司、侍卫马军司的最高统兵官。

⑤ 知阁：负责知阁门事的武臣。

⑥ 御带：仪卫官名，即“带御器械”。《宋史·职官六》：“宋初，选三班以上武干亲信者，櫜（gāo）鞬（jiān）、御剑，或以内臣为之，只名，‘御带’。咸平元年（公元998年），改为‘带御器械’。”

⑦ 顾望：探望，环视。

⑧ 击鞭：仪卫之一。又叫“鸣鞭”，即打响鞭。帝王出巡时则鸣鞭，令人知其回避以开道。

⑨ 曲柄小红绣伞：红罗绣饰的曲盖。曲柄，弯柄。

珠的红纱灯笼在前开路。御驾将至，在数重禁卫人员的外面，有一人捧着一件月牙状的锦鞍放在马背上。十余个天武军官员簇拥着，大声喝道："看驾头！"接着有百余个吏部小使臣，都穿着公服，手持缀有珍珠的球杖，骑马跟随、听候使唤。近侍和其他官员都身穿紫、红、绿等各色公服，三衙太尉、知阁门事、御带等官员，排列为前导。两边都是皇宫禁卫军士，选用各军中力大的，身穿锦袄、戴帽，握着拳头，四下环视警戒，有高声喧哗者，就将其打流血。教坊、钧容直的乐队为前导，皇上车驾后面是当值的马上乐队奏乐跟随。车驾后面的禁卫人员之外，左边是宰相、执政官、侍从，右边是亲王、宗室、南班官等。车驾将近，就列成横门，由十多人来鸣鞭。皇上身后有曲柄的小红绣伞，由骑马的殿侍拿着。

驾入灯山，御辇院人员辇前喝"随竿媚来"。御辇围转一遭，倒行观灯山，谓之"鹁鸽旋"，又谓之"踏五花儿"，则辇官有喝赐矣。驾登宣德楼，游人奔赴露台下。

【译】皇上到了灯山，御辇院官员在御辇前高呼"随竿媚来"。御辇就围绕灯山转一圈，倒行着观看灯山，这称为"鹁鸽旋"，又叫"踏五花儿"，这时由辇官宣布皇上的赏赐。皇上登上宣德楼后，游人就奔赴露台下观看。

## 十五日驾诣上清宫

十五日诣上清宫，亦有对御，至晚回内。

【译】正月十五皇上前往上清宫，也会赐宴并与群臣共饮，直到晚上才回宫。

## 十六日

十六日，车驾不出。自进早膳讫，登门[①]，乐作卷帘，御座临轩宣万姓。先到门下者犹得瞻见天表[②]，小帽红袍，独桌子，左右近侍，帘外伞扇执事之人。须臾下帘，则乐作，纵百姓游赏。

【译】正月十六这一天，皇上不出宫。从用完早膳后，便登上皇宫大门宣德楼，等到乐声奏起，卷起垂挂的帘子，皇上亲临城墙昭告百姓。先赶到城下的人，还能亲眼瞻仰天子的仪容。皇上头戴小帽、身穿红袍，面前摆放一张桌子，两旁近侍站立，帘外是撑伞盖、持掌扇及侍从。过段时间便放下帘子，乐声大作，让百姓纵情观赏节日盛景。

两朵楼相对，左楼相对郓王[③]以次彩棚幕次，右楼相对蔡太师以次执政、戚里幕次。时复[④]自楼上有金凤飞下[⑤]诸幕次，宣赐不辍[⑥]。诸幕次中家妓[⑦]竞奏新声，与山棚露台上下

---

① 登门：指登皇宫大门宣德楼。

② 天表：天子的仪容。

③ 郓（yùn）王：宋徽宗的第三子赵楷。始封魏国公，后晋升为太傅，封郓王，任皇城司提举官。

④ 时复：接连不断。

⑤ 自楼上有金凤飞下：《秘册》本作“自有金凤下”。

⑥ 宣赐不辍：宣布恩赐不断。不辍，不断，不停。辍，废弃，停止。

⑦ 家妓：私人家里的伎艺演员。

乐声鼎沸。西朵楼下，开封尹弹压幕次①，罗列罪人满前，时复决遣②，以警愚民。楼上时传口敕③，特令放罪④。于是华灯宝烛，月色花光，霏雾融融⑤，动烛远近。至三鼓，楼上以小红纱灯球缘索而至半空，都人皆知车驾还内矣。须臾闻楼外击鞭之声，则山楼上下灯烛数十万盏，一时灭矣。于是，贵家车马自内前鳞切，悉南去游相国寺。

【译】宣德楼两旁的朵楼东西相对，左楼对着郓王以下依次排列的彩棚、帐幕；右楼对着蔡京太师以下依次排列的执政、外戚的彩棚、帐幕。不时有“金凤”从城楼上飞下，落在各个帐幕上，宣布恩赐不断。各帐幕当中的歌舞家妓们竞相演奏新的乐曲，与山棚、露台里演奏的音乐相互交融、乐声鼎沸。西边朵楼下方，在开封尹和弹压官的棚屋，站得满满的罪犯，不停地当场判决发落，以此来儆戒百姓。宣德楼上时而传下皇上的口谕，对一些罪犯予以免罪。此时，华灯与宝烛齐明，月色与花光相映，在轻飘的云雾中洋溢着祥和的气氛，晃动的烛光照亮远近。到了三更时分，宣德楼上将小红纱灯球沿绳索悬挂在半空，京城的百姓都知道皇上已

---

① 开封尹弹压幕次：开封尹和弹压官的棚屋。开封尹，开封府的最高长官。弹压，宋代对纠察治安官吏的称谓。

② 决遣：判决发落。

③ 口敕（chì）：帝王口头的命令。

④ 放罪：免罪。

⑤ 霏雾融融：轻飘的云雾。

经回宫了。不一会儿，听到城楼外有鸣鞭的声音，山棚、城楼上下数十万盏的灯烛，瞬间全部熄灭。于是，富贵人家的车马，从皇宫前面的御街紧密而有秩序地排起，都往南去游相国寺了。

寺之大殿前设乐棚，诸军作乐。两廊有诗牌灯云："天碧银河欲下来，月华如水照楼台"并"火树银花合，星桥铁锁开"之诗。其灯以木牌为之，雕镂成字，以纱绢幂之①，于内密燃其灯，相次排定，亦可爱赏。资胜阁前安顿佛牙，设以水灯，皆系宰执、戚里、贵近占设看位。最要闹：九子母殿及东西塔院、惠林、智海、宝梵，竞陈灯烛，光彩争华，直至达旦。其余官观寺院，皆放万姓烧香，如开宝、景德、大佛寺等处，皆有乐棚作乐、燃灯。惟禁宫观寺院不设灯烛矣。次则葆真宫有玉柱、玉帘窗隔灯。

**【译】**相国寺的大殿前设乐棚，各部禁军的乐队在那里演奏。大殿两廊有诗牌灯，灯上写着"天碧银河欲下来，月华如水照楼台"和"火树银花合，星桥铁锁开"的诗句。这些灯用木牌做成，木牌上镂空成字，用薄纱绢覆盖在木牌上，在覆盖的纱绢内有点燃的灯烛，并按次序排列，很值得观赏。资胜阁前面陈放着佛牙，并设置水灯，都是当朝宰相、执政官、外戚、近臣占据的观看表演的座位。寺里最繁华热闹的地方：九子母殿及东西塔院的惠林、智海、宝梵等

---

① 以纱绢幂之：用纱绢覆盖。幂，覆盖东西的巾。

院，竞相陈列着各式各样的灯烛，光彩耀眼，争奇斗艳，一直到天亮。其余的宫观寺院，都让百姓进去烧香，如开宝寺、景德寺、大佛寺等处，也都设有乐棚奏乐并燃灯。只有皇宫内院里的观寺院，不设置灯烛。其次是葆真宫，设置有玉柱、玉帘的窗隔灯。

诸坊巷：马行诸香药铺席、茶坊酒肆灯烛，各出新奇，就中莲花王家香铺灯火出群①，而又命僧道场打花钹②、弄椎鼓③，游人无不驻足。诸门皆有官中乐棚。万街千巷，尽皆繁盛浩闹。每一坊巷口无乐棚去处，多设小影戏棚子，以防本坊游人小儿相失，以引聚之。殿前班在禁中右掖门里，则相对右掖门设一乐棚，放本班家口登皇城观看，官中有宣赐茶酒妆粉钱之类。诸营班院于法不得夜游，各以竹竿出灯球于半空，远近高低，若飞星然。阡陌④纵横，城闉⑤不禁。别有深坊小巷，绣额珠帘，巧制新妆，竞夸华丽。春情荡扬，酒兴融怡⑥，雅会幽欢，寸阴可惜。景色浩闹，不觉更阑⑦。

① 出群：出众。

② 钹（bó）：铜质圆形的打击乐器，两个圆铜片，中心鼓起成半球形，正中有孔，可以穿绸条等用以持握，两片相击作声。

③ 弄椎鼓：花样的打鼓方法。弄，舞弄。椎，同“槌”，意为打击，又指鼓棒、鼓杖。椎鼓，即打鼓。

④ 阡陌：南北东西。南北曰“阡”，东西曰“陌”。

⑤ 城闉（yīn）：泛指城门。闉，关塞、瓮城城门。

⑥ 融怡：和悦。

⑦ 更阑：更尽夜深。

宝骑骎骎①，香轮辘辘②，五陵年少③，满路行歌，万户千门，笙簧未彻④。

【译】城中各坊巷：马行街上的各家香药店铺、茶坊、酒肆的灯烛，各自拿出新奇的样式。其中莲华王家香铺的灯火最为出众，而且他家还请僧人道士作道场、打花钹、弄椎鼓，经过的游人无不驻足观看。京城各门都有官府设置的乐棚。京城里的万街千巷，到处都是繁盛热闹的景象。每一坊巷口即使没有乐棚的地方，也大多设有小影戏棚子，以防本街坊游人和小孩走失，作为引路而使之团聚。殿前各禁卫在宫内右掖门里，在相对右掖门的地方设一乐棚，安排本班家属登上皇城观灯，长官也有一些茶钱、酒钱、妆粉钱一类的赏赐。各营、班、院的军士，按照规定不得夜游，各自用竹竿挑出灯球悬在半空，远近高低，就像天上的流星一样。京城里的道路纵横交错，城门里不设置禁区。城内那些深坊小巷，门上挂上绣额珠帘，且都制作精巧、装点新奇，竞相夸耀华丽。人们面带春风、神情洋溢，乘着酒兴，心情和悦。雅士聚会，情人幽欢，每一寸光阴都值得珍惜。节日的景象繁华热闹，不知不觉已是更尽夜深了。骑着宝马疾驰的男人，妇女乘坐的车子匆匆前行，富贵权势家的子弟一路高

① 宝骑骎（qīn）骎：骑着好马疾驰。骎，马跑得很快的样子。

② 香轮辘辘：香轮，妇女乘坐的车子。辘辘，指车声。

③ 五陵年少：五陵少年，指富贵权势家的子弟。

④ 笙簧未彻：乐声不绝。笙簧，乐器，即笙。这里泛指乐声。彻，尽，终了。

歌，京城千家万户乐声不绝。

市人卖玉梅、夜蛾、蜂儿、雪柳①、菩提叶、科头、圆子、拍头焦䭔②。唯焦䭔以竹架子出青伞上，装缀梅红缕金小灯笼子，架子前后以设灯笼，敲鼓应拍，团团转走，谓之“打旋罗”，街巷处处有之。

**【译】**集市上有小贩叫卖玉梅、夜蛾、蜂儿、雪柳、菩提叶、科头、圆子、拍头焦䭔等。只有卖焦䭔的用竹架子置于青伞之上，并装缀梅红色以金丝为饰的小灯笼，架子的前后也设有灯笼，敲着鼓应着节拍，小灯笼团团转动，称为“打旋罗”，街巷中处处可见。

至十九日收灯，五夜城闉不禁，尝有旨展日③。宣和年间，自十二月于酸枣门④门上，如宣德门元夜点照，门下亦置露台，南至宝箓宫，两边关扑买卖。晨晖门外设看位一所，前以荆棘围绕，周回约五七十步。都下卖鹌鹑骨饳儿、圆子、䭔拍、白肠、水晶脍、科头、细粉⑤、旋炒栗子、银

---

① 玉梅、夜蛾、蜂儿、雪柳：皆为妇女插戴的首饰，以绢缯或金银制作而成。

② 焦䭔（duī）：类今日的油炸豆馅元宵。《太平广记》卷二三四引《卢氏杂说》：尚食局造䭔子手曾为冯给事制作䭔子，“取䭔子𥻨，以手于烂面中团之，五指间各有面透出，以篦子刮却，便置䭔子于铛中，候熟，以笊篱漉出，以新汲水中良久，却投油铛中，三五沸取出，抛台盘上旋转不定，以太圆故也。其味脆美，不可名状”。

③ 展日：延长日期。

④ 酸枣门：原注：“二名景龙。”

⑤ 细粉：今中原民间称粉条为细粉。

杏、盐豉汤、鸡段、金桔、橄榄、龙眼、荔枝，诸般市合，团团密摆，准备御前[①]索唤。以至尊[②]有时在看位内，门司、御药、知省、太尉悉在帘前，用三五人弟子祗应。糁盆[③]照耀有同白日。仕女观者，中贵邀住劝酒一金杯令退。直至上元谓之“预赏”。惟周待诏[④]瓠羹贡余者，一百二十文足一个，其精细果别如市店[⑤]十文者。

【译】到了正月十九这一天收灯，五天夜晚京城城门不加任何禁令，曾有圣旨灯节延期。徽宗宣和年间，从十二月起在酸枣门的门上，像宣德门元宵节夜晚的灯一样，门下也设置了露台，往南一直到宝箓宫，两边都是各类关扑买卖。晨晖门外设有一处皇上的看位，看台前面以荆棘围绕，周长大约五七十步。京城里卖鹌鹑骨饳儿、圆子、拍白肠、水晶脍、科头、细粉、旋炒栗子、银杏、盐豉汤、鸡段、金橘、橄榄、龙眼、荔枝等各种吃食的摊位，紧密地摆放着，准备着皇宫随时索要。因皇上有时在看位内，门司、御药、知省、太尉等内侍近臣在帘外站立，由三五名弟子侍候听差。糁盆中火光照耀，犹如白昼一样。官宦人家的女子前

---

① 御前：皇宫，皇帝。

② 至尊：极其尊贵者，这里指皇帝。

③ 糁（shēn）盆：焚烧松柴和榨麻子油的残渣。又叫生盆、旺盆。指榨麻子油后的残渣，即“麻糁”。

④ 待诏：唐代等待供奉内廷的低级官员。宋时是对手艺工匠的尊称。

⑤ 其精细果别如市店：其精细果然不同于市店所售。

来观看，皇上身边的显贵就邀请她们停留一下，劝饮一杯（金杯）酒后命其退下。这样一直延续到元宵节，称为“预赏”。只有周待诏瓠羹店的瓠羹，在送入宫中后余下的部分，以每个一百二十文钱的高价售卖，其精细程度果然不同于市店十文钱一个的。

## 收灯都人出城采春①

收灯毕，都人争先出城探春：

州南则玉津园②外，学方池亭榭、玉仙观③。转龙弯西去一丈佛园子、王太尉园、奉圣寺④前孟景初园⑤，四里桥望牛冈⑥、剑客庙⑦。自转龙弯东去陈州门外，园馆尤多。

【译】元宵节收灯后，京城的人纷纷争先出城探春：

城南除了玉津园外，还有学方池亭榭、玉仙观。由转龙湾往西去一丈有丈佛园子、王太尉园、奉圣寺前的孟景初



① 采春：诸本同。邓注按：“采应作探。”

② 玉津园：皇家公园，又称“南御园”，与州西琼林园、州北瑞圣园、州东宜春园并称东京四大名园。

③ 玉仙观：在京城东南宣化门外七八里陈州门。仁宗时有陈道士修葺亭台，栽花木甚盛，四时游客不绝。内有罕见的“万年松花石”三块，“龙牙石”二段。

④ 奉圣寺：相传为孔圣人庙，因在土冈上，故其地名“奉圣寺冈”。今名“丰收冈”。

⑤ 孟景初园：教坊使孟景初园，在城西南奉圣寺冈。

⑥ 望牛冈：在城西南十里。汴京城池形如卧牛状，登是冈以望之，则居然可见，故名。

⑦ 剑客庙：战国时大梁屠宰业者朱亥的祠庙墓园。他曾帮助魏公子无忌“盗符救赵”解邯郸之围，人称豪侠义士。其墓在都城南，过所谓四里桥之道，左旁有祠，垣宇甚全，呼为“屠儿墓园”。

园，以及四里桥望牛冈、剑客庙。从转龙湾往东到陈州门外，园林楼馆特别多。

州东宋门外快活林、勃脐陂[①]、独乐冈[②]、砚台[③]、蜘蛛楼、麦家园。虹桥王家园。曹、门之间东御园[④]、乾明崇夏尼寺[⑤]。

【译】城东宋门外有快活林、勃脐陂、独乐冈、砚台、蜘蛛楼、麦家园、虹桥的王家园。曹门和宋门之间，有东御园、乾明崇夏尼寺。

州北李附马园。

【译】城北有李驸马园。

州西新郑门大路，直过金明池西道者院[⑥]，院前皆妓馆。以西宴宾楼，有亭榭、曲折池塘、秋千、画舫[⑦]，酒客

① 勃脐陂：也叫“荸荠陂”。在宋门外，水中多生荸荠故名。

② 独乐冈：在城东十五里，相传宋时有一富翁居此，男女婚嫁已毕，翁不问家事，日邀故旧饮酒为乐，徽宗微行见之，羡曰：斯人其独乐哉，后因名其冈。

③ 砚台：战国张仪、汉代张耳墓园。南砚台为张耳墓，以其形似砚，因名，遗址在今城东南前台村附近（俗称“前台”）。张仪墓在安乐乡，亦形似砚，谓之“北砚台”，遗址在今城东北砚台村内（俗呼“后台”）。

④ 东御园：宜春园的俗称。

⑤ 崇夏尼寺：唐大中三年（公元 849 年）建，宋初重建。

⑥ 道者院：普安禅院的俗称。本为五代时一寺庵，宋太祖为报答该庵僧曾赠予食物和银钱的恩遇，即位后在其地命建寺，赐名“普安”，都人至今称为“道者院”。在郑门外五里，每岁中元节、十月朔设大道场，焚钱山祭军阵亡殁孤魂。金季兵毁。

⑦ 画舫：装饰华丽的游船。

税小舟帐设游赏[1]。相对祥祺观，直至板桥[2]，有集贤楼、莲花楼，乃之官[3]河东、陕西五路之别馆，寻常饯送置酒于此。过板桥有下松园、王太宰园、杏花冈[4]。金明池角南去水虎翼巷，水磨下蔡太师园。南洗马桥西巷内华严尼寺、王小姑酒店北金水河两浙尼寺、巴娄寺、养种园[5]，四时花木繁盛可观。南去药梁园、童太师园。南去铁佛寺、鸿福寺[6]、东西柏榆村。

【译】城西的新郑门大路，一直过了金明池西是普安禅院，禅院前面全是妓院。再往西去是宴宾楼，有亭榭、曲折的池塘、秋千和画舫，饮酒的人租上小船，挂好帐幔，在其中赏玩。与宴宾楼相对的是祥祺观，一直到板桥，还有集贤楼、莲花楼，这里是到河东、陕西五路上任的官员暂住的宾馆，平常饯别送行都在此设置酒席。过板桥后有下松园、王太宰园、杏花冈。从金明池角上往南去是水虎翼巷，水磨的下首是蔡太师园。南洗马桥西巷内有华严尼寺、王小姑酒店北金水河有两浙尼寺、巴娄寺、养种园，养种园内有四时

① 税小舟帐设游赏：意为租赁小画舫设宴游玩。税，租赁。帐设，指宴饮、设宴。

② 板桥：唐代汴州重要的驿站之一。在郑门外。

③ 之官：到某地去做官。之，往、至。

④ 杏花冈：在城西南十五里，一名“青龙岗”。

⑤ 养种园：在城西水门外，金水河侧，四时花木繁盛可观。

⑥ 鸿福寺：宋仁宗生母李宸妃（后追尊皇太后、谥章懿）的葬所。内有佛经、寺钟，奉安宋真宗御容。据载鸿福寺有二：一个在城西金水河北；另一个在城东北沙窝岗，宋崇宁元年建。

花木，繁盛的景象非常值得观赏。往南去是药梁园、童太师园。再往南去是铁佛寺、鸿福寺、东西柏榆村。

州北模天坡[①]、角桥，至仓王庙[②]、十八寿圣尼寺[③]、孟四翁酒店。州西北原有庶人园，有创台、流杯亭榭数处，放人春赏。

**【译】**城北有模天坡、角桥，可前往仓王庙、十八寿圣尼寺、孟四翁酒店。城西北原有庶人园，有创台、流杯亭榭等多处景点，允许游人进去赏春。

大抵都城左近[④]皆是园圃，百里之内并无阒地[⑤]。次第春容满野，暖律喧晴，万花争出，粉墙细柳斜笼[⑥]，绮陌香轮暖辗[⑦]。芳草如茵，骏骑骄嘶，杏花如绣，莺啼芳树，燕舞晴空。红妆按乐于宝树层楼，白面行歌近画桥流水。举目则

---

① 模天坡：兵部尚书、亲征行营使李纲打败围汴金兵处。遗址在今城东北焦街村，尚存延伸的残丘。

② 仓王庙：仓颉的祠庙墓园。在今城东北黄河大堤北侧，现存墓冢。墓东北有一方土丘，相传为仓王造字台。

③ 十八寿圣尼寺：尼姑受戒的寺院。寺内有白塔，俗称“白塔寺”。在金水河侧，始建未详，金季兵毁。据载，初僧尼受戒同台，太祖恶之，开宝五年二月诏曰：僧尼无间，实紊教法，尼有合度者只许于本寺起台受戒，自此开始分别设立尼姑受戒台。

④ 左近：附近。

⑤ 阒（qù）地：空虚的地方，即闲地。邓注按：“阒应作闲。”

⑥ 粉墙细柳斜笼：绿色的细柳条笼罩着白色的粉墙。意为白、绿相映，春意盎然。

⑦ 绮陌香轮暖辗：纵横交错的道路上到处是妇女游春的车子。绮陌，纵横交错的道路。

秋千巧笑，触处[1]则蹴鞠疏狂[2]。寻芳选胜，花絮时坠金樽；折翠簪红，蜂蝶暗随归骑。于是，相继清明节矣。

**【译】**总的来说，在京城的附近都是园圃，百里之内并无闲置的地方。接连使春色遍布郊野，天气温暖晴朗，万花争先绽放，绿色的细柳条笼罩着白色的粉墙，纵横交错的道路上到处是妇女游春的车子。芳草如松软的毯子，骏马在欢快地嘶叫，杏花满枝如锦绣，黄莺在芳树上鸣叫，燕子在晴空中飞舞。红妆美女在宝榭层楼上奏乐，白面少年在画桥流水间歌唱。举目所见尽是秋千上仕女的欢声笑语；所到之处尽是蹴鞠少年欢快游玩的身影。寻访春色、游览胜景，花絮不时坠入金樽之中；折取柳枝，插戴花朵，蜜蜂、彩蝶追随着归来的骏马。于是，紧接着就是清明节了。



---

① 触处：接触到的地方。

② 疏狂：狂放不羁。这里是欢快游玩的意思。

# 卷七

## 清明节[①]

清明节，寻常京师以冬至后一百五日为大寒食[②]，前一日谓之“炊熟”，用面造枣䭅[③]飞燕，柳条串之插于门楣[④]，谓之“子推燕[⑤]”。子女及笄者[⑥]，多以是日上头[⑦]。

**【译】**清明节，通常京城里以冬至后一百零五天为大寒食，大寒食前天，叫作“炊熟”。用白面蒸制飞燕状的枣饼，用柳条串起来，插在门楣上，称为“子推燕”。家中的子女已到成年的年龄，大多在这一天要男子加冠、女子蓄发。

寒食第三节即清明日矣[⑧]。凡新坟皆用此日拜扫，都人出郊。禁中前半月发官人车马朝陵，宗室、南班近亲亦分遣

---

① 清明节：农历二十四节气之一，一般在春分后的三月初，故又名“三月节”。

② 大寒食：民间对寒食前后三日的称谓之一。

③ 䭅（hú）：饼也。

④ 门楣：门框上边的横木。

⑤ 子推燕：又名“子推饼”。为祭祀介子推的食品。《事物纪原》卷八：“以面为蒸饼样，团结附之，名‘子推’。”

⑥ 子女及笄（jī）者：子女已到成年的年龄。笄，发簪。及笄，指女子年满十五岁。（古时女子满十五岁把头发挽起来，戴上簪子）。

⑦ 上头：古代已到成年的男子加冠、女子蓄发称“上头”。

⑧ 寒食第三节即清明日矣：邓注按：“节、日二字，疑当互易。”

诣诸陵坟享祀[1]，从人皆紫衫、白绢三角子、青行缠[2]，皆系官给。节日亦禁中出车马诣奉先寺[3]、道者院，祀诸宫人坟。莫非金装绀幰[4]，锦额珠帘，绣扇双遮，纱笼前导，士庶填塞。诸纸马[5]铺，皆于当街用纸衮叠[6]成楼阁之状。四野如市，往往就芳树之下，或园囿之间罗列杯盘，互相劝酬[7]。都城之歌儿舞女，遍满园亭，抵暮而归，各携枣𫗦炊饼[8]、黄胖[9]、掉刀[10]、名花异果、山亭戏具[11]、鸭卵鸡雏，谓之"门外土仪[12]"。轿子即以杨柳杂花装簇顶上，四垂遮映。自此三日，皆出城上坟[13]，但一百五日最盛。

---

① 享祀：祭祀。享，指祭品。

② 行缠：又名"行滕"，今俗称"裹腿""扎腿带"。用布条从膝下缠至踝上，便于行路。

③ 奉先寺：奉先资福禅院的俗称。在京城南，原为宋太祖父亲宣祖的葬所，迁葬后于其地建寺，供奉宣祖夫妇的铜像。

④ 绀（gàn）幰（xiǎn）：天青色的车幔。绀，天青色。幰，车上的帷幔。

⑤ 纸马：用于祭祀的物品。以纸扎成人物神像、器皿用具等，并进行彩绘，祭祀时即焚烧。

⑥ 衮（gǔn）叠：卷曲折叠。衮，通"卷"。

⑦ 互相劝酬：互相劝酒。

⑧ 炊饼：蒸饼。宋仁宗名祯，因避讳"蒸"字故改名炊饼。《本心斋蔬食谱》："玉砖炊饼：方切，椒盐糁之。"

⑨ 黄胖：用黄土捏成的泥人。

⑩ 掉刀：古代战刀的一种。这里指玩具木掉刀。

⑪ 戏具：玩具。

⑫ 土仪：又叫"土宜"。作为馈赠的土特产。这里指买来的馈赠物。

⑬ 上坟：到死者墓前祭祀。

【译】寒食节的第三天就是清明节了。凡是新坟都要在这一天拜奠祭扫，因而京城人要到郊外去。而皇宫中在前半月就派宫人乘坐马车去拜祭历代皇帝的陵墓。宗室、南班官等皇室近亲，也分别被派遣人前往各陵墓进行祭祀，随从人员都身穿紫衫、戴白绢三角子、腿绑青色裹腿，这些全都由官家供给。清明节那天，宫中也派车马前往奉先寺、普安禅院，祭祀各妃嫔坟墓。宫中派出的车马，无不用金饰装点天青色的车幔，有锦缎车额、珍珠门帘，两边有绣扇遮盖，还有绢纱灯笼前导，观看的百姓堵塞了道路。京城的各纸马铺子，都在大街上将纸卷曲折叠成楼阁的形状，供人选购。郊外四处像集市一样热闹，人们往往就在芳树之下或田园之间摆列杯盘，相互劝酒。京城里的男男女女的歌舞艺人，遍布郊外各处亭园，直到夜幕降临才返城。出城的人们各自携带着枣饼、炊饼、黄泥人、木掉刀、名花异果、山亭玩具、鸭蛋、小鸡等各式物品，称为“门外土仪”。而轿子就用杨柳枝条、各种鲜花装饰堆簇在轿顶上，四周垂挂下来，以遮映轿子。自寒食节开始的三天里，京城人都要出城去上坟，但要算冬至后的一百零五天是最为繁盛的。

节日，坊市卖稠饧、麦糕[①]、乳酪[②]、乳饼[③]之类。缓入都门，斜阳御柳[④]，醉归院落，明月梨花。诸军禁卫，各成队伍，跨马作乐四出，谓之“摔脚”。其旗旄[⑤]鲜明、军容雄壮、人马精锐，又别为一景也。

【译】节日期间，坊间集市有卖稠饧、麦糕、乳酪、乳饼等一类的吃食。人们缓缓进入城门，斜阳照耀在御道的柳树上，人们带着醉意回到自家院落，明月的清光洒在洁白的梨花间。各军禁卫，排好各自的队伍，骑马奏乐，向四面出发，称为“摔脚”。队伍旗帜鲜明、军容雄壮、人马精锐，又是京城里一道风景线。

## 三月一日开金明池[⑥]、琼林苑

三月一日，顺天门外开金明池、琼林苑，每日教习车



---

① 麦糕：《事物纪原》卷九：“干粥，即今之麦糕是也。世俗每至清明，以麦成秫，以杏酪煮为姜粥，俟其凝冷，裁作薄叶，沃以饧若蜜食之，谓之‘麦糕’。”

② 乳酪：用牛、羊乳提炼成的膏腴。《本草纲目》卷五十引《臞仙神隐书》：“乳酪造法：用乳半勺，锅内炒过，入余乳熬数十沸，常以勺纵横搅之，乃倾出罐盛。”

③ 乳饼：又叫“乳腐”。《本草纲目》卷五十：“《臞仙神隐书》云：‘造乳饼法：以牛乳一斗，绢滤入釜，煎三五沸，水解之。用醋点入，如豆腐法，渐渐结成，漉出以帛裹之，用石压成，入盐，瓮底收之。’”

④ 斜阳御柳：宛委山堂《说郛》引、《秘册》《学津》本作“斜杨御柳”，或误。

⑤ 旗旄（máo）：饰以旄牛尾的旗子。宛委山堂《说郛》引作“旌旗”。

⑥ 金明池：北宋时期著名的皇家园林，位于东京汴梁城（今河南开封）外，占地约156公顷。园林中建筑全为水上建筑，池中可通大船，战时为水军演练场。北宋东京城外西侧有两座御苑南北向对，北为金明池，南为琼林苑。

驾上池仪范[①]，虽禁从[②]士庶许纵赏，御史台[③]有榜[④]不得弹劾[⑤]。

**【译】**三月初一，在城西顺天门（即新郑门）外，开放金明池、琼林苑，每天在这里演习恭迎圣驾的各种仪礼。即使是宫廷的侍从人员、百姓都允许观赏，御史台有布告，对此不得弹劾。

池在顺天门外街北，周围约九里三十步，池西直径七里许。入池门内南岸，西去百余步，有面北临水殿，车驾临幸观争标赐宴于此；往日旋以彩幄[⑥]，政和间用土木工造成矣。又西去数百步乃仙桥，南北约数百步，桥面三虹[⑦]，朱漆阑楯，下排雁柱[⑧]，中央隆起，谓之“骆驼虹”，若飞虹之状。桥尽处，五殿正在池之中心，四岸石甃[⑨]，向背大殿。中座各设御幄，朱漆明金龙床，河间云水戏龙屏风，不

① 仪范：仪式、规则。即礼仪制度。

② 禁从：泛指宫廷中的侍从人员。

③ 御史台：官署名。东汉至元朝设置的中央监察机构。秦汉以御史负责监察事务。御史所居官署称御史府，又称宪台。南朝梁陈、北魏魏齐时，称御史台。隋唐五代宋金元历代沿置。是中央行政监察机关，也是中央司法机关之一，负责纠察、弹劾官员、肃正纲纪。

④ 榜：布告。

⑤ 弹劾：检举揭发官吏的过失、罪状。

⑥ 彩幄（wò）：华丽的篷帐。幄，篷帐。

⑦ 桥面三虹：拱形长桥。

⑧ 雁柱：本指古琴的弦柱。这里指如飞雁形的桥柱。

⑨ 石甃（zhòu）：石砌的井壁。

禁游人。殿上下回廊皆关扑钱物、饮食，伎艺人作场，勾肆罗列左右。桥上两边用瓦盆，内掷头钱[1]，关扑钱物、衣服动使，游人往还，荷盖相望[2]。桥之南立棂星门[3]；门里对立彩楼，每争标作乐，列妓女于其上；门相对街南，有砖石甃砌高台，上有楼观，广百丈许，曰“宝津楼”。前至池门，阔百余丈，下阚[4]仙桥、水殿，车驾临幸观骑射、百戏于此。池之东岸，临水近墙皆垂扬。两边皆彩棚幕次，临水假赁，观看争标。街东皆酒食店舍、博易场户、艺人勾肆。质库不以几日解下[5]，只至闭池便典没出卖。北去直至池后门，乃汴河西水门也。其池之西岸，亦无屋宇，但垂杨蘸水，烟草铺堤，游人稀少，多垂钓之士，必于池苑所买牌子方许扑鱼。游人得鱼，倍其价买之，临水斫脍[6]，以荐芳樽，乃一时佳味也。习水教[7]罢，系小龙船于此。池岸正北

① 掷头钱：投一个钱。头，即一钱。

② 荷盖相望：指游人很多，相望各种各样的伞、帽之类。

③ 棂星门：本指孔庙、学宫前的门。这里指带有雕花方格的门。

④ 下阚（kàn）：下望。

⑤ 不以几日解下：意为接收典当物品的时间只有几天。解下，当铺的专业用语，接受典当的物品。

⑥ 斫脍：切成鱼丝。

⑦ 习水教：教习水战、水戏。

对五殿，起大屋，盛大龙船，谓之“奥屋[1]”。

【译】金明池在顺天门外大街的北面，城周围约九里三十步，池西面直径大约有七里多。进入金明池内，从南岸向西去约百余步，有一座面朝北的临水殿，皇上亲临这里观看比赛，并在此赐宴款待群臣。往日皇上驾临时，只有一处华丽的幕帐，到了政和年间，则用土木建造了一座大殿。再向西去数百步是仙桥，桥南到桥北长约数百步，有拱形长桥，朱红色油漆的栏杆，下面的桥柱像飞雁一样，桥的中央高高隆起，称为“骆驼虹”，像天上的飞虹一样。桥的尽头处，有五殿刚好在金明池的中心。金明池四岸砖砌的池壁背向大殿。各个殿都设有御用篷帐，有朱漆明金的龙床，有河间云水戏龙屏风，不禁止游人观赏。五殿上下的回廊，都有关扑钱物和售卖食品的，艺人也在这里开场，这些场所分列在左右。桥上的两边是赌徒们在瓦盆中掷头钱，以赌博钱物、衣服以及各种日常器物。游人很多，相望各种各样的伞、帽之类。桥的南面立有带着雕花方格的门，门的里面设有两座相对的彩楼。每当争夺锦标时就奏乐，彩楼上还站着许多的伎女。在门的对面、街的南面，有砖砌的高台，台上

---

① 奥屋：停泊船的房子。《补笔谈》卷二：“国初两浙献龙船，长二十余丈，上为宫室层楼，设御榻以备游幸。岁久腹败，欲修治而水中不可施工。熙宁中宦官黄怀信献计，于金明池北凿大澳，可容龙船，其下置柱，以大木梁其上，乃决汴水入澳，引船当梁上，即车出澳中水，船乃笐（hàng）于空中，完补讫，复以水浮船，撤去梁柱，以大屋蒙之，遂为藏船之室，永无暴露之患。”

有观景楼，长有一百多丈，称为“宝津楼”。从观景楼前到金明池的大门，宽有一百多丈。在宝津楼上可以俯瞰仙桥和水殿。皇上车驾亲临，在这里观看骑射、百戏表演。金明池的东岸，临水和靠近围墙的地方都是垂杨。两边都是彩棚、幕帐，临水位置的彩棚和幕帐可以租来观看夺标比赛。街的东面都是酒食店铺、赌博交易及艺人们表演的场所。街上的当铺，不论接收典当物品的时间只有几天，也一直等到金明池关闭才将典当物品没收或出卖。往北去一直到金明池的后门，是连通汴河的西水门。金明池的西岸没有房屋楼宇，只见垂杨点蘸水面，烟草铺满了堤岸，游人很少，大多是垂钓的人。垂钓者必须到池苑买牌子后，才允许钓鱼。游人想要得到鱼，就要随垂钓者的要价来购买，可以在水边切成鱼丝烹制，用以佐酒，也是一时的美味。教习水战结束后，就将小龙船系在这里。池岸正北对着五殿的地方，盖有一座高大的房屋，用来停放大龙船，称为“奥屋”。

车驾临幸，往往取二十日。诸禁卫班直簪花、披锦绣檾金线衫袍、金带、勒帛[①]之类结束，竟陈鲜新。出内府金枪、宝装弓剑、龙凤绣旗，红缨锦辔，万马争驰，铎声震地[②]。

【译】皇上临幸金明池，往往在三月二十日。禁军各当

① 勒帛：布制的窄腰带，用于束袍子和背子。

② 铎声震地：铃声震天动地。

值的禁卫军军士头上插花、身披锦绣披肩、穿镶嵌金线的衫袍、腰束金带或布制的窄腰带之类的装束，竟显鲜明新奇。还取出皇家府库中的金枪、宝装弓剑、龙凤绣旗，骑着披挂红缨锦辔的骏马。万马奔腾，马铃声震天动地。

## 驾幸临水殿观争标赐宴

驾先幸池上临水殿，赐宴群臣。

【译】皇上圣驾先到金明池的临水殿，赐宴款待群臣。

殿前出水棚排立仪卫。近殿水中横列四彩舟，上有诸军百戏，如大旗、狮豹①、掉刀②、蛮牌、神鬼杂剧之类。又列两船，皆乐部。又有一小船，上结小彩楼，下有三小门，如傀儡棚，正对水中。乐船上参军色③进致语④，乐作，彩棚中门开，出小木偶人。小船子上有一白衣人垂钓，后有小童举棹⑤划船，缭绕数回作语，乐作，钓出活小鱼一枚。又作乐，小船入棚。继有木偶筑球、舞旋之类，亦各念致语、唱和、乐作而已，谓之“水傀儡”。又有两画船，上立秋千，船尾百戏人上竿，左右军院虞候⑥监教，鼓笛相和。又一人上蹴秋千，将平架，筋斗掷身入水，谓之“水秋千”。

---

① 狮豹：狮子舞。

② 掉刀：邓注按：“棹应作掉”。今据改。

③ 参军色：杂剧假官戏的角色名。这里指演出节目的引戏人，通常指挥演员的进出场。

④ 致语：又叫“致辞”，即演出前朗诵的几句吉利话，一般是歌颂皇帝的功德。

⑤ 棹：船桨。

⑥ 虞候：官职名。唐、五代时为统兵官，宋代改为大臣的侍从官。这里指教官。

水戏[①]呈毕，百戏乐船并各鸣锣鼓、动乐舞旗，与水傀儡船分两壁退去。有小龙船二十只，上有绯衣军士各五十余人，各设旗鼓铜锣。船头有一军校[②]，舞旗招引，乃虎翼指挥[③]兵级[④]也。又有虎头船十只，上有一锦衣人，执小旗立船头上，余皆着青短衣、长顶头巾[⑤]，齐舞棹，乃百姓卸在行人[⑥]也。又有飞鱼船二只，彩画间金，最为精巧。上有杂彩戏衫五十余人，间列杂色小旗、绯伞，左右招舞[⑦]，鸣小锣鼓、铙[⑧]铎之类。又有鳅鱼船二只，止容一人撑划，乃独木为之也。皆进花石朱勔[⑨]所进。

---

① 水戏：水上表演的杂技。

② 船头有一军校：《秘册》《学津》本作“船头有一军兵校”。

③ 虎翼指挥：禁卫军的军名。虎翼军有二：一是步兵，亦称“殿虎”“步虎”；二是水兵，这里指虎翼水兵。置营于金明池西侧。

④ 兵级：对士卒与小校的合称。级，节级。

⑤ 长顶头巾：帽子的一种，帽筒较长，又名“高顶巾子”。

⑥ 卸在行人：离开原来专业的人。卸，辞去、解除。在行，善于、专业的俗语。

⑦ 招舞：飘舞。

⑧ 铙（náo）：打击乐器。似铃或钟。体扁形，上大下小，口的两侧有稍锐角；平底，底下有柄；使用时口向上，以槌打击发声。

⑨ 朱勔（miǎn）：苏州（今江苏苏州）人。北宋奸臣，为“六贼”之一。因父亲朱冲谄事蔡京、童贯，父子都任有官职。当时宋徽宗垂意于奇花异石，朱勔奉迎上意，搜求浙中珍奇花石进献，并逐年增加。政和年间，在苏州设应奉局，靡费官钱，百计求索，勒取花石，用船从淮河、汴河运入京城，号称“花石纲”。此役连年不绝，百姓备遭涂炭，中产之家全都破产，甚至卖子鬻女以供索取。方腊起义时，即以诛杀朱勔为号召。朱勔在奉迎皇帝的同时，又千方百计，巧取豪夺，广蓄私产，生活糜烂。宋钦宗继位，将他削官放归田里，后又流放到循州（今广东龙川）关押，复遣使将他斩首处死。

【译】临水殿前搭有水棚，在此排立仪仗和卫士。靠近临水殿的水中排列着四条彩船，船上有各军在表演百戏，如舞大旗、狮子舞、掉刀、蛮牌、装神鬼的杂剧之类。另外排列两条船，都是乐队。又有一条小船，船上扎起小彩楼，下面有三扇小门，楼像演傀儡戏的戏棚一样，正对着水中的乐队船。乐队船上先有一位引戏人上场致辞，乐声奏起，小船上彩棚的中门开了，走出小木偶人。一条稍小的船上有一穿白衣的人在垂钓，身后有小童举桨划船，这小船回环旋绕数圈后上前致辞，乐声奏起，白衣人钓出一条活小鱼。乐声再奏起，小船回到棚子中。接着有木偶人表演筑球、舞旋之类的节目，各自说唱颂辞、唱和、奏乐等等，这称为“水傀儡”。又有两条装饰华美的船，船上竖着秋千架，船尾处表演百戏的艺人正在表演爬竿，左右军院的虞候、监军、教头，擂鼓吹笛与之相配合。还有一人表演荡秋千，秋千荡到与架子相平的时候，这人一个筋斗飞入水中，这称为“水秋千”。水上杂技表演完毕，百戏船和乐船均各自鸣起锣鼓、演奏着乐曲、挥舞着旗帜，与水傀儡船一起分两边退去。这时划来二十条小龙船，船上各有五十多名红衣军士，各设置旗鼓铜锣。船头站有一名军校，舞动旗帜，招呼引领，这些人是虎翼指挥的士卒和小校。又划来十条虎头船，各船上有一个身穿锦衣的人，手执小旗站在船头，其余的人都身穿青色短衣、头戴长顶头巾，整齐地划桨，这些人都是百姓和离开原来专业的人。又有两条飞鱼船划来，船身画着鲜艳的图案，其间还有金色，制作得非常精巧。船上有五十多个穿杂色戏装的，他们中间有举着杂色小旗和红色伞的人，且左右飘舞，敲响小锣、鼓、铙、铎之类的乐器。又有两条鳅鱼船划来，船上只能容下一个人，是用一根大木制成的，都是送“花石纲”时由朱勔进献的。

诸小船竞诣奥屋，牵拽大龙船出诣水殿；其小龙船争先团转翔舞，迎导于前；其虎头船以绳牵引龙舟。大龙船约长三四十丈、阔三四丈，头尾鳞鬣[1]，皆雕镂金饰，楻板皆退光[2]；两边列十閤子，充閤分[3]歇泊[4]；中设御座，龙水屏风；楻板到底深数尺，底上密排铁铸大银样如桌面大者压重，庶不攲侧[5]也；上有层楼台观槛曲，安设御座；龙头上人舞旗，左右水棚列六桨，宛若飞腾，至水殿舣[6]之一边。

**【译】**诸多小船竞相奔向奥屋，牵引拽拉着大龙船出奥屋前往临水殿；那些小龙船也争先围着大龙船旋转划行起舞，在前面来引导；还有那些虎头船用绳索牵引着大龙船。大龙船长约三四十丈、宽三四丈，龙船的头尾和鳞鬣，都经

---

① 鳞鬣（liè）：鱼鳞和鱼鳍。鬣，鱼颔旁的小鳍。

② 楻（huáng）板皆退光：船板皆退色。楻，同艎（huáng），即艅（yú）艎，古代的一种大船。退光，退掉色彩的俗语。

③ 閤分：宋代对妃嫔的称呼。

④ 歇泊：停留、休息。

⑤ 庶不攲（qī）侧：或许不会向一边倾斜。意为平稳。攲，斜，倾侧。

⑥ 舣（yǐ）：将船拢在岸边。这里作停止不动讲。

过雕镂并配以金饰，船板的油漆都已失去光泽；在船的两边排列十间阁子房，供妃嫔停留、休息；中间设有皇上御座，座后有龙水屏风；从船板到船底深达数尺，船底密密排放着铁铸的像大银锭形状的铁块，每一块都有桌面那么大，用它们来压重，使大船平稳、不至于倾斜；龙船上建有层楼、馆阁和栏杆，也安放了御座；船的“龙头”上有人挥舞旗帜，两边的水棚中各有六支船桨随着旗帜的指挥整齐地划行，就像龙在水面飞腾一样，龙船到水殿后即靠岸。

水殿前至仙桥，预以红旗插于水中，标识地分远近。所谓小龙船，列于水殿前，东西相向；虎头、飞鱼等船布在其后，如两阵之势。须臾，水殿前水棚上一军校以红旗招之，龙船各鸣锣鼓出阵，划棹旋转共为圆阵，谓之“旋罗”。水殿前又以旗招之，其船分而为二，各圆阵，谓之“海眼”。又以旗招之，两队船相交互，谓之“交头”。又以旗招之，则诸船皆列五殿之东面，对水殿排成行列。则有一舟，一军校执一竿，上挂以锦彩银碗之类，谓之“标竿”，插在近殿水中。又见旗招之，则两行舟鸣鼓并进，捷者得标，则山呼拜舞。并虎头船之类，各三次争标而止。其小龙船复引大龙船入奥屋内矣。

【译】从临水殿向前一直到仙桥，预先将红旗插在水中，以标志地域的远近。前面说到的小龙船，排列在水殿前，东西相对；虎头、飞鱼等船，都排列在小龙船的后面，就像两军交战的阵势。一会儿，临水殿前水棚上一名军校用红旗发出号令，小龙船各自鸣锣鼓出阵划棹使船旋转，组成一个圆阵，称为“旋罗”。临水殿前又用红旗发出号令，这些船又分成两队，各自组成圆阵，称为“海眼”。临水殿前又用红旗发令，两队船相互交叉行进，称为“交头”。临水殿前再用红旗发令，于是这些船都排列在五殿的东面，面对着临水殿排成行列。这时来了一条小船，船上一名军校手执一竿，上面挂着彩锦、银碗之类的物品，称为“标竿”，插在靠近临水殿的水中。又见红旗发出号令，则两行船队擂鼓一齐进发，速度快的抢得标竿，就跪拜且山呼“万岁”且舞蹈。连同虎头船等，分三次进行夺标比赛后，即告结束。那些小船又牵引着大龙船回到奥屋里。



## 驾幸琼林苑[1]

驾方幸琼林苑，在顺天门大街面北，与金明池相对。大门牙道皆古松怪柏；两旁有石榴园、樱桃园之类，各有亭榭，多是酒家所占。

【译】皇上来到顺天门大街的琼林苑，苑门朝北，与金明池相对。琼林苑大门前的官道两侧都是古松怪柏；道路两旁有石榴园、樱桃园之类的园林，园内各有亭阁台榭，大多是归酒家所有。

---

① 琼林苑：北宋东京的四大名园之一，为宴进士之所，宋太祖时建，俗称“西青城”。遗址在今城西四公里南郑门口村西。

苑之东南隅，歧和间创筑[1]华嘴冈，高数十丈[2]，上有横观层楼，金碧相射；下有锦石缠道[3]、宝砌池塘[4]、柳锁虹桥、花萦凤舸[5]；其花素馨[6]、茉莉[7]、山丹、瑞香、含笑、射香等，闽、广、二浙所进南花，有月池、梅亭、牡丹之类，诸亭不可悉数。

【译】琼林苑的东南角，在政和年间建造了华嘴冈，高达数十丈。冈上有宽敞的光景层楼，金碧辉煌，相互映照；冈下是奇峰怪石布满弯曲的路旁、珍贵的石料砌成的池塘，柳枝锁住了池面上的虹桥、杂花装饰的游艇；苑中的花种有素馨、茉莉、山丹、瑞香、含笑、射香等，是由闽、广、两浙所进献来的南方花木，还有月池、梅亭、牡丹亭之类的亭台，其他的亭台很多且难以一一记述下来。

## 驾幸宝津楼宴殿

宝津楼之南有宴殿，驾临幸，嫔御[8]车马在此。寻常亦

① 创筑：建造。

② 高数十丈：《秘册》《学津》本作“高数丈”。

③ 锦石缠道：奇峰怪石布满弯曲的路旁。锦石，对各种奇异石头的美称。

④ 宝砌池塘：石砌池边。宝，珍贵的石头。

⑤ 花萦凤舸：以杂花装饰游艇。萦，旋回攀绕。

⑥ 素馨：植物名，又称“耶悉茗花”。属木犀科，常绿直立亚灌木，高一米多，枝条下垂，春季开白花，香气芳冽，《能改斋漫录》卷十五：“岭外素馨花，本名耶悉茗花。……花洁白，南人极重之，以白而香，故易其名。妇人多以竹签子穿之，像生物，置佛前供养。又取干花浸水洗面，滋其香耳。”

⑦ 茉莉：原作“末莉”，今改。

⑧ 嫔御：泛指皇帝的侍妾、宫女。

禁人出入，有官监之。殿之西有射殿，殿之南有横街[①]，牙道柳径[②]，乃都人击球之所。西去苑西门，水虎翼巷。横道之南有古桐[③]牙道，两旁亦有小园圃台榭。南过画桥，水心有大撮焦亭子[④]，方池柳步围绕，谓之“虾蟆亭”，亦是酒家占。

**【译】**宝津楼的南面有举行宴会的大殿，皇上驾临，随行的嫔御和车马都停留在这里。平时也是禁止行人出入的，有官员专门负责监管。宴殿的西面有射殿，宴殿的南面有横街，官道有柳荫小径，是京城人打马球的场所。往西去是琼林苑的西门，有水虎翼巷。横道的南边有梧桐官道，两旁也有小巧的园圃、楼台。往南过了一座精致的桥，水中心有大的四檐有尖角而上翘的亭子，方池被柳树围绕，称为“虾蟆亭”，也为酒家所有。

寻常驾未幸，习旱教[⑤]于苑大门。御马立于门上。门之两壁，皆高设彩棚，许士庶观赏，呈引百戏。御马上池，则张黄盖[⑥]，击鞭如仪。每遇大龙船出及御马上池，则游人增倍矣。

---

① 殿之南有横街：《学津》本作“殿之南，东有横御”。《秘册》本作“殿之南，南有横街”。

② 柳径：柳荫小径。

③ 古桐：邓注按：“古桐即梧桐，犹之有称胡桐者。古、胡皆方言。”

④ 撮焦亭子：应为“撮角亭子”，四檐有尖角而上翘的亭子。

⑤ 旱教：与“水教”相对，即在陆地上演习鬼神杂技。

⑥ 黄盖：皇帝的仪仗之一，俗称“黄罗伞”。

【译】平常皇上未来时，禁卫军的步军就在琼林苑大门口演习鬼神杂技。皇上到来时，御马立于琼林苑大门。大门两边围墙处，都架设起高高的彩棚，允许百姓前来观赏为皇上表演的百戏。皇上乘御马进入金明池，则张其黄罗伞盖，军士要击鞭，一切都要遵循礼制。每当遇到大龙船出来及皇上乘御马进入金明池时，游人都会成倍地增加。

## 驾登宝津楼诸军呈百戏

驾登宝津楼，诸军百戏呈于楼下。

【译】皇上登临宝津楼，各军在楼下呈献百戏。

先列鼓子十数辈，一人摇双鼓子①，近前进致语，多唱“青春三月蓦山溪②”也。唱讫，鼓笛举③，一红巾者弄大旗④，次狮豹入场，坐作⑤进退，奋迅举止毕。次一红巾者，手执两白旗子，跳跃旋风而舞，谓之“扑旗子”。及上竿、打筋斗之类讫，乐部举动，琴家弄令⑥，有花妆轻健军士百余，前列旗帜，各执雉尾、蛮牌、木刀，初成行列拜舞，互变开门、夺桥等阵，然后列成偃月阵⑦。乐部复动《蛮牌

① 双鼓子：指以竿、棒贯穿鼓腹，下有柄，也叫“路鼓”“路鼗（táo）”，犹今拨浪鼓，作为鼓队的引鼓、指挥鼓使用。

② 蓦（mò）山溪：登山过溪。蓦，越过也。

③ 鼓笛举：鼓笛一起演奏。

④ 弄大旗：舞大旗，耍大旗。

⑤ 坐作：坐与起，止与行。这里指表演动作。

⑥ 弄令：弹奏短小的曲子。

⑦ 偃月阵：半月样的队形。

令》，数内两人出阵对舞，如击刺之状，一人作奋击之势，一人作僵仆，出场凡五七对，或以枪对牌、剑对牌之类。

**【译】**最先列队出场的是十多名鼓手，其中一人摇动着双鼓子，上前说唱颂辞，大多所唱“青春三月蓦山溪”之曲。唱完后，鼓笛齐奏，一位头裹红巾的艺人舞弄着大旗登场，紧接着是舞狮子的登场，在进行了坐起行止、进退纵横及快速奔跑等动作之后就退场。又有一位头裹红巾的艺人手拿两面白旗子，跳跃着打着旋子，且像旋风一样舞动，称为“扑旗子”。等到爬竿、打筋斗之类表演结束，乐队开始奏乐，琴师弹奏短小的曲子，同时有一百多个身穿彩色服装、身体轻捷强健的军士，前面排列旗帜，其余的人各拿雉尾、蛮牌、木刀，开始排队进行跪拜舞蹈，接着交相变换开门、夺桥等阵，然后又排成偃月阵。乐队又奏起“蛮牌令”，阵中走出两人对舞，样子好像在互相刺杀，一人作奋起攻击之势，一人作被刺中僵卧倒地之状。大约有五七对军士出场进行这样的表演，或者是用长枪对盾牌，或者是用剑对盾牌。

忽作一声如霹雳，谓之“爆仗①”。则蛮牌者引退。烟火②大起，有假面③披发、口吐狼牙烟火如鬼神状者上场，着青贴金花短后之衣、贴金皂裤，跣足④，携大铜锣，随身步

① 爆仗：爆竹，今俗称“鞭炮”。古代以火药注入竹筒制成，后来以纸裹。

② 烟火：也叫“火树”，俗称“烟花”。

③ 假面：也叫“面具”“戏面”，仿照人物脸形绘制而成的纸壳。

④ 跣（xiǎn）足：光着脚。

舞而进退，谓之“抱锣”。绕场数遭，或就地放烟火之类。

【译】忽然发出一声霹雳巨响，这称为“爆仗”。响声一起，拿盾牌的军士迅速退场。随即烟花大起，有戴着假面具、披散头发、口吐狼牙烟火装扮成鬼神模样的人上场，身穿青色贴有金花的后幅较短的上衣、黑色贴金的裤子，赤着脚，拿着大铜锣，随着身形步伐舞动着并进退，称为“抱锣”。他们绕场数圈，有时也就地放一通烟火。

又一声爆仗，乐部动《拜新月慢曲》，有面涂青碌①、戴面具、金睛，饰以豹皮锦绣看带之类，谓之“硬鬼”。或执刀斧，或执杵棒②之类，作脚步蘸立③为驱捉视听之状。

【译】又一声爆仗响，乐队奏起《拜新月慢曲》，随即有面涂青绿色、戴着涂成金色眼睛的面具的人登场，装饰着用豹皮做的锦绣看带一类的物品，称为“硬鬼”。有的手拿刀斧、有的手拿棍棒一类的东西，以脚尖点地的站立姿式，做出驱赶、捉拿、查看、倾听的样子。

又爆仗一声，有假面长髯、展裹绿袍、靴、简④如钟馗⑤象者，傍一人以小锣相招和舞步，谓之“舞判”。继

---

① 青碌：颜料，即碌青、石碌。

② 杵棒：兵器。

③ 蘸立：以脚尖点地的站立姿式。

④ 简：木简、竹简，古时用以记事。这里指钟馗手里拿的笏之类的东西。

⑤ 钟馗：道教俗神，专司打鬼驱邪。中国民间常挂钟馗神像辟邪除灾，从古至今都流传着“钟馗捉鬼”的典故传说。

有二三瘦瘠，以粉涂身、金睛白面如髑髅[①]状，系锦绣围肚[②]、看带，手执软杖，各作魁谐趋跄[③]，举止若排戏，谓之"哑杂剧"。

【译】又是一声爆仗响，有戴着假面具、长胡子、身穿绿色官服、脚蹬靴子、拿着简扮成钟馗模样的人登场。旁边有一人敲着小锣相呼应以配合他的舞蹈，称为"舞判"。接着有两三个身材瘦小的人登场，他们身上涂着粉、金色的眼睛、白色的面孔、模样就像髑髅一般样，都系着锦绣围肚、看带，手拿软棒，各自做出滑稽可笑的舞步动作，举止就像在演排戏，称为"哑杂剧"。

又爆仗响，有烟火就涌出，人面不相睹。烟中有七人，皆披发文身[④]，着青纱短后之衣，锦绣围肚、看带。内一人金花小帽、执白旗，余皆头巾[⑤]、执真刀互相格斗、击刺，作破面剖心之势，谓之"七圣刀[⑥]"。

【译】又是一声爆仗响，有烟火就地涌出，人们即使离得很近也看不清彼此。烟中有七个人，都披散着头发、身

---

① 髑（dú）髅（lóu）：死人的头盖骨。金睛白面指脸谱。

② 围肚：包裹腰肚的服饰，又叫"袍肚""抱肚"。

③ 魁谐趋跄：滑稽可笑的舞步动作。魁谐，滑稽可笑的举止。邓注按："魁，疑当作诙。"趋跄，有节奏的步履。这里指舞步。

④ 文身：在身体上用针刺成图案或花纹，然后用颜料涂抹，由针孔渍入皮肤，永不脱落。是远古风俗。这里所指可能是用颜料在皮肤上图画。

⑤ 头巾：束发的幅巾。

⑥ 七圣刀：由杂剧艺人张七圣创作，故名。

上刺着文身，身穿青纱后幅较短的上衣，腰系锦绣围肚、看带。其中一人头戴金花小帽、手拿白旗，其他六人都裹着幅巾、手执真刀、互相格斗击刺，做出破面、剖心的架势，这称为“七圣刀”。

忽有爆仗响，又复烟火，出散处以青幕围绕，列数十辈，皆假面异服、如祠庙中神鬼塑像，谓之“歇帐”。

**【译】**忽然又是一声爆仗响，又见烟火涌出，烟火散处有青色的青幕围绕，周围站着数十人，全都戴着假面具、身穿异服、就像祠庙中的神鬼塑像，称为“歇帐”。

又爆仗响，卷退。次有一击小铜锣，引百余人，或巾裹[①]，或双髻，各着杂色半臂[②]、围肚、看带，以黄白粉涂其面，谓之“抹跄”。各执木棹刀[③]一口，成行列，击锣者指呼，各拜舞起居[④]毕，唱喊变阵子数次，成一字阵，两两出阵格斗，作夺刀、击刺之志百端讫。一人弃刀在地，就地掷身，背着地有声，谓之“板落”。如是数十对讫。复有一装田舍儿[⑤]者入场，念诵言语讫，有一装村妇者入场，与村夫

① 巾裹：软帽，因式样不同，有多种多样。

② 半臂：短袖衣，也叫“搭护”。

③ 木棹刀：邓注按：“棹应作掉。”今按：邓注或误。

④ 拜舞起居：扣头作揖、致辞问候的礼仪。

⑤ 田舍儿：农夫，村夫。

相值[①]，各持棒杖，互相击触，如相殴[②]态。其村夫者以杖背村妇出场毕。后部乐作[③]，诸军缴队[④]杂剧一段，继而露台弟子杂剧一段。是时，弟子萧住儿、丁都赛[⑤]、薛子大、薛子小、杨总惜、崔上寿之辈，后来者不足数。

【译】又是一声爆仗响，卷起帷幕后撤下。接着有一人敲打着小铜锣，引领着百余人登场，有的戴着软帽，有的梳着双髻，各自穿着杂色的短袖衣，系着围肚、看带，用黄、白粉涂在脸上，称为“抹跄”。这些人各自拿着一口木棹刀，排成行列，敲锣者呼喊着指挥这些人扣头作揖，向皇上请安后，他们又随着敲锣人的喊声变换数次阵形，然后列成一字阵形，两两出阵格斗，做出夺刀、击刺等各种动作。之后，见一人把刀丢在地上，身体就地摔倒，后背着地发出沉重的声响，称为“板落”。像这样数十对表演完毕，又有一个装扮成农夫的人登场，念诵祝颂之词后，又有一个装扮成村妇的人登场，与农夫扮演成夫妇，各自拿着棍棒，互相击打攻击，装成打架的样子。最后扮成农夫的人用木棒背着村妇出场即表演完毕。乐部奏乐，各军联袂演出一段杂剧，接

---

① 相值：扮演成夫妇。值，配偶、伴侣。

② 相殴：相互驱逐、殴打。

③ 后部：乐部，又称“后行”。在舞队后面担任伴奏的乐队。

④ 缴队：变换队形地表演节目。

⑤ 丁都赛：宋徽宗时东京著名的杂剧女演员。河南郾师酒流沟水库曾出土有她的雕像砖。

着是露台弟子演出一段杂剧。这时有知名艺人萧住儿、丁都赛、薛子大、薛子小、杨总惜、崔上寿等人，往下的艺人就不一一详述了。

合曲舞旋讫，诸班直常入祗候子弟所呈马骑。先一人空手出马，谓之“引马”。次一人磨旗①出马，谓之“开道旗”。次有马上抱红绣之球，系一红绵索②，掷下于地上，数骑追逐射之，左曰“仰手射”，右曰“合手射”，谓之“拖绣球”。又以柳枝插于地，数骑以铲子箭③，或弓或弩射之，谓之“猎柳枝④”。又有以十余小旗遍装轮上而背之出马，谓之“旋风旗”。又有执旗挺立鞍上，谓之“立马”。或以身下马，以手攀鞍而复上，谓之“骗马⑤”。或用手握定镫袴，以身从后鞦⑥来往，谓之“跳马”。忽以身离鞍，屈右脚挂马鬃，左脚在镫，左手把鬃，谓之“献鞍”，又曰“弃鬃背坐”。或以两手握镫袴，以肩着鞍桥，双脚直上，谓之“倒立”。忽掷脚着地，倒拖顺马而走，复跳上马，谓之“拖马”。或留左脚着镫，右脚出镫离鞍，

① 磨旗：舞旗。磨，方言，舞弄的意思。

② 红绵索：红绵绳。

③ 铲子箭：箭头如铲形，故名，比普通箭头宽一寸多。

④ 猎（zhà）柳枝：又叫“藉柳”，古代年终的一种祭祀活动。

⑤ 骗马：脚不着马镫，以身跃而上马。

⑥ 后鞦：拉车时套在驾辕牲畜屁股后边的皮带。这里指套在马尾根部连接鞍桥的皮带。

横身在鞍一边，右手捉鞍，左手把鬃存身[1]，直一脚顺马而走，谓之“飞仙膊马”。又存身拳曲在鞍一边，谓之“镫里藏身”。或右臂挟鞍，足着地顺马而走，谓之“赶马”。或出一镫，坠身着鞦，以手向下绰地，谓之“绰尘”。或放令马先走，以身追及，握马尾而上，谓之“豹子马”。或横身鞍上，或轮弄利刃，或重物、大刀、双刀百端讫。有黄衣老兵，谓之“黄院子”，数辈执小绣龙旗前导；宫监[2]马骑百余，谓之“妙法院”。女童皆妙龄翘楚[3]，结束如男子，短顶头巾，各着杂色锦绣撚金丝番段[4]窄袍，红绿吊敦束带，莫非玉羁金勒[5]，宝镫花鞯[6]，艳色耀日，香风袭人。驰骤至楼前，团转数遭，轻帘鼓声，马上亦有呈骁艺[7]者。中贵人许畋押队[8]，招呼成列。鼓声，一齐掷身下马，一手执弓箭、揽缰子[9]，就地如男子仪拜舞、山呼讫；复听鼓声，骗



---

① 右手捉鞍，左手把鬃存身：《秘册》《学津》本作“左手捉鞍，右手把鬃存身”。

② 宫监：太监、宫禁等。这里指宫女。

③ 翘楚：本指杰出人才。这里作貌美出众讲。

④ 番段：外国或外族的绸缎。

⑤ 玉羁金勒：用金玉作装饰物的马络头，俗称“马笼头”。无有嚼口的马笼头叫“羁”，有嚼口的叫“勒”。

⑥ 宝镫花鞯（jiān）：珍贵的马镫，美丽的马鞍垫子。鞯，马鞍下面的垫子。

⑦ 骁艺：意为高超的骑术。

⑧ 押队：领队。

⑨ 揽缰子：握住缰绳，揽住马。

马而上。大抵禁庭[1]如男子装者，便随男子礼起居。复驰骤团旋、分合阵子讫，分两阵，两两出阵。左右使马，直背射弓，使番枪[2]或草棒交马野战。呈骁骑讫，引退。

**【译】**随着乐曲舞蹈结束后，各当值禁卫常入祇候的子弟开始表演马术。先是一人空手骑马而出，称为“引马”。接着又一人舞弄着旗帜骑马出场，称为“开道旗”。接着还有人骑着马，怀抱一个红绣球，球上系着一根红色锦绳，将球抛到地上拖着前行，后面有多名骑手追逐着用箭射，用左手射箭的称“仰手射”，用右手射箭的称“合手射”，这称为“拖绣球”。又将柳枝插在地上，几名骑手将铲子箭，或者用弓，或用弩去射柳枝，称为“褙柳枝”。又有的人用十余面小旗，均插在风轮上并背着风轮出马，称为“旋风旗”。又有人手拿旗帜挺立在马鞍上，称为“立马”。有的人飞身下马，用手攀着马鞍重新上马，称为“骗马”。也有的人用手握住镫圈，将身体从马尾根部的连接鞍桥的皮带处上下，称为“跳马”。忽然间使身体离开马鞍，屈起右脚挂在马鬃处，左脚仍在马镫里，左手抓住马鬃，称为“献鞍”，又称为“弃鬃背坐”。有的人用两手握着镫裤，用肩贴着马鞍桥，双脚朝上伸直，称为“倒立”。忽然间伸脚着地，人被倒拖着随马而走，复又跳上马背，称为“拖马”。

① 禁庭：指皇宫。

② 番枪：对特殊式样的枪的称谓。

有的人留左脚踩着马镫，右脚从马镫取出且身体离开马鞍，把身体横在马鞍的一侧，右手抓住马鞍，左手抓住马鬃稳住身体，伸直一条腿，随马而走，称为“飞仙膊马”。又有的人将身子蜷曲在马鞍的一侧，称为“镫里藏身”。有人用右臂挟住马鞍，脚着地随马而走，称为“赶马”。有的人一脚离开镫，坠下身子靠着马尾根部的连接鞍桥的皮带，用手向下触地，称为“绰尘”。有的人放开马让马先跑，自己在后追上，握住马尾纵身上马，称为“豹子马”。有的人把身子横在马鞍上，或轮番耍弄利刃，或耍弄重物、大刀、双刀等各种各样的表演。表演结束后，有多名身穿黄衣的老兵，称为“黄院子”，手拿绣有龙形的旗子在前面引导。由百余名宫女组成的骑兵，称为“妙法院”。这些女童全都是貌美出众的妙龄女子，一身男人的打扮，头裹短顶头巾，身着杂色锦绣镶嵌金丝的番缎窄袍，腰束红绿颜色的吊敦束带，无不配有金玉的马笼头、金制的马嚼，珍贵的马镫、美丽的马鞍垫子，美艳之色光耀白日，香风袭来使人心醉。宫女们驰骋到宝津楼前，绕场数圈，随着乐队的鼓声，在马上表演高超的骑术。宦官许畋任领队，指挥宫女排成队列。鼓声响起，一齐翻身下马，一手拿着弓箭，一手揽着马缰绳，各在原地像男人一样行礼，向皇上跪拜、山呼万岁。礼毕，又听鼓声响起，宫女们便跨上马。大概皇宫中的宫女身着男装时，就随男人礼仪来行礼。宫女们重又绕场驰骋，分、合阵形表演结束后，分为两个阵营，两两出阵。左右催动战马，在马上挺直脊背射箭，挥动特殊式样的枪或草棒骑在马上交锋。骁勇的骑术表演之后，宫女们退场。

又作乐，先设彩结小球门于殿前，有花装男子百余人，皆裹角子向后拳曲[①]花幞头，半着红半着青锦袄子、义襕[②]、束带、丝鞋，各跨雕鞍花鞴[③]驴子。分为两队，各有朋头[④]一名，各执彩画球杖，谓之“小打”。一朋头用杖击弄球子如缀[⑤]，球子方坠地，两朋争占，供于朋头。左朋击球子过门入孟[⑥]为胜；右朋向前争占，不令入孟，互相追逐，得筹[⑦]谢恩而退。续有黄院子引出宫监百余，亦如“小打”者，但加之珠翠装饰，玉带红靴，各跨小马，谓之“大打”。人人乘骑精熟，驰骤如神，雅态轻盈，妍姿绰约[⑧]，人间但见其图画矣。呈讫。

【译】乐队再次奏乐，之前就在楼前设置的用彩缎扎成的小球门，然后有百余名身穿彩色服装的男子，均裹着角子向后弯曲的花幞头，一半人穿红色、一半人穿青色的锦袄

① 拳曲：弯曲。

② 义襕：褃（bǎi）衿（jìn），上衣下面附加横襕的服饰。

③ 雕鞍花鞴（chán）：雕画的马鞍，美丽的鞍垫。鞴，比较短的马鞍垫子。

④ 朋头：头领，打球的主攻手。

⑤ 用杖击弄球子如缀：用球杖把球打在空中，不使落地。缀，吊起来的俗语。

⑥ 入孟：打球的专用术语，本称“孟入”，即把球打入窠球网里。

⑦ 筹：计算胜负的筹码。

⑧ 妍姿绰约：妍丽柔美的姿容。妍姿，《秘册》《学津》本作“妖姿”。

子，着裙衿、束带，脚穿丝鞋，各自骑着配有雕画的马鞍、美丽的鞍垫的驴子。分为两队，各有一名头领，各自拿着画有彩色图案的球杖，称为“小打”。一方的头领用球杖把球打在空中，不使球落地。球一旦落地，两队就开始竞相争抢，抢到者又传给队长。左边一队把球打入窠球网里为胜，右边一队则向前争抢，不让对方将球打入窠球网里。这样两队人互相追逐，得胜一方领取奖赏谢恩后退场。接着，有黄院子引出百余名宫女，也像“小打”一样，只是宫女都用珍珠翠玉装饰，腰束玉带，脚穿红靴，各自骑着小马，称为“大打”。宫女人人骑技精熟，驰骋如神，仪态优雅轻盈，姿容妍丽柔美，人世间也只能从图画中才能看见这样优美的情景。到这里，全部的表演就结束了。

## 驾幸射殿射弓

驾诣射殿射弓，垛子前列招箭班二十余人，皆长脚幞头、紫绣抹额[①]、紫宽衫、黄义襕，雁翅排立[②]。御箭去则齐声招舞，合而复开，箭中的矣。又一人口衔一银碗，两肩两手共五只，箭来皆能承之[③]。射毕，驾归宴殿。

【译】皇上前往射殿射箭，射殿垛子前站立着二十多名招箭班军士，均戴长脚幞头、头束紫色刺绣抹头、穿紫色宽

① 抹额：也叫“帕首”“抹头”，束在额头上的布巾。

② 雁翅排立：如雁张翅般排开。

③ 箭来皆能承之：《秘册》《学津》本作“箭来则能承之”。

衫、黄色裙衿，像雁张翅般排开。皇上的箭一射出，军士们便齐声飘舞，他们聚合后又分开，此时箭已射中靶子。又有一人口中衔着一只银碗，两肩、两手上共有五只银碗，箭射过来他都能用碗接住。射箭完毕，皇上回宴殿休息。

## 池苑内纵人关扑游戏

池苑内，除酒家、艺人占外，多以彩幕缴结[①]，铺设珍玉、奇玩、匹帛、动使、茶酒器物关扑。有以一笏扑三十笏[②]者，以至车马、地宅、歌姬、舞女，皆约以价而扑之。出九和合[③]有名者任大头、快活三之类，余以不数。

【译】金明池、琼林苑内，除酒家和艺人占用的房舍、场地外，大多用彩色幕帐交错连接，在此铺设各类珍玉、奇异古玩、丝织品、日常用具、茶酒器物等进行关扑买卖。偶尔还有以一笏扑三十笏的人用各种物品直至车马、地宅、歌姬、舞女，都可以定好价格而用于关扑。提供赌具、聚众赌博有名的是任大头、快活三等，其他的就不一一详述了。

池苑所进奉鱼、藕、果实，宣赐有差。后苑作进小龙船，雕牙缕翠，极尽精巧。

【译】池苑所进献的鱼、藕及各类果实，皇上赏赐臣子也有差别。后苑造作、进献的小龙船，用雕琢的象牙、镂刻的翠玉作为装饰，非常精巧。

---

① 缴结：缠绕结扎，这里指交错连接。缴，缠绕。

② 一笏扑三十笏：一次关扑的赔率可以高达“以一笏扑三十笏者”，即一赔三十。

③ 出九和合：关扑术语。指提供赌具、聚众赌博。

随驾艺人池上作场者，宣政间[①]：张艺多、浑身眼、宋寿香、尹士安小乐器、李外宁水傀儡，其余莫知其数。

【译】随驾在金明池内进行表演的艺人，宣和、政和年间有张艺多、浑身眼、宋寿香、善于演奏小乐器的尹士安、擅长表演水傀儡的李外宁，其余的不知有多少。

池上饮食：水饭、凉水绿豆、螺蛳肉[②]、饶梅花酒、楂片、杏片、梅子[③]、香药脆梅[④]、旋切鱼脍、青鱼[⑤]、盐鸭卵、杂和辣菜之类。

【译】金明池附近售卖的饮食有水饭、凉水绿豆、螺蛳肉、饶梅花酒、山楂片、杏片、梅子、香药脆梅、细切的鱼丝、青鱼、盐鸭蛋、杂和辣菜等。

池上水教罢，贵家以双缆[⑥]黑漆平船、紫帷帐，设列家乐游池。宣政间亦有假赁大小船子，许士庶游赏，其价



---

① 宣政间：政和至宣和年间（公元 1111—1125 年），二者均为宋徽宗的年号；政和在前，宣和在后，中间还有重和。“宣政间”，是从后向前数的方法。

② 螺蛳肉：田螺肉的俗称。

③ 梅子：梅的果实，也叫“梅实”，属蔷薇科落叶乔木。依采收的时间果色可分为白梅（青白色）、青梅（绿色）、花梅（带红色的）等类型。

④ 香药脆梅：《广群芳谱》卷五十四引《北户录》：“岭南之梅小于江左，居人采之，杂以木槿花和盐曝干。梅与槿花所染，其色可爱。又有选大梅刻镂瓶罐结带之类，取淖汁渍之，亦甚干脆。”

⑤ 青鱼：也叫“黑鲩”“螺蛳青”“乌青”，鱼纲鲤科，体偏圆筒形，多栖息于水的中下层，以螺蛳、蚌、蛤等软体动物为食，肉鲜美。

⑥ 缆：系船的绳。

有差[1]。

【译】金明池上水军操练结束后，富贵人家用双缆黑漆平底船、船上设紫色帷帐，带着家中的乐工歌伎来游金明池。宣和、政和年间也有供租赁的大小船只，允许百姓到金明池赏游，船的租价高低不一。

## 驾回仪卫

驾回则御裹小帽、簪花、乘马，前后从驾官僚、百司仪卫，悉赐花。大观[2]初，乘骢马[3]至太和宫前，忽宣小乌，其马至御前拒而不进，左右曰："此愿封官。"敕赐"龙骧将军"，然后就辔，盖[4]小乌平日御爱之马也。莫非[5]锦绣盈都，花光满目，御香拂路，广乐喧空，宝骑交驰，彩棚夹路，绮罗珠翠[6]，户户神仙，画阁红楼[7]，家家洞府。游人士庶，车马万数。

【译】皇上回宫时，要围裹着小帽、帽上插花、乘坐御马，前后随驾的臣子、百官及仪仗卫士，全都要赐花。大观初年，皇上乘青白色的马来到太和宫前，忽然宣召小黑马。

① 其价有差：其价格高低不等。

② 大观：宋徽宗的年号之一（公元 1107—1110 年）。

③ 骢马：青白色的马。

④ 盖：这里作连词，表示原因。

⑤ 莫非：表示疑惑不定的推测语气，相当于别不是。

⑥ 绮罗珠翠：泛指穿绫罗、佩珠玉的服饰。绮罗，亦作罗绮，泛指丝织物。

⑦ 画阁红楼：华丽的楼阁，一般指富贵人家妇女的居处。

小黑马来到皇上面前，却拒不向前，左右近臣说："这马是希望被封官。"于是皇上敕封小黑马为龙骧将军，然后就顺利地上马了，小黑马也是皇上平日里最喜欢的马。这期间，处处锦绣，充盈京城，花色色彩，耀人眼目，御香掠过道路，乐声响彻天空，车马交相往来，彩棚排满街道，人人穿绫罗、佩珠玉像神仙一样的生活，家家华丽的楼阁都像神仙的洞府一样。游人、百姓，车马往来，不计其数。



妓女旧日多乘驴，宣政间惟乘马，披凉衫①，将盖头背系冠子上。少年狎客②往往随后，亦跨马、轻衫小帽，有三五文身恶少年控马，谓之"花褪马"。用短缰促马头刺地而过，谓之"鞅缰"。呵喝驰骤，竞呈骏逸③。游人往往以竹竿挑挂终日关扑所得之物④而归。仍有贵家士女，小轿插花，不垂帘幕。自三月一日至四月八日闭池，虽风雨亦有游人，略无虚日⑤矣。

**【译】**妓女过去大都骑驴，宣和、政和年间只有骑马了，她们身披凉衫，将披巾背到身后并系在帽子上。那些少年嫖客往往跟随在后，也骑着马、身穿轻衫、头戴小帽。有

---

① 凉衫：乘马时披在公服外面的服饰，有白色、紫色、褐色之分。

② 狎（xiá）客：嫖客。

③ 骏逸：出众，不同凡俗。竞呈骏逸，是争相表现骑术高明的意思。

④ 关扑所得之物：关赌时赢得的东西。

⑤ 虽风雨亦有游人，略无虚日：《秘册》《学津》本作"虽大风雨亦有游人，路无虚日"。

三五个文身的浪荡少年骑着马，这称为“花褪马”。用短缰绳迫使马头擦地而行，称为“鞅缰”。这些人大声喝斥，往来疾驰，争相表现骑术的高明。游人中常常有人用竹竿挑挂着一整天关赢所得的东西，乘兴而归。还有那些富贵人家的妇女，乘坐着小轿，头上插着花，帘幕没有放下。自三月初一至四月初八金明池闭池为止，就是刮风下雨也有游人，几乎没有一天是空闲的。

是月季春①，万花烂熳②，牡丹、芍药、棣棠、木香③，种种上市。卖花者以马头竹篮铺排，歌叫之声，清奇可听④。晴帘静院，晓幕高楼，宿酒未醒⑤，好梦初觉，闻之莫不新愁易感，幽恨悬生。最一时之佳况。诸军出郊，合教阵队。

**【译】**农历的三月，万花烂漫，牡丹、芍药、棣棠、木香等各种各样的花纷纷上市。卖花的人将花用马头竹篮依次铺排开，叫卖声就像唱歌一样，清奇好听。宁静的庭院里，晴天仍挂着帘子。高耸的楼阁上，清晨还遮着帷

---

① 是月季春：指农历三月。是月，这个月。

② 烂熳：烂漫。

③ 木香：又叫“佛见笑”“荼蘼花”“百宜枝”等，属蔷薇科，落叶或半常绿蔓生小灌木，初夏开花，花单生，大型，大多为白色，单瓣，有香味，不结实。荼蘼花常常出现在我国古代诗歌中，是一种颇受诗人青睐的花，其中吟咏荼蘼花的诗句又以“开到荼蘼花事了”一句最为出名。

④ 可听：好听。

⑤ 宿酒未醒：酒醉过夜，还没有完全醒来。

幕。酒醉过夜的人，还没有完全醒来，好梦做得正香，闻听叫卖之声，无不感到又添新愁，心中的怨恨油然而生。此时此景是一时之佳境也。此时各军也出城来到郊外，相互配合演练战阵队形。

# 卷八

## 四月八日

四月八日佛生日[①]，十大禅院各有浴佛[②]斋会，煎香药糖水相遗，名“浴沸水”。迤逦时光昼永[③]，气序清和[④]。榴花院落，时闻求友之莺；细柳亭轩，乍见[⑤]引雏之燕。

【译】四月初八是佛祖释迦牟尼的生日，京城里的十大禅院各自都举行浴佛斋会，煎熬含香药的糖水赠予来参加浴佛斋会的人，这种水称为“浴佛水”。这时白天越来越长，气候时序、清明和暖。开满石榴花的院落里，不时听到求偶之莺的鸣叫；细柳袅娜的亭轩中，初见试飞的雏燕。

在京七十二户诸正店，初卖煮酒，市井一新[⑥]。唯州南清风楼最宜夏饮。初尝青杏，乍荐樱桃，时得佳宾，觥酬交作[⑦]。

【译】在京城的七十二户著名酒铺里，开始出售新酿的酒，市场上全部更新。只有城南的清风楼最适宜夏日畅饮。

① 佛生日：释迦牟尼的生日。

② 浴佛：用香水灌铜佛。

③ 迤逦时光昼永：白天越来越长。迤逦，连接不断。昼永，白天较长。

④ 气序清和：意为气候时序、清明和暖。

⑤ 乍见：初见。

⑥ 一新：全部更新。

⑦ 觥酬交作：互相饮酒答谢。“酬”原作“酧(chóu)”，《正字通》：“酧，俗酬字”，今改。

刚品尝了新鲜的青杏，又送来新采下的樱桃，偶尔遇到宾朋好友，互相饮酒答谢。

是月，茄瓠初出上市。东华门争先供进，一对可直三五十千者。时果则御桃[①]、李子、金杏[②]、林檎[③]之类。

【译】这个月，茄子、瓠子等时令蔬菜也开始上市。在东华门的集市上，菜农争先把新菜供应到宫里，一对茄子或瓠子可值三五十千钱。时令水果则有小李子、李子、金杏、沙果等。

## 端午[④]

端午节物：百索[⑤]、艾花[⑥]、银样鼓儿、花花巧画扇[⑦]、



① 御桃：小李子的别称，一名御李子、小金桃。

② 金杏：黄而圆的杏。相传出自济南郡分流山。

③ 林檎：花红，一名沙果。蔷薇科。

④ 端午：又叫“端五”，即旧历五月初五。

⑤ 百索：又叫“朱索”“五色索”“长命缕”。用彩色丝线捻成，又结为锁形，婴儿项臂系带。

⑥ 艾花：也叫“插艾花”。或以绢纸剪成艾，或以真艾，上面装以蜈蚣、蚰蜒、蛇蝎、草虫之类及天师形像，并造石榴、萱草、踯躅、假花等，端午京都女士插戴头上。

⑦ 银样鼓儿、花花巧画扇：端午节相互馈赠的小玩意儿。鼓皆小鼓，或悬于架，或置以座，或鼗鼓、雷鼓，形制不一。小扇子，皆黄赤白色，或绣或画，或镂金或合色，形制也不一样。

香糖果子[①]、粽子、水团[②]；紫苏、菖蒲、木瓜，并皆茸切，以香药相和，用梅红匣子盛裹。

【译】端午节应节的物品有：百索、艾花、银样鼓儿、精巧的小画扇、香糖果子、粽子、水团；紫苏、菖蒲、木瓜一并切成细碎的茸，用香药来拌和，再用梅红色的匣子来盛放。

自五月一日及端五前一日，卖桃、柳、葵花、佛道艾。次日家家铺陈于门首，与粽子、五色水团、茶酒供养；又钉艾人[③]于门上。士庶递相宴赏。

【译】从五月初一到端午节的前一天，街上一直有卖桃、柳、葵花、蒲叶、佛道艾等东西的。端午节当天，各家都将这些东西铺放在门口，与粽子、五色水团、茶酒等一起作为供品；又用艾草扎成草人钉在门上，百姓们相互设宴款待，共度节日。

---

① 香糖果子：《岁时广记》卷二十一："《岁时杂记》：都人以菖蒲、生姜、杏、梅、李、紫苏，皆切如丝，入盐曝干，谓之'百草头'。或以糖蜜渍之，纳梅皮中以为酿梅，皆端午果子也。"

② 水团：《岁时广记》卷二十一："《时广杂记》：端午作水团，又叫'白团'，或杂五色人兽花果之状，其精者名滴粉团，或加麝香。又有干团，不入水者。"《易牙遗意》卷下："水糰：澄细糯米粉带湿，以沙糖少许作馅，为弹子大，煮熟置冷水中。澄粉者，以绝好糯米淘净，浸半日，带水磨下，置袋中沥干。"

③ 艾人：端午采艾叶扎结成人形，悬门户上，以止毒气。

## 六月六日崔府君生日
## 二十四日神保观神生日

六月六日州北崔府君[①]生日，多有献参，无盛如此。二十四日州西灌口二郎[②]生日，最为繁盛。庙在万胜门外一里许，敕赐“神保观”。

【译】六月初六是崔府君（崔府庙在东京城北）的生日，很多人到庙里奉献供品，没有比这里更热闹的景象了。二十四日，是灌口二郎神（二郎神庙在东京城西）的生日，景象也最为热闹。二郎神庙在万胜门外约一里处，天子下诏书赐名为“神保观”。

二十三日，御前献送后苑作与书艺局等制造戏玩，如球杖、弹弓、弋射[③]之具；鞍辔、衔勒、樊笼[④]之类，悉皆精巧，作乐引至庙。于殿前舞台上设乐棚，教坊钧容直作乐，更互杂剧舞旋。太官局[⑤]供食，连夜二十四盏，各有节次。至二十日夜五更，争烧头炉香，有在庙止宿[⑥]，夜半起以争

---

① 崔府君：相传唐滏阳令崔子玉，死后负责阴曹地府之事，宋真宗赐封护国显应公。崔府庙在京城北。（宋真宗）景德元年重修，每岁春秋令开封府遣官致祭。

② 灌口二郎：指秦朝李冰父子，因治水有功于蜀人，宋神宗置庙于东京城西，赐封灵惠侯。江乡人亦祠之，号“灌口二郎”。

③ 弋射：指用带绳的箭来发射。

④ 樊笼：本指关鸟兽的笼子。这里指马具、腹带及笼头之类。

⑤ 太官局：宋代负责祭品的机构。

⑥ 止宿：停留住宿。

先[1]者。天晓，诸司及诸行百姓献送甚多。

**【译】**二十三日，皇宫为后苑的造作所和书艺局等处奉送制造的供游戏玩乐用的器物，如球杖、弹弓及各种射箭的用具，还有鞍子、嚼子、缰绳、马嚼口、马络头、马笼头等一类的马具，做工全都十分精巧，由乐队奏乐将这些物品送到庙里。在殿前搭建好露台并在上面设置乐棚，教坊和钧容直演奏音乐，并穿插演出杂剧、舞蹈。太官局提供食品，白天、夜里共有二十四盏吃食，各有次序。到了二十四日夜里的五更时分，人们都争相烧头炉香，有人甚至就在庙内停留住宿，半夜起来争着赶在前头。天亮时，各官署和各行业的百姓来奉送供品的人很多。

其社火[2]呈于露台之上，所献之物动以万数。自早呈拽百戏，如上竿、趯弄[3]、跳索、相扑、鼓板[4]、小唱、斗鸡、说诨话、杂扮、商谜、合笙、乔筋骨、乔相扑、浪子杂剧、叫果子、学像生[5]、倬刀[6]、装鬼、砑鼓[7]、牌棒、道术

① 争先：争着赶在前头。

② 社火：对民间歌舞百戏的总称。

③ 趯（tì）弄：踢弄。

④ 鼓板：对鼓、笛、拍板合奏的称谓。通常是对“唱赚”的伴奏。

⑤ 学像生：杂剧的一种表演形式，即以男扮女，表演女人的娇柔妩媚之态。像生，说唱女艺人。

⑥ 倬刀：邓注按：“倬刀应作掉刀。”

⑦ 砑鼓：一作“讶鼓”，又称“村里迓鼓”。讶鼓舞，即民间花鼓，舞者扮演各行各业的人物登场。

之类，色色有之，至暮呈拽不尽。殿前两幡竿，高数十丈，左则京城所、右则修内司搭材、分占。上竿呈艺解[①]，或竿尖立横木，列于其上，装神鬼、吐烟火，其危险骇人，至夕而罢。

**【译】**各种民间歌舞百戏表演都在露台上，所奉献的供品常常数以万计。从早上开始就表演百戏，如上竿、踢弄、跳绳、相扑、鼓板、小唱、斗鸡、说诨话、杂扮、商谜、合笙、乔筋骨、乔相扑、浪子杂剧、叫果子、学像生、掉刀、装鬼、研鼓、牌棒、道术之类，各种各样都有，一直表演到傍晚都不结束。殿前有两根旗杆，高达数十丈，左侧由京城所、右侧由修内司各出材料竖起，并分别由两所占有。有的艺人在这高竿上表演竿上的技巧，还有人在高竿顶置一横木，并站在横木上，装神弄鬼，口吐烟火，这种表演非常危险，也很吓人，表演到了晚上才结束。

## 是月[②]巷陌杂卖

是月时物，巷陌路口，桥门市井，皆卖大小米水饭、炙肉、干脯、莴苣、笋、芥辣瓜儿、义塘甜瓜[③]、卫州[④]白桃、

---

① 上竿呈艺解：表演竿上的技巧。解，杂技的套数、技巧，又叫“解数”。

② 是月：这里指六月。

③ 义塘甜瓜：义唐村（今河南睢县）出一种瓜，如拳头大，瓜内色如黛、味甘如蜜，别的瓜不及，年终进贡。在别处栽种，即变得稍大，味道也减了。

④ 卫州：今河南卫辉一带。

南京金桃[①]、水鹅梨、金杏、小瑶李子、红菱沙角儿[②]、药木瓜，水木瓜、冰雪凉水、荔枝膏。皆用青布伞、当街列床凳堆垛[③]。冰雪惟旧宋门外两家最盛，悉用银器。沙糖[④]绿豆、水晶皂儿、黄冷团子、鸡头穰、冰雪、细料馉饳儿、麻饮鸡皮、细索凉粉、素签、成串熟林檎、脂麻[⑤]团子、江豆砣儿、羊肉小馒头、龟儿沙馅之类。

**【译】**这个月的应时食品，无论是在街巷路口，还是桥头、城门、集市、店铺，都有售卖大小米水饭、烤肉、肉干、莴苣、竹笋、芥辣瓜儿、义塘甜瓜、卫州白桃、南京金桃、水鹅梨、金杏、小瑶李子、红绿的嫩菱角、药木瓜、水木瓜、冰雪凉水、荔枝膏的。售卖的人都撑着青布伞、在街上支起床凳来堆放食品。卖冰雪冷饮的只有旧宋门外两家生意最为火爆，都用银器盛装。此外还有砂糖绿豆、水晶皂儿、黄冷团子、鸡头穰、冰雪、细料馉饳儿、麻饮鸡皮、细索凉粉、素签、成串的熟林檎、芝麻团子、江豆砣儿、羊肉小馒头、龟儿沙馅一类的吃食。

都人最重三伏[⑥]，盖六月中别无时节。往往风亭水榭、

---

① 南京金桃：南京，今河南商丘。金桃，大如鹅卵，其色如金。

② 红菱沙角儿：红绿的嫩菱角。菱角煮过，用矾汤焯过，红绿如生。初生菱嫩的名沙角。

③ 堆垛：垒成堆。垛，垒。

④ 沙糖：甘蔗糖。

⑤ 脂麻：今芝麻。

⑥ 三伏：原作“二伏”，据《秘册》《学津》本改。

峻宇高楼，雪槛冰盘[①]，浮瓜沉李，流杯曲沼[②]，苞鲊新荷，远迩[③]笙歌[④]，通夕[⑤]而罢。

【译】京城里人最看重三伏，因为六月里没有其他的时令节日。人们往往在通风临水的亭榭、高峻巍峨的楼宇内，品尝着冰镇的瓜果，品尝着美酒佳肴，观赏着荷花美景，不论远近都能听到美妙的乐声、歌声，人们一整夜后才离去。

## 七夕[⑥]

七月七夕，潘楼街东宋门外瓦子、州西梁门外瓦子、北门外南朱雀门外街及马行街内，皆卖磨喝乐[⑦]。乃小塑、土偶耳，悉以彩装栏座，或用红纱碧笼，或饰以金珠牙翠，有一对直数千者。禁中及贵家与士庶为时物追陪[⑧]。又以黄腊铸为凫雁、鸳鸯、㶉鶒[⑨]、龟、鱼之类，彩画金缕，谓

① 雪槛冰盘：夏季将瓜果放在盘子里，用碎冰块围起来。槛，这里作围绕讲。

② 流杯曲沼：意为在环曲的流水旁宴饮，于水的上流放置酒杯，任其顺流而下，杯停在谁的面前，谁就取饮。也称“流觞曲水”“流杯曲水”。

③ 远迩：犹远近。

④ 笙歌：泛指奏乐唱歌。

⑤ 通夕：整夜。

⑥ 七夕：农历七月初七夜。民间传说牛郎织女是夜鹊桥相会。

⑦ 磨喝乐：摩喉罗。即木偶泥孩儿，端正细腻，小大不一， 价亦不廉。或加饰以男女衣服，有及于华侈者。南人目为巧儿。摩喉罗，佛教梵语，时分名，意为“须臾”。

⑧ 追陪：意为节日礼物之一。追，即“追节”。

⑨ 㶉（xī）鶒（chì）：水鸟名，形体大于鸳鸯而色多紫，成双成对地游于水中，故又叫“紫鸳鸯”。

之“水上浮”。又以小板上傅土，旋种粟[①]令生苗，置小茅屋、花木，作田舍家[②]小人物，皆村落之态，谓之“谷板”。又以瓜雕刻成花样，谓之“花瓜”。又以油面糖蜜造为笑靥儿[③]，谓之“果食”，花样奇巧百端，如捺香方胜[④]之类。若买一斤，数内有一对被介胄者如门神之像，盖自来风流、不知其从，谓之“果实将军”。又以录豆[⑤]、小豆、小麦于磁器内，以水浸之，生芽数寸，以红蓝彩缕束之，谓之“种生”，皆于街心彩幕帐设，出络货卖[⑥]。

【译】七月初七晚，潘楼街东宋门外瓦子、城西梁门外瓦子、北门外南朱雀门外街以及马行街内，全都是卖木偶泥孩儿的。木偶泥孩儿是一种泥塑的小塑像，全都用雕镂的木料加以彩绘装饰，并配上栏杆作底座。有的用红纱碧笼罩裹，有的用金银珍珠、象牙翠玉加以装饰，有的一对木偶泥孩儿价值数千钱。宫中和富贵人家以至普通百姓都准备应时物品作为节日礼物之一。又有用黄蜡浇铸成凫雁、鸳鸯、紫鸳鸯、龟、鱼等动物的形状，加以彩绘金饰，称为“水上浮”。又有在小木板上铺上一层泥土，现

① 旋种粟：现种粟。

② 田舍家：农家。

③ 笑靥儿：果食名。

④ 捺香方胜：指用香料调味，以模具扣成方胜形状的食品。方胜，形状是由两个斜方形一部分重叠相连而成，后也泛指这种形状。捺，扣压，向下按。

⑤ 录豆：绿豆。

⑥ 出络货卖：意为用彩绳束在一起售卖。

种上粟且长出幼苗，在木板上放置小茅屋和一些花木，再制作些农家小人儿，呈现出村落的景观，称为“谷板”。又有把瓜雕刻成各种花样，称为“花瓜”。又有用油、面、糖、蜜为原料制作笑靥儿，称为“果食”，花样新奇细巧且各种各样，例如用香料调味、以模具扣成方胜形状的食品。如果买一斤果食，其中一定会有一对身披铠甲戴头盔的小人儿，像门神的模样，因为其神态、形状逼真且不知是何人，称为“果食将军”。又有用绿豆、小豆、小麦放在瓷器内，用水浸泡，待其长出几寸长的嫩芽，再用红、蓝彩色丝线扎起来，称为“种生”。这些都在街心的彩色幕帐中用彩绳束在一起售卖。

七夕前三五日，车马盈市，罗绮满街。旋折未开荷花，都人善假做双头莲，取玩一时，提携而归，路人往往嗟爱[①]。又小儿须买新荷叶执之，盖效颦磨喝乐[②]。儿童辈特地新妆，竞夸鲜丽。至初六日七日晚，贵家多结彩楼于庭，谓之“乞巧楼[③]”。铺陈磨喝乐、花果、酒炙、笔砚、针线，或儿童裁诗[④]、女郎呈巧，焚香列拜，谓之“乞巧”。妇女望月穿针，或以小蜘蛛安合子内，次日看之，若网圆

---

① 嗟爱：赞叹，喜爱。

② 效颦（pín）磨喝乐：效学磨喝乐的样子。

③ 乞巧楼：玩赏物。以竹或木或麻秸编成棚，剪五色彩为层楼。又为仙楼，刻牛女像及仙从等于上以乞巧。或只以木剪纸为仙桥，桥上为牛女，仙从列两傍。

④ 裁诗：作诗。

正[1]，谓之“得巧”。里巷与妓馆，往往列于门首，争以侈靡相尚[2]。

【译】七夕前的三五天，京城里车马不绝，身穿罗绮的人充满街市。刚折下来尚未开放的荷花，京城人善于把它做成假的双头莲，赏玩一阵，再带回家去，路人见了，往往赞叹表示喜爱。又有小孩子都想买一片新荷叶拿在手里，以模仿木偶泥孩儿的滑稽样子。孩子们特地换上新衣裳，竞相炫耀自己衣服的鲜艳亮丽。到了初六、初七的夜晚，富贵人家大多在庭院中扎起彩楼，称为“乞巧楼”。在楼上陈列着木偶泥孩儿、花果、酒菜、笔砚、针线等物，还有儿童作诗、少女呈献精巧的物件，点燃香火依次叩拜，称为“乞巧”。妇女们也都对着月亮穿针引线，还有的人将小蜘蛛装在盒子里，第二天打开来看，如果蜘蛛网结得均匀、不偏斜，这称为“得巧”。街市里巷的人家与妓院，往往将各种物件陈列在门口，互相争比奢华。

## 中元节[3]

七月十五日中元节。先数日市井卖冥器[4]：靴鞋、幞头、帽子、金犀假带、五彩衣服，以纸糊架子盘游出卖[5]。

---

① 圆正：均匀、不偏斜。

② 相尚：互相超过。

③ 中元节：道教的节日。每年农历七月十五。作斋醮之会以积善求福。

④ 冥器：殉葬的器物，也叫“明器”。这里指给死者焚烧的纸做的器物。

⑤ 盘游出卖：来回搬动地售卖。盘，搬也。

潘楼并州东西瓦子亦如七夕，要闹处亦卖果食、种生、花果之类，及印卖《尊胜目连经》。又以竹竿斫成三脚，高三五尺，上织灯窝之状，谓之“盂兰盆①”，挂搭衣服、冥钱在上焚之。

【译】七月十五是中元节。节前的好几天，集市上就有了售卖冥器的：靴鞋、幞头、帽子、金犀假带、五彩衣服等物品，也有人用纸糊的架子来回搬动地售卖。潘楼及城东、城西的瓦子，也和七夕时一样，热闹的地方也有卖果食、种生、花果之类的吃食，以及印刷、出售《尊胜目连经》。又有的将竹竿砍成三截，高三五尺，上端编成灯窝的形状，称为“盂兰盆”，将衣服、冥钱挂搭在上面焚烧。

构肆乐人，自过七夕便般《目连救母》杂剧，直至十五日止，观者增倍。

中元前一日即卖楝叶②，享祀时铺衬桌面。又卖麻谷窠儿，亦是系在桌子脚上，乃告祖先秋成之意。又卖鸡冠花，谓之“洗手花”。

【译】勾栏瓦肆中的艺人，自过了七夕就开始上演《目连救母》杂剧，直到七月十五才停止，观看的人成倍增加。

中元节前一日，城中即有卖楝叶的，祭祀时楝叶是用来铺衬桌面。又有卖用麻和谷草编织的窠儿，也是祭祀时用来

---

① 盂兰盆：指农历七月十五用于超度亡人的供器。

② 楝叶：楝树的叶子。

系桌子腿儿的，就是向祖先报告秋天的好收成的意思。又有卖鸡冠花的，称为“洗手花”。

十五日供养祖先素食，才明即卖穄米饭[①]，巡门叫卖[②]，亦告成意也。又卖转明菜、花花油饼、馂豏、沙豏[③]之类。城外有新坟者，即往拜扫。禁中亦出车马诣道者院谒坟。本院官给祠部十道[④]，设大会，焚钱山，祭军阵亡殁，设孤魂之道场[⑤]。

**【译】**（七月）十五这天要向祖先供奉素食斋饭，天刚刚亮就有卖穄米饭的，挨门挨户地叫卖，也是向祖先报告秋天好收成的意思。还有卖转明菜、花花油饼、酸馅、豆沙馅等的食品。在城外有新坟的人家，要前去祭拜扫墓。宫中也派出车马前往道者院拜谒坟墓。道者院由官府发给祠部度牒十道，举行盛大集会，焚烧堆成山的纸钱，祭奠战争中阵亡的将士，并设置超度孤魂的道场。

---

① 穄（jì）米饭：用黄米制成的饭，又称“鸟儿饭”。以供佛祭亲。穄米饭，原作“擦（jì）米饭”。据《秘册》《学津》《岁时广记·告秋成》引文改。

② 巡门叫卖：挨门挨户地叫卖。

③ 馂（jùn）豏、沙豏：带馅的食品。豏，即馦（xiàn），今作馅。馂豏，酸馅。《归田录》：“京师卖酸馦（馅）者，俚俗误书为馂馅。”沙豏，除去豆皮的豆馅，即今豆沙馅、澄沙馅。

④ 祠部十道：邓注按：“祠部十道，当时习语。应作祠部度牒十道。”祠部，主管祭祀的机构。负责祠祀、国忌、庙讳、医药、道佛、祠庙之事。度牒，僧道出家时，由官府发给的凭证。

⑤ 设孤魂之道场：《秘册》《学津》作“设孤魂道场”，无“之”字。

## 立秋

立秋日，满街卖楸叶[①]，妇女儿童辈皆剪成花样戴之。

是月[②]瓜、果、梨、枣方盛，京师枣有数品：灵枣[③]、牙枣[④]、青州[⑤]枣、亳州枣[⑥]。

【译】立秋这天，满街都是卖楸叶的，妇女、儿童们都将买来的楸叶剪成各式的花样戴在头上。

七月是瓜、果、梨、枣成熟的旺季，京城里枣品种很多，有灵枣、牙枣、青州枣、亳州枣。

鸡头[⑦]上市，则梁门里李和[⑧]家最盛。中贵戚里，取索供卖。内中泛索[⑨]，金合络绎[⑩]。士庶买之，一裹[⑪]十文，用小荷叶包，糁以麝香，红小索儿[⑫]系之。卖者虽多，不及李和



① 楸叶：紫葳科，观赏植物楸树的叶子。

② 是月：这里指七月。

③ 灵枣：一作菱枣，即水菱枣。

④ 牙枣：也叫“狗牙枣”。早熟，甘美，微酸而尖长，不堪收曝。

⑤ 青州：今山东青州，产好枣。

⑥ 亳州枣：也叫“御枣”。亳州，今安徽亳州。

⑦ 鸡头：鸡头米，即芡实。这里似指芡实糕。

⑧ 李和：宋代开封李和炒栗，名重一时。

⑨ 泛索：古代宫中供帝王所用的点心。

⑩ 络绎：丝绳绑扎。绎，抽丝、丝线。

⑪ 一裹：一包。

⑫ 红小索儿：红色的小绳子。

一色[1]拣银皮子嫩者货之[2]。

【译】芡实上市后，就要算梁门里的李和家生意最火爆。有权势的宦官和皇亲国戚来购买，李和店要先把货供给他们。皇上所用的点心，要用金盒盛装、丝绳绑扎。百姓买芡实，十文钱一包，用小片的新荷叶包着，并掺入一些麝香，用红色小绳系着。售卖芡实的店铺虽然很多，都不如李和店里精选出来的清一色银色皮子的鲜嫩芡实卖得好。

## 秋社[3]

八月秋社，各以社糕、社酒[4]相赍送[5]。

贵戚[6]宫院以猪羊肉、腰子、妳房、肚肺、鸭饼、瓜姜之属，切作棋子片样，滋味调和，铺于饭上，谓之“社饭”，请客供养。

【译】八月秋社，人们各用社糕、社酒相互赠送。

皇亲国戚的宅院用猪羊肉、腰子、奶房、肚肺、鸭饼、瓜姜之类为原料，切成棋子、片状，加以作料调和味道，盖在饭上，称为“社饭”，用来宴客或作为祭祀的供品。

---

① 一色：全部一样、一种。

② 嫩者货之：原作“嫩者货之”。邓注按：“嫩（nèn），应作嫩。”今改。

③ 秋社：立秋后祭社神的日子。古代一年有春秋二社，祭祀以祝丰收。一般秋社在立秋后第五个戊日，春社在立春后第五个戊日，通常称“社日”。

④ 社糕、社酒：社祭的糕饼和酒。据说饮社酒能治耳聋。

⑤ 赍（jī）送：馈赠。

⑥ 贵戚：帝王本姓的亲族。

人家妇女皆归外家[①]，晚归即外公姨舅皆以新葫芦儿、枣儿为遗[②]，俗云：宜良外甥。

市学先生预敛诸生钱作社会[③]，以致雇倩[④]祗应、白席、歌唱之人。归时各携花篮、果实、食物、社糕而散。春社、重午、重九亦是如此[⑤]。

【译】大多数人家的妇女都会回娘家，晚上回来时，即由外公、姨母、舅父用新上市的葫芦儿、枣儿作为礼物相赠，习俗是：这样会给外甥带来好运。

私塾教师预先收学生的钱作社日的集会，用这些钱来雇请祗应、白席以及歌唱的艺人。社会散时都各自携带着花篮、果实、食物、社糕而归。春社日、重午节、重阳节也都是这样。

## 中秋

中秋节前，诸店皆卖新酒，重新结络门面彩楼，花头画竿，醉仙锦旆[⑥]。市人争饮，至午未间[⑦]，家家无酒，拽

---

① 外家：出嫁妇女的娘家。

② 遗：馈赠。

③ 市学先生预敛诸生钱作社会：私塾教师预先收学生的钱作社日的集会。市学，街市、村镇上的私人学校，又叫“私塾”，这里指街市上的学校。预敛，意为预先收受、聚集。社会，这里指社日的集会，赛会的活动。

④ 雇倩：雇请。

⑤ 亦是如此：《秘册》本作“亦如此”。

⑥ 锦旆（pèi）：锦旗。这里指酒旗。旆，旗帜的总称。

⑦ 午未间：古时用天干地支记时法，即今11—15点之间。

下望子[①]。

【译】中秋节前，城中各家酒店都卖新酿的酒，并重新结扎门前的彩楼，门前的顶端装饰彩绘的旗杆，上面挂着画有醉仙的锦旗。京城人争先到酒店来饮酒，一直到中午十一点到十五点，喝得每家酒店都没有酒了，酒店才取下酒旗关门歇业。

是时螯蟹新出，石榴、榅勃[②]、梨、枣、栗、孛萄[③]、弄色枨桔[④]，皆新上市。

【译】这个时候正是螃蟹新上市，石榴、榅桲、梨、枣、栗、葡萄和颜色鲜艳的橙橘等，也都刚刚上市。

中秋夜，贵家结饰台榭，民间争占酒楼玩月。丝篁鼎沸[⑤]，近内庭居民[⑥]，夜深遥闻笙竽之声，宛若云外。闾里[⑦]儿童，连宵嬉戏[⑧]。夜市骈阗[⑨]，至于通晓。

---

① 望子：酒旗。

② 榅勃：榅桲。

③ 孛萄：葡萄。

④ 弄色枨桔：颜色鲜艳的橙橘。弄色，人工做出色彩。宋代果品弄色有两种方法：一是用铜绿水浸泡，其色泽能长时间保持新鲜；二是在果子即将成熟时，用剪纸粘其上，夜露日烘，渐变红色，其文如生。

⑤ 丝篁（huáng）鼎沸：意为喧闹的乐声。丝篁，犹言丝竹，即弦乐器和管乐器。篁，泛指竹子。

⑥ 近内庭居民：靠近皇宫的居民。

⑦ 闾里：泛指民间。这里指街巷。

⑧ 连宵嬉戏：通宵玩耍。

⑨ 骈（pián）阗（tián）：聚集一起。

【译】中秋之夜，富贵人家聚集在装饰过的亭台水榭，城中百姓也争着到酒楼占据有利位置来赏月。喧闹的乐声传得很远，靠近皇宫的居民，到夜深时还能听到笙竽之声，仿佛是从天上云间传来的仙乐。街巷的儿童，通宵嬉闹玩耍。夜市都聚集一起，一直持续到天亮。

## 重阳[①]

九月重阳，都下赏菊有数种：其黄白色蕊若莲房，曰“万龄菊”；粉红色曰“桃花菊”；白而檀心[②]曰“木香菊”；黄色而圆者，曰“金铃菊”；纯白而大者，曰“喜容菊[③]”。无处无之。酒家皆以菊花缚成洞户[④]。

【译】九月初九是重阳节，京城人观赏的菊花有很多种：那种黄白色而花蕊像莲房的菊花叫“万龄菊”；粉红色的菊花叫“桃花菊”；白色而浅红色花蕊的菊花叫“木香菊”；黄色而花呈圆形的菊花叫“金铃菊”；纯白色而花朵大的菊花叫“喜容菊”。这些菊花无处不有。酒家都用菊花扎缚成相通的门户。

都人多出郊外登高[⑤]，如仓王庙、四里桥、愁台、梁王

① 重阳：又叫重九，即九月初九。

② 檀心：浅红色的花蕊。

③ 喜容菊：菊花的一种，也简称“喜容”。

④ 洞户：相通的门户。形容宅第的深邃。

⑤ 登高：民俗农历九月初九登高以消灾。

城[1]、观台、毛驼冈[2]、独乐冈等处宴聚。

【译】京城人大多喜欢出城到郊外登高，如在仓王庙、四里桥、愁台、梁王城、砚台、毛驼冈、独乐冈等处设宴聚会。

前一二日，各以粉面蒸糕遗送，上插剪彩小旗，掺饤果实[3]，如石榴子、栗子黄[4]、银杏、松子肉[5]之类。又以粉作狮子蛮王之状，置于糕上，谓之“狮蛮”。

【译】重阳节前一两天，各家都用面粉蒸糕相互赠送，上面插着纸剪的彩色小旗，面粉里拌入一些切成碎粒的果仁，如石榴子、栗子黄、银杏、松子肉之类。又用面粉做成狮子、蛮王的形状放置在糕上，称为“狮蛮”。

诸禅寺各有斋会，惟开宝寺、仁王寺有狮子会。诸僧皆坐狮子上，作法事[6]讲说，游人最盛。

下旬即卖冥衣、鞋、席帽[7]、衣段，以十月朔日[8]烧献[9]

---

① 梁王城：战国开封城。遗址在今开封城西固门村附近。

② 毛驼冈：一作“牟驼冈”，宋朝天驷监养马之所。京城西北隅地，冈势隐鳞如砂碛，然三面据水。

③ 掺饤果实：拌入切成碎粒的果仁。饤，饤饾，即碎粒。

④ 栗子黄：栗子果仁为黄色，故名。

⑤ 松子肉：松子的果仁。

⑥ 法事：佛事。

⑦ 席帽：又叫“大帽”，以席制成，故名。

⑧ 十月朔日：十月初一，俗称“鬼节”，家家上坟祀祖。

⑨ 烧献：向神祇等焚化奉献品。

故也。

【译】各禅寺都有各自的斋会，只有开宝寺、仁王寺是狮子会。众僧都坐在狮子上，作佛事、讲说佛教经义，这两个寺庙里的游人也是最多的。

九月下旬就有卖冥衣、靴鞋、席帽、衣段等物品的，因为十月初一有向神祇等焚化奉献品习俗的缘故。

# 卷九

## 十月一日

十月一日，宰臣[①]已下受衣[②]、着锦袄。三日[③]，士庶皆出城飨坟。禁中车马出道者院及西京朝陵[④]，宗室车马亦如寒食节。有司进暖炉炭。民间皆置酒作暖炉会[⑤]也。

【译】十月初一，宰相以下的官员接受皇帝赐给的衣、锦袄。初三（如今在初五），京城里的百姓都出城祭坟。宫中也派出车马前往道者院祭奠阵亡将士及去西京洛阳朝拜皇帝的陵墓，皇家宗室的车马也像寒食节一样前往各陵祭祀。有关部门开始发放冬季取暖的炉炭。民间大多置酒举办用火炉烤肉来饮酒的聚会。

## 天宁节[⑥]

初十日天宁节。前一月，教坊集诸妓阅乐[⑦]。初八日，

① 宰臣：宰相。

② 受衣：意为接受皇帝赐给的衣。“已下”应为“以下”。

③ 三日：原注：“今五日”；《秘册》《学津》本作“今则五日”。

④ 朝陵：朝拜皇帝的陵墓。

⑤ 暖炉会：以火炉烤肉来饮酒的聚会。

⑥ 天宁节：宋徽宗诞生的节日名。徽宗十月十日生。

⑦ 阅乐：审查音乐技艺。

枢密院率修武郎[①]以上；初十日，尚书省、宰执率宣教郎[②]以上，并诣相国寺。罢散祝圣斋筵[③]，次赴尚书省都厅赐宴。

【译】十月初十为天宁节。节前的一个月，教坊召集许多艺伎来审查音乐技艺。十月初八，枢密院率领修武郎以上的官员；初十，尚书省由宰相、执政官率领宣教郎以上的官员，一起前往相国寺。待散了祝皇帝寿诞的素筵后，再一起到尚书省都厅参加皇上的赐宴。

## 宰执、亲王、宗室、百官入内上寿

十二日，宰执、亲王、宗室、百官入内上寿大起居[④]。乐未作，集英殿山楼上，教坊乐人效百禽鸣[⑤]，内外肃然，止闻半空和鸣，若鸾凤翔集。

【译】十月十二日，宰相、执政官、亲王、宗室、百官入宫朝为皇上祝寿。朝见时乐声还未响起，在集英殿的彩楼上，教坊司的乐人就开始模仿百鸟的鸣叫，宫廷内外一片肃静，只听见半空中百鸟和鸣之声，犹如鸾凤飞来聚会。

百官以下谢坐讫，宰执、禁从、亲王、宗室、观察使以



① 修武郎：宋代官阶名。宋徽宗政和（公元1111—1117年）中，定武臣官阶五十三阶，第四十四阶为修武郎，以代旧官内殿崇班。

② 宣教郎：官名。宋政和四年改宣德郎为宣教郎，文散官，正七品。

③ 罢散祝圣斋筵：意为散了祝皇帝寿诞的素筵。罢散，犹言散罢、散了。

④ 大起居：原注：“搢（jìn）笏舞蹈。”搢笏，插笏于腰带。舞蹈，指跪拜礼。

⑤ 效百禽鸣：原作“劾（xiào）百禽鸣”。邓注按：“劾应作效”，今改。

上[1]，并大辽、高丽、夏国使副，坐于殿上；诸卿少[2]百官、诸国中节使人[3]，坐两廊；军校以下排在山楼之后。皆以红面青墩黑漆矮偏钉[4]，每分列环饼[5]、油饼、枣塔为看盘[6]，次列果子。惟大辽加之猪、羊、鸡、鹅、兔连骨熟肉为看盘，皆以小绳束之；又，生葱、韭、蒜、醋各一碟；三五人共列浆水[7]一桶，立勺数枚。

**【译】**百官以下向皇上谢恩落座后，宰相、执政官、禁从，亲王、宗室、观察使以上官员，以及大辽、高丽、夏国的使臣和副使，坐在殿上；各卿及百官、各国中级的使节，坐在殿下两廊；军校以下人员排列在彩楼的后面。大家都用红面、青色桌腿、黑漆、低矮的木墩，每个木墩分别放置饼、油饼、枣塔等糕点果品为看盘，其次摆放各种各样的果子。只有大辽使臣面前的看盘里还有猪、羊、鸡、鹅、兔带骨熟肉，都用小绳系扎；还有生葱、韭、蒜、醋各一碟；

① 观察使以上：观察使，官名。宋代为州、郡级虚衔五品官，多为兼职。

② 卿少：对“卿”“少卿”的简称。

③ 中节使人：中级的使节，三节使人的一种。

④ 红面青墩（dūn）黑漆矮偏钉：坐具，即木墩。邓注按：“钉，疑误。”墩，《秘册》《学津》本作“橔”；邓注本作“橔”。

⑤ 环饼：今炸圈、麻花之类的食品。《渊鉴类函》三百八十九引《饼饵闲谈》：“豆屑杂糖为之，曰环饼。”

⑥ 看盘：供观赏的食品，看而不食。

⑦ 浆水：一道历史悠久的传统名菜，相传始于秦朝末年。用芥菜、包菜、芹菜、曲曲菜、萝卜缨、黄豆芽等为原料（还有其他原料，依口味习惯选择一样，也可以是几样搭配而作），在开水里烫过后，拌以少量面粉，加温水，酵母发酵而成。

三五个人共用一桶浆水，桶内放着好几个勺子。

教坊色长[①]二人，在殿上栏干边，皆诨裹[②]、宽紫袍、金带、义襕“看盏[③]”。斟御酒，“看盏”者举其袖唱引曰“绥御酒[④]”。声绝，拂袖于栏干而止。宰臣酒，则曰“绥酒”，如前。

【译】有两个教坊的领班，站在殿上栏杆边，都裹着幞头、身穿宽紫袍、金带、义襕，专门负责酒宴上的奏乐之事。给皇上斟酒时，教坊的领班举起双袖，吟唱道“绥御酒”。声音刚落，甩动双袖到栏杆而止。给宰相斟酒时，就吟唱“绥酒”，举袖、甩袖动作同前。

教坊乐部[⑤]，列于山楼下彩棚中，皆裹长脚幞头，随逐部服紫、绯、绿三色宽衫、黄义襕、镀金凹面腰带。前列拍板[⑥]，十串一行。次一色画面琵琶[⑦]五十面。次列箜篌[⑧]两



---

① 色长：教坊司中各类舞乐演员的领班。色，演员，角色。

② 诨裹：包裹头巾的方式，即幞头的式样。

③ 看盏：酒宴上的赞礼人，专门负责酒宴上的奏乐之事。

④ 绥御酒：又叫“膗（cuī）酒”。安排酒宴中的奏乐。

⑤ 乐部：这里指演奏乐队。

⑥ 拍板：乐器，有大、小之分，用坚木若干片，以绳串联，用来击节打拍。

⑦ 琵琶：弦乐器。又叫“弦鼗”，本是少数民族乐器。

⑧ 箜（kōng）篌（hóu）：中国古代传统弹弦乐器，又称拨弦乐器。最初称“坎侯”或“空侯”，在古代除宫廷乐使用外，在民间也流传。在古代有卧箜篌、竖箜篌、凤首箜篌三种形制。从14世纪后期不再流行，以致慢慢消失，只能在以前的壁画和浮雕上看到一些箜篌的图样。这里指竖箜篌。

座。箜篌高三尺许，形如半边木梳，黑漆镂花金装画；下有台座，张二十五弦，一人跪而交手擘之①。以次高架大鼓二面②，彩画花地金龙；击鼓人背结宽袖，别套黄窄袖，垂结带；金裹鼓棒，两手高举互击，宛若流星。后有羯鼓③两座，如寻常番鼓子，置之小桌子上，两手皆执杖击之，杖鼓应焉。次列铁石方响④，明金彩画架子，双垂流苏⑤。次列

---

① 擘之：指弹箜篌的指法。以大指抬弦为擘。

② 大鼓二面：《秘册》《学津》本作“大鼓三面”。

③ 羯（jié）鼓：打击乐器，古羯族乐器。形如漆桶，下以小牙床承之。击用二杖，音声急促高烈。

④ 方响：古代中国打击乐器，南朝梁代出现，是中国古代很有艺术特色并具有固定音高的敲击乐器。它出自距今一千四百多年前的南北朝时的北周（公元557—581年），后为隋、唐燕乐中常用的乐器。它通常由十六块铁板根据音高顺序排列而成，用小铁锤或木槌敲击发音。

⑤ 流苏：用彩色羽毛或丝线等制作的穗状垂饰物，俗称“穗子”。

箫、笙[①]、埙[②]、篪[③]、觱篥[④]、龙笛[⑤]之类。两旁对列杖鼓[⑥]二百面，皆长脚幞头、紫绣抹额，背系紫宽衫、黄窄袖、结带、黄义襕。

**【译】**教坊的乐队，排列在彩楼下的彩棚中，乐手们都头裹长脚幞头，按照各自所属的部门分别穿着紫、红、绿三种颜色的宽衫、黄义澜、腰束镀金凹面腰带。第一排是拍板，十串一行。第二排是清一色的五十面表面带绘画的琵琶。第三排是两座箜篌。箜篌高三尺多，形状像半边木梳，黑漆底色、雕镂花纹、绘有精美的图画；下面有台座，每台箜篌上安有二十五根弦，一人跪在地上用双手交互弹拨着琴



---

① 笙：簧管乐器。殷周时已流行。一般有十七根长短簧管（其中三根不发音）插于铜斗中，奏时手按指孔，利用吹吸气流振动簧片发音。能奏和音。现经改革，有二十二至三十二簧笙及加键笙等。多用于伴奏、合奏或独奏。

② 埙（xūn）：吹奏乐器。多用陶土烧制而成，也有木、骨或石制的，多为上小下大的鸡蛋形，有一至十几个音孔。

③ 篪（chí）：中国古老的横吹竹管乐器。《广雅》中记载此乐器有八孔，但《周礼》中记载此乐器有七孔，而随着宫廷雅乐的逐渐衰落，这一种中国乐器已很罕见。已知台北孔庙收藏有古代精品“篪”，曾侯乙墓也曾出土一对篪。

④ 觱（bì）篥（lì）：也称管子。双簧管乐器，即“筚篥”。多用于军中和民间音乐。流行于我国各地，为汉族、维吾尔族、朝鲜族等多民族所喜爱。

⑤ 龙笛：一种传统横吹木管乐器，由竹制成。龙笛通过丝绸之路传入日本，可能是由欧洲的长笛演变而来，并与能管、篠笛一起被认为是其他和乐器中所有横笛的原型和祖先。

⑥ 杖鼓：中国古代细腰鼓类乐器，东传高丽后成为朝鲜族的重要击膜鸣乐器。杖鼓清代后在中原几乎消失，如今汉族地区唯一留存的是福建杖鼓。朝鲜杖鼓流行于辽宁、吉林、黑龙江、内蒙古、河北等省区，尤以吉林省延边朝鲜族自治州为最。福建杖鼓主要流行于福州及周边地区，多用于福建民间音乐。

弦。第四排是安放在高高鼓架上的两面大鼓，彩绘的花底上画着金龙；鼓手身穿背后垂挂丝带的宽袖衫，另套黄色窄袖，垂挂着丝带；鼓槌由金箔包裹，鼓手双手高举，交替着击鼓，宛如流星一般。后面有羯鼓两座，就像普通的外藩鼓子，羯鼓安放在小桌子上，鼓手两手都执鼓杖击鼓，鼓杖与羯鼓的节奏相呼应。再后面一排是由铁、石制成的方响，悬挂在金色的绘有图画的架子上，架子两端垂挂着穗子。再后面列有箫、笙、埙、篪、筚篥、龙笛一类的乐器。两旁两两相对排列两百面杖鼓，鼓手都裹着长脚幞头，束着紫色的刺绣抹头，身穿背后系带的紫色宽衫，套着黄色窄袖，垂挂丝带、黄色义襕。

诸杂剧色皆诨裹，各服本色紫、绯、绿宽衫、义襕、镀金带；自殿陛对立，直至乐棚。每遇舞者入场，则排立者叉手，举左右肩，动足应拍，一齐群舞，谓之“挼曲子[①]”。

【译】各个演杂剧的艺人也都裹着幞头，根据自己的角色分别穿着紫、红、绿三种颜色的宽衫、义襕、腰束镀金腰带。从御殿前的石阶两两相对而立，一直排列到乐棚。每遇到歌舞者登场，排列之人将双手在胸前交叉，松动左右肩，舞动双足以应和节拍，一起群舞，称为“挼曲子”。

① 挼曲子：击节打拍、配合曲子由慢到快的演奏速度。

第一盏御酒，歌板色[1]一名唱《中腔》[2]，一遍讫，先笙与箫笛各一管和；又一遍，众乐齐举，独闻歌者之声。宰臣酒，乐部起《倾杯》[3]。百官酒，《三台》舞旋[4]，多是雷中庆[5]。其余乐人舞者诨裹、宽衫，唯中庆有官，故展裹。舞曲破撷前一遍[6]，舞者入场。至歇拍[7]，续一人入场，对舞数拍，前舞者退，独后舞者终其曲，谓之“舞末”。

【译】斟第一盏御酒时，由一名教坊的小唱演员唱一遍《中腔》，先各用一支笙与箫、笛来应和；再唱一遍《中腔》，各种乐器一齐奏起，然而只能听到演唱者的歌声。斟宰臣酒时，乐队奏起《倾杯乐》。斟百官酒时，舞者随着《三台》曲调翩翩起舞，大多由雷中庆来承任舞者。其余伴奏者和伴舞者都裹着头巾、身穿宽衫，只有雷中庆有官职，所以穿的是官服。舞大曲中的排遍与入破各

① 歌板色：教坊的小唱演员。

② 《中腔》：曲调名。

③ 《倾杯》：倾杯乐，词牌名，又叫“倾杯”“古倾杯”。

④ 《三台》舞旋：用《三台》曲配以歌词，急拍快舞，用来劝酒的乐曲和舞蹈，亦名“三台舞”，属文舞的一种。《三台》，舞曲名，又叫“三台曲”。舞旋，即舞蹈。

⑤ 雷中庆：北宋神宗时著名舞人，舞艺极天下之工。据蔡绦《铁围山丛谈》卷六载“舞有雷中庆，世皆呼之为雷大使”。

⑥ 舞曲破撷（diān）前一遍：意为舞大曲中的排遍与入破各一遍。曲破、撷、排遍都是组成大曲的程序名。曲破，又叫“入破”或“破”，是大曲中最精彩的部分，节奏紧促，有歌有舞，在“撷”之后。撷、排遍是大曲中序的组成部分，亦称“歌头”，只有音乐，无歌无舞。撷在排遍之后。

⑦ 歇拍：大曲舞即将结束的一段，即“曲破”最后由快转慢的一段曲子。

一遍，舞者登场表演。到歇拍时，又有一人登场，两人对舞数拍，先登场的舞者退场，只有后登场的舞者一直跳到乐曲结束，称为“舞末”。

第二盏御酒，歌板色，唱如前。宰臣酒，慢曲子。百官酒，《三台》舞如前。

【译】斟第二盏御酒时，教坊的小唱演员演唱同前。斟宰相酒时，乐队奏起节奏舒缓的慢曲子。斟百官酒时，舞者随着《三台》曲调起舞同前。

第三盏，左右军百戏入场，一时呈拽。所谓左右军，乃京师坊市两厢也，非诸军之军。百戏乃上竿、跳索、倒立、折腰[1]、弄碗注[2]、踢瓶[3]，筋头、擎戴[4]之类，即不用狮豹、大旗、神鬼也。艺人或男或女，皆红巾彩服。殿前自有石镌柱窠，百戏入场，旋立其戏竿。

凡御宴至第三盏方有下酒肉：咸豉[5]、爆肉、双下驼峰



① 折腰：又叫“拗腰技”，今之软功杂技。翻折其身，手足至于地，以口衔器而复立。

② 弄碗注：杂技节目，或为碗等器皿中注水进行表演，而不让水溢出。

③ 踢瓶：蹴（cù）瓶伎，踢瓶使其抛上铁锋仗端，或水晶丸与瓶相值回旋。

④ 擎戴：两人以手相对，一人在上一人在下做各种动作的杂技。

⑤ 咸豉：菜名。《居家必用事类全集·庚集》：“咸豉：熟面筋丝、碎笋片、木耳、姜片或加蘑菇、桑莪（é）蕈，下油锅炒半熟，倾入擂烂酱椒、沙糖少许，粉牵，煼熟，候汁干供。”

角子[1]。

【译】斟第三盏御酒时，表演百戏的左右军入场，百戏人相继表演。所谓左右军，指的是京城坊巷集市两厢的艺人，而不是禁军各军的军士。所演百戏有上竿、跳绳、倒立、折腰、弄碗注、踢瓶伎、筋斗、擎戴一类的百戏，而不演出装扮狮子、舞弄大旗、装神弄鬼等节目。艺人不论男女，都裹着红色头巾、身着彩色衣服。殿前原本就有用大石凿成的柱坑，百戏艺人入场，随即就在柱坑上竖立起演出用的戏竿。

大凡御宴到第三盏时，才有佐酒的菜肴：咸豉、爆肉、双下驼峰角子。

第四盏，如上仪。舞毕，发谭子[2]。参军色执竹竿拂子[3]念致语口号，诸杂剧打和[4]；再作语，勾合大曲舞[5]。



① 驼峰角子：油煎食品。用酥面包熟馅，捏成饺子样且稍大，以油煎熟即成，类似今锅贴。《居家必用事类全集·庚集》："驼峰角儿：面二斤半，入溶化酥十两，或猪、羊油各半代之。冷水和盐少许，搜成剂，用骨鲁槌捍作皮，包炒熟馅子，捏成角儿，入炉鏊（ào）煿（bó）熟供。素馅也可。"

② 发谭子：邓注按："发谭子。谭，应从《梦粱录》作'诨'。"

③ 竹竿拂子：又叫"竹竿子""戏竹"。演出时指挥者所持之物。

④ 打和：又叫"打唱"，即众人和唱。

⑤ 勾合大曲舞：招引演员表演由大曲伴奏的舞蹈。勾，招引、引出。大曲，大型歌舞所用的曲子，由散序、中序、入破三大部分所组成，有散板—慢板—快板—散板的乐曲结构，可以表演一个完整的故事，最多可反复演奏四十遍。

下酒榼[①]：炙子骨头[②]、索粉、白肉、胡饼。

【译】斟第四盏御酒时，仪礼与上一轮一样。舞蹈表演结束，开始表演滑稽娱乐节目。杂剧中的参军色手拿竹竿拂尘，上场念唱颂辞、朗诵颂诗，表演杂剧的各色艺人在旁和唱；再次念唱颂词，招引演员表演由大曲伴奏的舞蹈。

这时的下酒菜肴有炙子骨头、索粉、白肉、胡饼。

第五盏御酒，独弹琵琶。宰臣酒，独打方响。凡独奏乐，并乐人谢恩讫，上殿奏之。百官酒，乐部起《三台》舞如前，毕，参军色执竿子作语，勾小儿队舞。小儿各选年十二三者二百余人，列四行；每行队头[③]一名，四人簇拥，并小隐士帽，着绯、绿、紫、青生色花衫、上领[④]、四契义襕[⑤]、束带，各执花枝排定。先有四人裹卷脚幞头、紫衫者，擎一彩殿子[⑥]内金贴字牌，擂鼓而进，谓之“队名”，



① 下酒榼（kē）：泛指盛食物的盒类食器。这里指肴馔。

② 炙子骨头：又叫“炙骨头”“骨炙”，即烤排骨。《居家必用事类全集·庚集》：“骨炙：带皮羊胁，每支截两段。用硇砂末一稔，沸汤浸，放温，蘸炙，急翻勿令熟。再蘸再炙。如此三次。如酒略浸，上铲一翻，便可食。凡猪、羊脊膂（lǚ）、獐兔精肉，用羊脂包炙之。”

③ 队头：“队舞”的主要演员，一般由舞技最高者担任。

④ 上领：俗语，指衣服上有领子和领巾。

⑤ 四契义襕：四开叉的到膝的短袍。契，割断。

⑥ 彩殿子：何物不详。

牌上有一联，谓如“九韶[①]翔彩凤，八佾[②]舞青鸾”之句。乐部举乐，小儿舞步进前，直叩殿陛。参军色作语问小儿[③]，班首近前进口号，杂剧人打和。毕，乐作，群舞合唱，且舞且唱。又唱破子毕，小儿班首入进致语，勾杂剧入场，一场两段。是时教坊杂剧色鳖膔刘乔、侯伯朝、孟景初、王彦喜而下，皆副使也。内殿杂戏，为有使人预宴，不敢深作谐谑[④]，惟用群队装其像似市语，谓之“拽串”。杂戏毕，参军色作语，放小儿队，又群舞《应天长》曲子出场。

下酒：群仙炙、天花饼、太平毕罗[⑤]、干饭、缕肉羹[⑥]、莲花肉饼[⑦]。

驾兴歇座[⑧]，百官退出殿门、幕次。须臾追班[⑨]，起居再坐。

**【译】**斟第五盏御酒时，只弹奏琵琶。斟宰相酒时，

---

① 九韶：周代音乐名。

② 八佾（yì）：古代舞蹈名。一行八人叫一佾。佾，即列，以八人为行列，八八六十四人。

③ 问小儿：这里指歌舞的专业用语“问队名”，简称“问队”。

④ 谐谑：滑稽的语言和表演。

⑤ 毕罗：饼的一种。

⑥ 缕肉羹：肉丝类的汤食。

⑦ 莲花肉饼：莲花馅饼之类的食品。《清异录·馔馐门》：“郭进家能作莲花馅饼。有十五隔者，每隔有一折枝莲花，作十五色。自云：周世宗有故宫婢流落，因受雇于家。婢言宫中人，号蕊押班。”

⑧ 驾兴歇座：皇帝离开座位休息。

⑨ 追班：谓百官按位次排列谒见皇帝。

只击打方响。凡单独奏乐，待乐人谢恩后，即由官员上殿奏明。斟百官酒时，乐队奏起《三台》曲，舞蹈表演同前面一样。表演结束，参军色手拿竹竿子上前念唱颂词，并引领少年队舞蹈。这些少年都是挑选出来的十二三岁的小孩子，共有两百多人，排列为四行，每行指定一名队头，由四人簇拥着，都戴着小隐士帽，身穿红、绿、紫、青四种颜色的花布衫、衣服上有领子和领巾、着四开叉的到膝的短袍、腰中束带，各自手拿花枝排列整齐。先有四个头裹卷脚幞头、身穿紫衫的人，手举一个里面贴有金色字牌的彩殿子，擂鼓而进，称为“队名”。字牌上有一联，写的是“九韶翔彩凤，八佾舞青鸾”的句子。乐队奏乐，少年队踏着舞步向前，一直到殿前石阶叩见皇上。参军色致颂词并问队名，首领向前致颂诗，杂剧艺人都在旁应和。礼毕，乐声奏起，群舞合唱，且舞且唱。又唱“破子”结束，少年队的首领向前致颂词，并引杂剧入场，杂剧演出，一场两段。当时教坊杂剧角色的鳖膙刘乔、侯伯朝、孟景初、王颜喜以下，都是教坊使、副使。内殿演出的杂戏，因为有各国使臣参加宴饮，不敢过分滑稽的语言和表演，只是由群队装作像市井的俗话，称为“拽串”。杂戏表演结束后，参军色致颂词，接着安排少年队，群舞《应天长》舞曲出场。

下酒的菜肴有群仙炙、天花饼、太平饼、干饭、肉丝羹、莲花肉饼。

皇帝离开座位休息，百官也退出殿门，到幕帐中歇息。一会儿，百官按位次拜见皇上后重新入座。

第六盏御酒，笙起慢曲子①。宰臣酒，慢曲子。百官酒，《三台》舞。左右军筑球，殿前旋立球门，约高三丈许，杂结彩络，留门一尺许。左军球头苏述，长脚幞头红锦袄；余皆卷脚幞头，亦红锦袄，十余人。右军球头孟宣并十余人，皆青锦衣。乐部哨笛、杖鼓断送②。左军先以球团转众小筑数遭③；有一对次球头小筑数下，待其端正，即供球与球头，打大肷④过球门。右军承得球，复团转众小筑数遭，次球头亦依前供球与球头，以大肷打过，或有即便复过者胜。胜者赐以银碗、锦彩，拜舞谢恩，以赐锦共披而拜也。不胜者，球头吃鞭仍加抹抢⑤。

下酒：假鼋鱼、蜜浮酥捺花⑥。

【译】斟第六盏御酒时，笙吹奏起小唱。斟宰相酒时，也奏小唱。斟百官酒时，奏《三台》舞曲。左右军开始筑球，殿前快速立起球门，高约三丈多，用彩色的丝织品交错连接而成，留宽一尺多的球门。左军球头苏述，

① 慢曲子：指小唱。

② 杖鼓断送：用杖鼓伴奏。断送，意为奏乐。

③ 以球团转众小筑数遭：队员将球来回传递小打数遍。小筑，打球的专业用语，即“小打”，调整球路。

④ 大肷（qiǎn）：用全身力气打球。肷，身体两旁肋骨和胯骨之间的部分。

⑤ 抹抢：又叫“抹跄”，即抹花脸。

⑥ 蜜浮酥捺花：原作“密浮酥捺花”，邓注按：“密应作蜜”。今改。

头裹长脚幞头、身穿红色锦袄；其他左军球员都裹卷脚幞头，也穿着红锦袄，共有十多个人。右军球头孟宣也带着十多个人，都穿着青色锦衣。乐队吹响哨笛、用杖鼓为两队伴奏。左军队员将球来回传递小打数遍；有两人在离球头不远的地方将球传递小打数下，待球停稳后，就把球传给球头，球头用全身力气将球打过球门。右军得球后，也将球来回传递小打数遍，再在离球头不远的地方像之前左军那样将球传给球头，右军球头也用全身力气将球打过球门。两队中多次击球过球门的得胜。得胜的一队由皇上赐予银碗、锦缎，球员们一起披着御赐的锦缎叩拜谢恩。输了的球头要吃鞭子，还要被抹花脸。

这时的下酒菜肴有假元鱼、蜜浮酥捺花。

第七盏御酒，慢曲子。宰臣酒，皆慢曲子。百官酒，《三台》舞讫。参军色作语，勾女童队入场。女童皆选两军妙龄容艳过人者四百余人，或戴花冠[1]，或仙人髻、鸦霞[2]之服，或卷曲花脚幞头，四契红黄生色销金锦绣之衣。结束不常[3]，莫不一时新妆，曲尽其妙[4]。杖子头[5]四人，皆裹曲脚

① 花冠：妇女的头饰。

② 鸦霞：原作“鵶（yā）霞”。邓注按：“鵶应作鸦”，今改。

③ 结束不常：衣着不寻常。

④ 曲尽其妙：把其中微妙之处委婉细致地充分表达出来。

⑤ 杖子头：舞头。因手里拿着银裹头的“杖子”，既歌舞又指挥舞队，故称“杖子头”。

向后指天幞头、簪花、红黄宽袖衫、义襕，执银裹头杖子。皆都城角者，当时乃陈奴哥、俎姐哥、李伴奴、双奴，余不足数。亦每名四人簇拥，多作仙童丫髻、仙裳，执花，舞步进前成列。或舞《采莲》，则殿前皆列莲花，槛曲亦进队名[①]。参军色作语问队，杖子头者进口号，且舞且唱，乐部断送《采莲》，讫曲终，复群舞、唱《中腔》毕。女童进致语，勾杂戏入场，亦一场两段讫。参军色作语，放女童队，又群唱曲子，舞步出场。比之小儿队，节次增多矣。

下酒：排炊羊、胡饼、炙金肠。

【译】斟第七盏御酒时，奏起小唱。斟宰相酒时，也奏小唱。斟百官酒时，奏《三台》舞曲。曲毕，参军色上前致辞，引领女童队入场。这些女童都是从两军中挑选出来的四百多个青春年少、容貌艳丽过人的，有的头戴花冠，有的梳着仙人髻、身穿黑色的舞衣，有的戴着卷曲花脚幞头，身穿四边开叉、红黄色、镶嵌金色线的锦绣之衣。这些人衣着不同寻常，无不是当时最时新的服装，把其中微妙之处委婉细致地充分表达出来。有四个舞头，都裹着曲脚向后朝天的幞头、插着花、身着红黄色宽袖衫、义襕，手拿银裹头杖子。担任舞头的都是京城的名角，当时是陈奴哥、俎姐哥、李伴奴、双奴，其他的就不一一提及了。每个舞头也是由四

① 槛曲亦进队名：靠近御殿前的石阶报队名。槛，门槛。这里意为御殿前的石阶。曲，靠近、相近。

个人簇拥着，这四个人大多梳仙童丫髻、身穿仙裳，手拿花朵，踏着舞步向前排成行列。如舞《采莲曲》时，殿前全都排列的是莲花，靠近御殿前的石阶报队名。由参军色致辞、问队，舞头上前致颂诗，边舞边唱。乐队奏响《采莲曲》，乐曲结束又全体跳舞、唱《中腔》。之后由女童向前致辞，引杂戏入场，也是一场两段。杂戏表演结束后，参军色致辞，安排女童队表演，又合唱曲子，边跳边退场。与少年队相比，女童队演出的内容增加了许多。

这时的下酒菜肴有排炊羊、胡饼、炙金肠。

第八盏御酒，歌板色一名，唱踏歌①。宰臣酒，慢曲子。百官酒，《三台》舞合曲破舞旋。

这时的下酒菜肴有假沙鱼、独下馒头、肚羹。

【译】斟第八盏御酒时，由一名教坊的小唱演员表演踏歌词。斟宰相酒时，奏小唱。斟百官酒时，《三台》舞曲合着曲破跳着舞旋。

这时的下酒菜肴有假沙鱼、独下馒头、肚羹。

第九盏御酒，慢曲子。宰臣酒，慢曲子。百官酒，《三台》舞，曲如前。左右军相扑。

下酒：水饭、簇饤下饭。

驾兴。

---

① 踏歌：民间的歌舞形式，又叫“转踏”“缠达”。按节奏以脚踏地，边歌边舞来表达一个完整的传奇故事。因歌词是“字头咬字尾”，有辗转传递的意思，故名。

【译】斟第九盏御酒时，奏小唱。斟宰相酒时，也奏小唱。斟百官酒时，奏《三台》舞曲，曲子与之前一样。之后左右军表演相扑。

这时的下酒菜肴有水饭、簇饤下饭。

随后皇上起身离座。

御筵酒盏，皆屈卮[①]，如菜碗样，而有手把子。殿上纯金，廊下纯银。食器，金银錂[②]漆碗楪[③]也。宴退，臣僚皆簪花归私第；呵引[④]从人皆簪花并破官钱[⑤]。诸女童队出右掖门，少年豪俊争以宝贝[⑥]，供送饮食酒果迎接。各乘骏骑而归，或花冠、或作男子结束，自御街驰骤[⑦]，竞呈华丽，观者如堵。省宴[⑧]亦如此。

【译】御宴上使用的酒盏，都是上大下小的酒杯，像菜碗一样，但有手把子。殿上用的酒盏是纯金的，廊下用的是纯银的。食器则是金、银、錂、漆器的碗碟。宴席结束后，群臣百官头上都插着花纷纷回私宅，在前开道的随从也都戴

---

① 屈卮（zhī）：上大下小的酒杯。卮，古代酒器。

② 錂（líng）：金名。

③ 碗楪：原作“碗㵾”。邓注按：“㵾应作楪。”今改。

④ 呵引：犹呵道。

⑤ 破官钱：分公家赏给的钱。破，分开的意思。

⑥ 宝贝：对女童的昵称。

⑦ 驰骤：驰骋。

⑧ 省宴：指内官为皇帝举行的上寿宴席。

花和拿着分得公家的赏钱。各女童队从右掖门出宫，京城里的少年豪俊争相献媚，拿着饮食、酒果来迎接女童。她们各自乘骏马而归，有的头戴花冠，有的是男子装束，在御街上驰骋，竞相展示她们的华丽，围观的人堵塞了街道。内宫为皇帝举行的上寿宴席，也是这样。

## 立冬

是月[①]立冬，前五日，西御园[②]进冬菜。京师地寒，冬月无蔬菜，上至宫禁、下及民间一时收藏，以充一冬食用。于是车载马驮，充塞道路。

时物：姜豉㓨子、红丝、末脏[③]、鹅梨、榅桲、蛤蜊、螃蟹。

【译】十月立冬，立冬的前五天，玉津园进献冬季吃的菜。京师地区比较寒冷，冬季没有新鲜的蔬菜，因此上自宫廷、下到民间这时都要储藏一些蔬菜，以供一冬天的食用。于是用车载、用马驮，装蔬菜的车马充塞道路。

这时的时令食物有姜豉㓨子、红丝、抹脏、鹅梨、榅桲、蛤蜊、螃蟹。

---

① 是月：这里指十月。

② 西御园：玉津园。

③ 末脏：疑为“抹脏”之误。

# 卷十

## 冬至[1]

十一月冬至，京师最重此节。虽至贫者，一年之间积累假借，至此日更易新衣，备办饮食，享祀先祖。官放关扑[2]，庆贺往来一如年节[3]。

【译】十一月冬至，京城人很看重这个节日。即使是非常贫穷的人，在一年里都省吃俭用积累钱物，甚至借贷，到这一天也要换上新衣，置办饮食，祭祀先祖。这一天，官府特准节日期间在市场上赌博取乐，人们相互往来走动、庆贺，像过年一样。

## 大礼预教车象

遇大礼年[4]，预于两月前教车象。自宣德门至南薰门外，往来一遭。车五乘以代五辂[5]轻重。每车上置旗两口、鼓一面，驾以四马。挟车卫士皆紫衫帽子。车前数人击鞭，象七头，前列朱旗数十面，铜锣鼙鼓[6]十数面。先击锣二下，鼓急应三下。执旗人紫衫帽子。每一象则一人裹交

① 冬至：节气名，在每年公历 12 月 22 日前后。

② 官放关扑：官府特准节日期间在市场上赌博取乐。

③ 年节：农历春节。

④ 大礼年：南郊祭天的典礼，一般三年一次，谓之“大礼年”。

⑤ 五辂：古时天子所乘坐的五种车，即玉辂、金辂、木辂、革辂、象辂。

⑥ 鼙（pí）鼓：古代军中一种小鼓。

脚幞头紫衫人跨其颈，手执短柄铜镬[①]，尖其刃，象有不驯，击之。

【译】遇到南郊祭天典礼的年份，要事先在两个月前训练车象。从宣德门到南薰门外，每天往返一次。有车五辆，来代替“五辂”的礼法规矩。每辆车上设两面旗、一面鼓，用四匹马驾车。护卫车子的卫士都身着紫衫、头戴帽子。车前有好几个人击鞭，有七头大象，大象的前面排列数十面朱旗，十多面铜锣、鼙鼓。行进的时候，先击两下锣，鼙鼓快速应和三下。执旗人也都身着紫衫、头戴帽子。每头大象则有一个裹着交脚幞头、身穿紫衫的人跨坐在它的颈部，手拿短柄铜镬，铜镬的刃很尖利，大象如果不听话，就用铜镬击刺它。

象至宣德前，团转行步数遭成列，使之面北而拜，亦能唱喏[②]。诸戚里、宗室、贵族之家，勾呼就私第观看，赠之银彩，无虚日。御街游人嬉集，观者如织。卖扑土木粉捏小象儿并纸画，看人携归，以为献遗。

【译】大象走至宣德楼前，在楼前空地绕行数圈后排成队列，让它们面向北行礼，大象也能唱喏。那些外戚、宗室、贵族之家，纷纷传唤车象队到他们的私人宅第来表演，供他们观看，之后会赠送银两、彩帛，车象队一天都不闲

① 铜镬（jué）：锄形的驯象工具。

② 唱喏：古代下级见上级、晚辈见长辈叉手行礼并高声致敬叫唱喏。这里指大象做行礼状。

着。御街上的游人嬉戏玩乐，观看车象的人流如织。有小贩在御街上扑卖用泥、木材、面粉捏成的小象以及各种纸画，观看的人买回去作为赠送他人的礼物。

## 车驾宿大庆殿

冬至前三日，驾宿大庆殿。殿庭广阔，可容数万人。尽列法驾仪仗于庭，不能周遍。有两楼对峙，谓之“钟鼓楼”，上有大史局生①测验刻漏②。每时刻③作鸡唱④，鸣鼓一下。则一服绿者，执牙牌而奏之，每刻曰：“某时几棒鼓”，一时则曰：“某时正。”

【译】冬至的前三天，皇上在大庆殿住宿。大庆殿庭非常宽阔，可容纳数万人。即使将车驾、仪仗全部排列起来也不会遍及整个殿庭。殿庭中有两座楼相对，称为“钟鼓楼”。楼上有太史局的漏刻生，测量检验刻漏，每当到“时”“刻”就让鸡鸣，并敲一下鼓，则有一个身穿绿衣的人，手拿牙牌而奏告。每到一“刻”，就奏称说“某时几棒鼓”；每到一“时”，就奏称说“某时正”。

宰执、百官皆服法服⑤，其头冠各有品从。宰执亲王加

---

① 大史局生：指太史局的漏刻生。负责习漏刻之节，以报时日。

② 刻漏：漏壶，一种古代计时器，以铜为壶，底穿一孔，壶中立一有刻度的箭形浮标，从壶中水滴漏而显示箭上的度数而知其时刻。

③ 刻：计算时间的单位。用钟表计时，十五分钟为一刻。古代用漏壶记时，一昼夜共一百刻。

④ 鸡唱：鸡鸣、鸡啼。

⑤ 法服：根据礼法规定的不同等级的服饰。这里指祭服。

貂蝉笼巾[①]、九梁[②]；从官七梁；余六梁至二梁有差；台谏增廌角[③]也。所谓“梁”者，谓冠前额梁上排金铜叶也。皆绛袍皂缘，方心曲领[④]、中单环佩[⑤]、云头[⑥]履鞋，随官品执笏。余执事人皆介帻[⑦]绯袍，亦有等差，惟阁门、御史台加方心曲领尔。入殿祗应人给黄方号[⑧]；余黄长号、绯方长号，各有所至去处[⑨]。

**【译】**宰相、执政官和百官都身穿祭服，他们所戴的冠冕各有品级。宰相、执政官、亲王加貂蝉冠、九梁；侍从官七梁；其余官员从六梁至二梁不等；而台谏官员则在冠上增加了廌角。所谓“梁”，指的是冠前额梁上排列的金铜叶。所有官员都身着绛红色的、镶着黑边的袍服，袍服方心

① 貂蝉笼巾：附加在七梁冠上的头饰。又叫“貂蝉冠”，简称“笼巾”。用细藤丝编成蝉翼形片，饰以银，额前有银花，上缀黄金附蝉，插有貂尾，故名。为宰相、亲王、使相、三师、三公所戴进贤冠上表示品位的附加饰物。

② 九梁：“九梁”疑为七梁之误。

③ 廌（zhì）角：又叫“獬（xiè）廌角”“獬豸（zhì）角”。这里指宋代执法官员所戴的用廌角为装饰物的帽子，即獬豸冠。廌，又叫“獬廌”“獬豸”，似山牛，一角。传说是一种能判断疑难案件的神兽。决讼者不直，皆触之，故法冠以此兽角为饰。

④ 方心曲领：服饰名。施之于颈领间，用以防止衣领拥起，且有压贴的作用。

⑤ 中单环佩：中单是衬在外衣里面的中衣，又称“禅衣”，其衣领露在外面。环佩，指锦绶、银环、玉佩之类的饰物。

⑥ 云头：云状的图案花纹。

⑦ 介帻（zé）：冠名。以皮为之，其饰黑漆。

⑧ 黄方号：与黄长号、绯方长号皆为排定次序，所在位置的标志。

⑨ 各有所至去处：意为各有所站的位置。

曲领，外衣里面衬着中衣，佩戴锦绶、银环、玉佩一类的饰物，脚穿云头履鞋，各随官阶手拿不同的朝笏。其余办事人员，全都头戴介帻、身着红，也有等级差别。只有阁门、御史台的人，加方心曲领。入殿后当值的人发给黄色方形号牌，其余当值之人发放黄色长号牌和红色方长号牌，按号牌各有所站的位置。

仪仗车辂谓信幡[①]、龙旗、相风乌[②]、指南车[③]、木辂、象辂、革辂、金辂、玉辂之类，自有《三礼图》[④]可见，更不缕缕[⑤]，排列殿门内外及御街远近。禁卫全装[⑥]，铁骑数万，围绕大内。是夜，内殿仪卫之外，又有裹锦缘小帽、锦络缝宽衫兵士，各执银裹头黑漆杖子，谓之“喝探兵士”。十余人作一队，聚首而立，凡数十队。各一名喝曰：“是与不是。”众曰：“是。”又曰：“是甚人。”众曰：“殿前



① 信幡：仪仗器物中符信的旗帜。

② 相风乌：又叫“相风乌”，古代测试风向的器物。这里指一种装置了相风乌的仪仗车。

③ 指南车：古代一种装置了指南针的车。《宋史·舆服一》：“指南车，一曰司南车……上有仙人，车虽转而手常南指。”

④《三礼图》：书名，一名《新定三礼图》，二十卷，（宋）聂崇义撰。

⑤ 缕缕：一条一条连续不断地。

⑥ 全装：整齐的装束。

都指挥使[1]高俅[2]。”更互喝叫不停，或如鸡叫。又置警场[3]于宣德门外，谓之“武严兵士”；画鼓二百面，角称之[4]，其角皆以彩帛如小旗脚装结其上。兵士皆小帽、黄绣抹额、黄绣宽衫、青窄衬衫。日晡时[5]、三更时[6]各奏严[7]也。每奏先鸣角；角罢，一军校执一长软藤条，上系朱拂子，擂鼓者观拂子，随其高低，以鼓声应其高下也。

**【译】** 仪仗车辂有信幡、龙旗、相风乌、指南车、木辂、象辂、革辂、金辂、玉辂之类，这些从《三礼图》中可以见到，就不必要一一记述了，都排列在殿门内外和御街远近之处。禁卫的军士都是整齐的装束，有数万铁骑围绕在皇宫周围。这一夜，内殿除仪仗、卫队之外，还有头戴镶着织锦边的小帽、身穿锦络缝制的宽衫的兵士，分别手拿银裹头黑漆的杖子，称为“喝探兵士”。他们十余人为一队，站立、聚集在一起，一共有数十队。各队中有一人喊道：“是与不是？”众人答道：“是。”那人又喊道：“是什么

---

① 殿前都指挥使：《秘册》本无“使”字。

② 高俅：原为苏轼的书童，因善于踢球，得端王赵佶宠信。后来赵佶即位（宋徽宗），高俅也在官场中升至使相。

③ 警场：夜间警卫，遇更奏乐，又称“警夜奏严”。

④ 角称之：指角与鼓相配合。角，古乐器名，军中吹奏乐器如大角、画角。称，配合。

⑤ 日晡时：又叫“申时”“晡时”，即 15—17 点。

⑥ 三更时：又叫“子时”“子夜”，即 23 点至翌日 1 点。

⑦ 奏严：奏乐严鼓。严鼓，戒严鼓。

人？”众人答道：“殿前都指挥使高俅。”各队更替喊叫不停，有的像鸡叫。又，在宣德门外设置夜间警卫，其军士称为“武严兵士”。夜间警卫有两百面画鼓，配有角、鼓，那些角都用彩帛做成小旗尾形状的装饰物系在上面。兵士都头戴小帽、裹着黄色刺绣抹头、身着黄色刺绣宽衫、内穿青色窄衬衫。申时、三更时分别奏乐严鼓。每次奏乐前先鸣角；角声落下，一军校手拿一根长软的藤条，上面系着红色拂尘，擂鼓者看着拂尘，看着拂尘的高、低，用鼓声的高、低来响应拂尘的指挥。

## 驾行仪卫

次日五更[①]，摄大宗伯[②]执牌奏中严外办[③]。铁骑前导番衮[④]，自三更时相续而行。象七头，各以文锦[⑤]被其身，金莲花座安其背，金辔笼络其脑，锦衣人跨其颈。次第高旗大扇、画戟[⑥]长矛，五色介胄[⑦]跨马之士，或小帽锦绣抹额者，

① 五更：平明，今凌晨3—5点。

② 摄大宗伯：执掌祭祀典礼的官。摄，佐助、辅助，这里作执掌意。大宗伯，古官名，负责祭祀典礼事宜。

③ 外办：指警卫官禁。亦指警卫官禁的官员。

④ 番衮：当时俗语，众多的、汹涌澎湃的意思，比喻声势浩大。

⑤ 文锦：文彩斑烂的织锦。

⑥ 画戟：古兵器名。因有彩饰，故称。

⑦ 五色介胄：仪卫兵士的服装。以黄粗布为面、布为里，绘以五彩甲叶纹，胸前绘人面二目，由后背至前胸用锦带缠绕。

或黑漆圆顶幞头者，或以皮如兜鍪[1]者，或漆皮如戽斗[2]而笼巾者，或衣红黄罨画[3]锦绣之服者，或衣纯青纯皂以至鞋裤皆青黑者，或裹交脚幞头者，或以锦为绣如蛇而绕系其身者[4]，或数十人唱引持大旗而过者，或执大斧[5]者、挎剑者、执锐牌[6]者、执镫棒[7]者，或持上悬豹尾者，或持短杵者。其矛戟皆缀五色结带铜铎，其旗扇[8]皆画以龙或虎，或云彩，或山河。

【译】第二天五更时分，摄大宗伯拿牌上奏中庭戒严、警卫宫禁，铁骑前导、声势浩大，从三更时分就相继出发了。有七头大象，各用带花纹图案的锦缎披在大象身上，金莲花座安放在大象背上，金辔缠络在大象头上，身穿锦衣的军士跨在大象脖子上。随后依次是高旗大扇和拿着画戟长矛。骑在马上的身穿五色盔甲的武士，或戴着小帽、裹着锦绣抹头，或戴着黑漆圆顶幞头，或戴着像兜鍪的皮帽，或戴



---

① 兜鍪（móu）：古代战士戴的头盔。

② 戽（hù）斗：汲水灌田的用具。

③ 罨画：色彩鲜明的绘画。

④ 以锦为绣如蛇而绕系其身者：意为锦带、锦绳缠身。

⑤ 大斧：指仪仗器物“金瓜、钺斧、朝天镫”中的钺斧。

⑥ 锐牌：指仪仗器物赤楣。

⑦ 镫棒：指仪仗器物镫杖。

⑧ 旗扇：指仪仗中的旗和扇。旗上画龙者，谓之“青龙旗”；画虎者，谓之“白虎旗”；画云彩者，谓之“云旗”；画山岳者，谓之“五岳旗”；画河水者，谓之“四渎旗”。

着刷过漆的皮制的形状像庠斗或貂蝉冠的帽子，或穿着红、黄两色上有鲜明绘画的锦绣之服，或穿着纯青、纯黑色衣服以至于鞋、裤也都是纯青或纯黑色的，或裹着交脚幞头，或用锦做成绳索将它像蛇一样缠绕在身上，或几十个人唱着曲子手拿大旗走过，或手拿大斧、腰挎利剑、手拿锐牌、手拿镫棒，或手拿上面悬挂豹尾的长竿，或手拿短杵。他们的矛戟上都用五色丝带缀着铜铎，旗扇上都画着龙、虎、云彩或山河的图案。

又有旗高五丈，谓之“次黄龙”。驾诣太庙青城[①]，并先到立斋宫前，叉竿[②]、舍索旗座[③]，约百余人。或有交脚幞头、挎剑、足靴，如四直使者[④]，千百数，不可名状[⑤]。余诸司祗应人，皆锦袄。诸班直、亲从、亲事官皆帽子、结带、红锦，或红罗上紫团答[⑥]戏狮子短后打甲背子[⑦]，执御从物。

---

① 青城：宋代斋宫名。一在南薰门外，为祭天斋宫，谓之“南青城”；一在封丘门外，为祭地斋宫，谓之“北青城”。

② 叉竿：带叉头的竿。

③ 舍索旗座：带绳索的旗座。

④ 四直使者：道教中的四直功曹。是民间信仰和道教所奉的天庭中值年、值月、值日、值时四神。相当于天界的值班神仙。这四神分别是值年神李丙、值月神黄承乙、值日神周登、值时神刘洪。

⑤ 名状：形容，描述。

⑥ 团答：何意不详。

⑦ 背子：褙子。汉服的一种，始于隋朝。褙子直领对襟，两侧从腋下起不缝合，多罩在其他衣服外穿着。流行于宋、明两朝。宋朝褙子直领对襟，两腋开叉，衣裾短者及腰，长者过膝。

御龙直皆真珠结络短顶头巾、紫上杂色小花绣衫、金束带、看带①、丝鞋。天武官皆顶朱漆金装笠子②，红上团花背子。三衙③并带御器械官，皆小帽、背子，或紫绣战袍，跨马前导。千乘万骑，出宣德门，由景灵宫、太庙④。

【译】又，有一面高五丈的旗，称为“次黄龙”。圣驾前往太庙青城，该旗先到竖立在斋宫前，有叉竿、带绳索的旗座，需要一百多人将其立起。又有军士头戴交脚幞头、腰佩利剑、足蹬靴子，装束就像四直功曹，共有千百人，其形象不好一一用语言描述。其余各官署供职的人，全都身穿锦袄。各当值的禁卫军、亲从、亲事官都戴帽子、垂挂丝带、身穿红锦袍，或穿红罗制成的紫色底子上有团答戏狮子图案、后襟短的打甲褙子，拿着皇上随从之物。御龙直的军士都戴着珍珠结络短顶头巾、身着紫色的上有杂色小花的绣衫、束着金带、看带、穿丝鞋。天武军的官员都头顶朱漆的黄金装饰的斗笠、穿红色的上有团花图案的褙子。三衙和携带御器械的官员，都戴小帽、穿着褙子，或穿紫色刺绣战袍，骑马为前导。千乘万骑，齐出宣德门，前往景灵宫、太庙。

① 看带：何意不详。

② 笠子：箬笠。用竹篾、箬叶编织的斗笠。

③ 三衙：宋代以殿前司、侍卫亲军马军司、侍卫亲军步军司掌领禁军，谓之“三衙”。

④ 由景灵宫、太庙：《秘册》本“由”作“出”。此句不可解，疑“由”是“诣”字之误。

## 驾宿太庙奉神主出室

驾乘玉辂，冠服如图画间星官之服，头冠皆北珠①装结，顶“通天冠②”，又谓之“卷云冠”，服绛袍，执元圭③。

【译】皇上乘坐玉辂，身上的冠服就像图画上星官的服饰，皇冠都用北珠来装饰点缀的，头顶通天冠，又称为“卷云冠”，身穿绛袍，手拿大圭。

其玉辂顶皆镂金大莲叶④攒簇四柱栏槛，镂玉盘花龙凤，驾以四马，后出旗常⑤。辂上御座，惟近侍二人，一从官旁立，谓之“执绥⑥”，以备顾问。挟辂卫士皆裹黑漆团顶无脚幞头，着黄生色宽衫、青窄衬衫、青裤，系以锦绳。辂后四人，擎行马。前有朝服二人，执笏面朝辂倒行。

【译】所乘的玉辂顶上都是镂金大莲叶簇拥着四柱的栏杆上，镂玉盘花龙凤作为装饰，由四匹马驾驶，后面紧随着王侯的旗帜。玉辂上设有御座，只有两名近侍服侍皇上，另有一从官在旁站立，称为“执绥”，以备皇上问话。护卫玉辂的卫士都头裹黑漆团顶无脚幞头，身穿色彩鲜艳的黄色宽



---

① 北珠：又称“东珠”。松花江下游及其支流所产的珍珠，颗大光润，极为名贵。

② 通天冠：天子的帽子。二十四梁，以北珠、金博山以及金或玳瑁制成蝉形附加于冠上，外青色，里红色，是仅次于衮冕的一种头饰。

③ 元圭：大圭。古代举行典礼时帝王拿的玉制礼器。长条形，上端作三角形，下端正方。

④ 皆镂金大莲叶：《秘册》本作“皆缀镂金大莲叶”。

⑤ 旗常：旂与常。旂画蟠结的两龙，常画日月，是王侯的旗帜。

⑥ 执绥：指拿着辅助上车用具的人。绥，上车时用以拉手的绳索。

衫，内穿青色的窄衬衫，下穿青色的裤子，系着锦绳。玉辂的后面有四人，举着拦阻人马的木架子。玉辂的前面有两个身穿朝服的人，手拿着笏板面对着玉辂倒行。

是夜宿太庙，唱探警严如宿殿仪①。至三更，车驾行事，执事皆宗室。宫架乐作，主上在殿上东南隅西面立，有一朱漆金字牌曰“皇帝位”，然后奉神主②出室。亦奏中严外办，逐室行礼毕。甲马③、仪仗、车辂，番衮出南薰门。

【译】这夜皇上在太庙住宿，喝探、警戒、严鼓的仪式与住宿在大庆殿时一样。到了三更时分，皇上行祭祀之事，侍从都是皇族宗室。宫廷音乐奏起，皇上在太庙大殿的东南角面朝西站立，有一面朱漆金字牌上写着“皇帝位”，然后皇上捧着祖宗的牌位出来。于是官员奏告中庭戒严、警卫宫禁。皇上到安放历代帝后的各室逐一行礼完毕，披甲的马、仪仗、车辂浩荡地从南薰门出来。

## 驾诣青城斋宫

驾御玉辂诣青城斋宫④。所谓青城，旧来止以青布幕为之，画砌甃之文，旋结⑤城阙殿宇。宣政间，悉用土木

---

① 如宿殿仪：如宿大庆殿的仪式。

② 神主：宗庙里所设已故国君的牌位。

③ 甲马：古代用于祭祀的物品。这里指披甲的马。

④ 青城斋宫：宋代皇帝祭天时斋戒的住处。因开初以青布为之，故名青城，又在京城南边，故名南青城。

⑤ 旋结：临时搭盖。

造矣。

【译】皇上乘坐玉辂前往青城斋宫。所谓“青城”，原先只是用青布幕做成，在青色布上画上砖砌的纹路，临时搭盖成的城阙、宫殿、楼宇。宣和、政和年间，就全都用土木建造了。

铁骑围斋宫外，诸军有紫巾、绯衣素队①，约千余，罗布郊野。每队军乐一火②。行宫巡检部领甲马，来往巡逻。至夜警严③，唱探如前。

【译】铁骑围在斋宫外来护卫，各军有头裹紫巾、身穿红衣的卫队大概一千余人，分布在郊野。每队有军乐十人。行宫巡检骑着披甲的马，来往巡逻。到了夜间即戒严，喝探、警戒、严鼓的仪式与之前一样。

## 驾诣郊坛行礼

三更驾诣郊坛④行礼，有三重壝墙⑤。驾出青城南行曲尺西去约一里许，乃坛也。入外壝东门，至第二壝里面，南设一大幕次，谓之“大次”，更换祭服。平天冠⑥二十四旒⑦，

① 素队：卫队。

② 一火：唐代兵制，十人一火。后泛指一群伙伴。

③ 警严：戒严。

④ 郊坛：古代为祭祀所筑的土坛，设在南郊。

⑤ 壝（wéi）墙：祭坛周围的矮墙。

⑥ 平天冠：大礼时皇帝戴的帽子，又名“冕冠”，简称“冕”。帽顶有前高后低的长方形冕板，上饰以玉为北斗七星形，冕板两端各垂十二旒。其冠青表红里。

⑦ 旒（liú）：古代帝王礼帽前后悬垂的玉串。

青衮龙服[1]、中单、朱舄[2]、纯玉佩[3]，二中贵扶侍行至坛前。坛下又有一小幕殿，谓之“小次”，内有御座。

【译】到了三更时分，圣驾前往郊坛行祭祀大礼，祭坛有三重矮墙。皇上从青城出发，向南行再折向西行约一里多，就是祭坛。从外墙东门进入，到第二重矮墙里，面朝南设有一个大幕帐，称为“大次”，皇上在这里更换祭服。皇上头戴有二十四旒的“平天冠”，身穿青色衮龙服、内衬中单、脚穿朱舄，腰系纯玉佩。两名宦官近侍扶持皇上行至祭坛前。祭坛下又有一小幕殿，称为“小次”，里面设有御座。

坛高三层七十二级[4]。坛面方圆三丈许，有四踏道，正南曰“午阶”，东曰“卯阶”，西曰“酉阶”，北曰“子阶”。坛上设二黄褥，位北面南，曰“昊天上帝”，东南面曰“太祖皇帝”。惟两矮案，上设礼料[5]，有登歌[6]道士十余

① 青衮龙服：青锦衮衣。祭祀时皇帝穿的礼服。上面绘有日、月、星、山、龙、虎、雉鸡等十二种图形，故又称“章服”。

② 朱舄（xì）：深红色的鞋，鞋尖上翘。

③ 玉佩：佩带于腰间而下垂的玉制饰物。

④ 七十二级：《秘册》本作“阶十二级”。

⑤ 礼料：祭祀时所用的食物，即祭品。

⑥ 登歌：祭祀、大朝会所用的音乐、曲辞。

人。列钟磬[①]两架，余歌色[②]及琴瑟之类，三五执事人而已。

【译】祭坛高三层，有七十二级。坛顶平台方圆三丈多，祭坛有四条台阶，正南的叫作“午阶”，正东的叫作“卯阶”，正西的叫作“酉阶”，正北的叫作“子阶”。祭坛上还设有两个黄色褥垫，位于北方且面朝南方的称为“昊天上帝”，面朝东南的称为“太祖皇帝”。坛上只列两张矮案，案上摆设各种祭品，有十余个吟唱登歌道士。排列着两架钟磬，其余的是唱歌人及琴瑟一类的乐器，还有三五个执事的人。

坛前设宫架乐[③]，前列编钟、玉磬。其架有如常乐方响，增其高大。编钟形稍扁[④]，上下两层挂之，架两角缀以流苏。玉磬状如曲尺，系其曲尖处，亦架之，上下两层挂之。次列数架大鼓，或三或五，用木穿贯，立于架座上。又有大钟曰“景钟[⑤]”，曰“节鼓[⑥]”；有琴而长者；如筝而大者；截竹如箫管，两头存节而横吹者；有土烧成如圆弹而开

① 钟磬：编钟、玉磬，宫架乐器。编钟，又叫“歌钟”。小钟各应律吕大小顺次编排悬挂。玉磬，一种古代的石制乐器，声音清脆，传声较远，是中国古代一种较为出名的敲击乐器。按下文，这里指的是编磬。

② 歌色：唱歌人。

③ 宫架乐：指宫廷里用支架悬挂的乐器，简称“宫架”，又叫“宫悬”。

④ 扁：狭小。

⑤ 景钟：大钟，高九尺，拱以九龙。垂着时是钟，仰着时是鼎。立在宫架之中，为皇帝郊祀所用。

⑥ 节鼓：对雅鼓、相鼓等散鼓的通称，为节制舞乐之鼓。

窍者；如笙而大者；如箫而增其管者。有歌者，其声清亮，非郑卫之比[①]。宫架前立两竿。乐工皆裹介帻如笼巾，绯宽衫、勒帛。

**【译】**祭坛前设置了宫架乐器，前面排列编钟、玉磬。悬挂编钟、玉磬的架子形状像一般乐队悬挂方响的架子一样，但更加高大。编钟形状稍狭小，分上下两层挂在架子上，架子的两角缀着穗子。玉磬形状像曲尺，用绳索系在曲尖处，也挂在架子上，分上下两层。其后还排列着数架大鼓，或者三面，或者五面，用木棍贯穿，安放在架座上。又有大钟叫作“景钟”，有大鼓叫作“节鼓”。有像琴却比琴长的，有像筝却比筝大的，有截断的竹子像箫管，两头有竹节是横吹的，有用土烧成像圆弹一样并开孔的，有像笙却比笙大的，有像箫且管更长的。有歌唱演员献唱，他们的歌声清脆嘹亮，春秋时郑国、卫国的歌乐是不可与之比拟的。宫架乐器前竖立着两根长竿，乐工们裹形像貂蝉冠的介帻，身穿红色的宽衫，束着丝织的腰带。

二舞者顶紫色冠，上有一横板，皂服、朱裙履[②]。乐作，初则文舞[③]，皆手执一紫囊，盛一笛管结带。武舞，一

---

① 非郑卫之比：春秋时郑国、卫国的歌乐是不可与之比拟的。郑卫，指郑卫之音，世称淫靡之乐。

② 朱裙履：深红色的裙和鞋。履，没有鞋带的轻便鞋。

③ 文舞：古代宫廷雅乐舞蹈之一，与武舞相对，用于宫廷典礼与郊庙祭祀，因是歌颂帝王以文德治天下，故称作文舞。

手执短稍[①]，一手执小牌[②]，比文舞加数人，击铜铙、响环；又击如铜灶突者；又两人共携一铜瓮就地击者。舞者如击刺、如乘云、如分手，皆舞容矣。

【译】有两名跳舞的演员头顶紫色冠，冠上有一横板，穿黑服、深红色的裙和鞋。乐声响起，开始是文舞，演员都手拿一个紫囊，内盛一支垂挂丝带的笛管。接着是武舞，演员一手拿短矛，另一手拿小盾牌，比文舞演员多好几人，击打着铜铙、响环；又击打铜铙上像灶凸的地方；还有两人共同搬一个铜瓮就地敲击。跳舞的演员动作很多，像用刀剑击刺、像乘云、像情人分手，这都是演员的舞姿。

乐作，先击柷[③]，以木为之，如方壶，画山水之状。每奏乐，击之内外，共九下。乐止则击敔[④]，如伏虎，脊上如锯齿，一曲终以破竹刮之。

【译】乐声再次奏起，先击柷，柷用木制成，形状像方壶，上面画着山水图案。每次奏乐时，要先击柷的内外，共击九下。乐声停止后再击敔，敔的形状像伏虎，脊背上像锯齿，一曲结束后就要用破开的竹片来刮一刮。

礼直官奏请驾登坛，前导官皆躬身倒引至坛止，惟大

---

① 短稍（shuò）：短矛。矛长一丈八尺叫稍。

② 小牌：舞具，小盾牌。

③ 柷（zhù）：古代打击乐器，以木制成，又叫“校”，方形似斗，中空有柱，方二尺四寸。击柷以为节拍。

④ 敔（yǔ）：古代乐器。在雅乐结束时击奏。

礼使登之。先正北一位拜，跪酒；殿中监[1]东向一拜，进爵盏再拜，兴；复诣正东一位。才登坛而宫架声止，则坛上乐作。降坛则宫架乐复作，武舞上，复归"小次"。亚献、终献[2]上，亦如前仪。当时燕越王[3]为亚、终献也。

【译】礼直官奏请皇上登坛，前导官全都躬身侧行、引导皇上到祭坛后停止，只有大礼使随皇上登坛。先由一位大礼使向正北叩拜，跪地献酒；殿中监向东叩拜一次，进献爵盏后再拜，之后起身；再由一位大礼使向正东叩拜。皇上才登坛，宫廷乐停止，而祭坛上乐声奏起。皇上走下祭坛则宫廷乐又开始。武舞上场，皇上重又回到"小次"。第二、三次上坛献酒，也按前面的礼仪。当时，燕王和越王担任第二、三次献酒。

第二次登坛，乐作如初。跪酒毕，中书舍人[4]读册[5]，左右两人举册而跪读。降坛复归"小次"。亚、终献如前。

【译】皇上第二次登坛，奏乐跟开始一样。叩拜献酒结束，中书舍人宣读祭文，由两人在左右举着祭文而中书舍人跪着宣读。皇上下坛后重又回到"小次"，第二、三次献酒

① 殿中监：殿中省的正职长官。

② 亚献、终献：古代祭祀时献酒三次，第一次叫"初献"，第二次称"亚献"，第三次谓"终献"。

③ 燕越王：宋徽宗弟燕王赵俣、越王赵偲。

④ 中书舍人：官名。舍人始于先秦，本为国君、太子亲近属官，魏晋时于中书省内置中书通事舍人，负责传宣诏命。

⑤ 册：册书，这里指祭文、祝文。

与前面的礼仪相同。

再登坛，进玉爵盏，皇帝饮福[①]矣。亚、终献毕降坛，驾“小次”前立，则坛上礼料、币帛[②]、玉册，由酉阶而下。南壝门外，去坛百余步，有燎炉[③]高丈许，诸物上坛，一人点唱，入炉焚之。

【译】等到再次登坛进献玉爵盏后，皇帝祭毕饮神酒。第二、三次献酒礼仪结束后下坛，皇上到“小次”前站立，则坛上的供品、缯帛、玉册从酉阶而下。南侧矮墙门外，距离祭坛一百多步的地方，有一个祭祀用的焚烧炉，一丈多高，祭坛上各种物送上炉台，由一人清点并大声报数，送入炉内焚烧。

坛三层四踏道[④]之间有十二龛[⑤]，祭十二宫神[⑥]；内壝外祭百星[⑦]。

执事与陪祠官皆面北立班。宫架乐罢，鼓吹未作，外内数十万众肃然，惟闻轻风环佩之声。一赞者喝曰：“赞一拜！”皆拜，礼毕。

---

① 饮福：祭毕饮神酒，谓受神福，故名。

② 币帛：缯帛。祭祀时所用的物品。

③ 燎炉：祭祀用的焚烧炉。

④ 坛三层四踏道：“四”原作“回”。邓注按：“回疑当作四。”是，今改。踏道，台阶。

⑤ 龛：供奉神位、佛像的阁子，也叫“神龛”。

⑥ 十二宫神：十二个守卫天宫的门神。亦有宫神之意。

⑦ 百星：各星宿。

【译】祭坛三层四条台阶之间有十二神龛，用以祭十二个守卫天宫的门神。内矮墙外祭各星宿。

主管祭祀的官员与陪同祭祀的官员都面向北按品阶顺序站好，宫廷乐停止，鼓吹乐尚未奏起，祭坛内外数十万人恭敬肃立，只听见轻微风声和环佩发出的声响。一个赞礼的人喝道："赞一拜！"在场的人都行礼，祭祀礼毕。

## 郊毕驾回

驾自"小次"祭服还"大次"，惟近侍椽烛①二百余条，列成围子，至"大次"更服衮冕②，登大安辇③。辇如玉辂而大，无轮，四垂大带。辇官服色亦如挟路者④。才升辇，教坊在外壝东西排列⑤，钧容直先奏乐。一甲士舞一曲破讫，教坊进口号，乐作，诸军队伍鼓吹皆动，声震天地。回青城，天色未晚，百官常服入贺。赐茶酒毕，而法驾、仪仗、铁骑、鼓吹入南薰门。御路数十里之间，起居⑥幕次、贵家看棚，华彩鳞砌⑦，略无空闲去处。

① 椽烛：粗大的蜡烛。

② 衮冕：衮衣和冠冕，皇帝的祭服。

③ 大安辇：皇帝祭毕，还宫时所乘的大轿，也叫"大辇"。轿厢正方形，油漆红色，上有金涂银叶、龙凤装饰，内设锦褥御座、扶几、香炉等；厢上设车轮形伞盖，覆以红罗，伞顶有金涂银龙一个，行龙十六、火珠四；四周缀银铃；长竿四，饰以金涂银龙头，抬辇六十四人。

④ 挟路者：指道路两边的仪卫人员。

⑤ 教坊在外壝东西排列：《秘册》《学津》本作"教坊在外地 ，东门排列"。

⑥ 起居：这里指迎接皇上。

⑦ 鳞砌：依次序搭建，排列得像鱼鳞。

【译】皇上身穿祭服从“小次”回到“大次”，只有近侍们拿着二百多只很大的烛，列成仪卫队形，皇上到“大次”更换祭服，然后登上大安辇。大安辇像玉辂但比它大、没有车轮，辇的四周垂挂着大带。辇官的着装及颜色，也和道路两边的仪卫人员一样。皇上才登上大安辇，教坊在外侧矮墙由东向西向排列，钧容直先奏乐。由一名披甲的武士跳舞一段曲破结束，教坊进献颂诗，乐声奏起，各军队伍的乐队一齐奏乐，乐声震天动地。回到青城，天色还不是很晚，百官身穿常服入内祝贺皇上郊祀礼毕。皇上赐群臣茶酒，然后车驾、仪仗、铁骑、乐队由南薰门入城。御路数十里之间，百官迎接皇上的幕帐、富贵人家的看棚，华丽多彩、依次序搭建、排列得像鱼鳞，没有空隙。



## 下赦

车驾登宣德楼。楼前立大旗数口，内有一大者，与宣德楼齐，谓之“盖天旗”，旗立御路中心不动。次一口稍小，随驾立，谓之“次黄龙”。青城、太庙随逐立之，俗亦呼为“盖天旗”。亦设宫架，乐作，须臾击柝[①]之声，旋立鸡竿[②]，约高十数丈，竿尖有一大木盘，上有金鸡，口衔红幡子，书“皇帝万岁”字。盘底有彩索[③]四条垂下，有四红巾

---

① 击柝（tuò）：敲梆。柝，巡夜打更的梆子。

② 鸡竿：表示肆赦的仪卫器物。制金鸡附于杆顶，下赦令时用之。

③ 彩索：《宋史》作“绛索”，即红色的绳。索，绳。

者[1]，争先缘索而上，捷得金鸡、红幡，则山呼谢恩，讫。

【译】皇上登临宣德楼。楼前竖立着很多面大旗，其中一面最大的，与宣德楼一样高，称为“盖天旗”，竖立在御路中央巍然不动。其次一面稍小的，紧随立在皇上后面称为“次黄龙”。青城、太庙也随即逐一竖立旗子，当时也称为“盖天旗”。这里也安排了宫廷音乐，乐声响起，不一会儿梆子声响起，马上立起“鸡竿”，此竿十几丈高，竿尖上有一大木盘，盘上有一只金鸡，金鸡嘴衔红幡子，幡子上写着“皇帝万岁”四个字。木盘底下垂挂着四条红色的绳子，有四个头裹红巾的人沿着绳索快速而上，速度快的人得到金鸡、红幡，则山呼万岁，谢恩后离开。

楼上以红锦索通门下一彩楼，上有金凤衔赦而下，至彩楼上，而通事舍人[2]得赦宣读。开封府、大理寺[3]排列罪人在楼前，罪人皆绯缝黄布衫，狱吏皆簪花鲜洁，闻鼓声，疏枷[4]放去，各山呼谢恩讫。

【译】宣德楼上用红色锦绳连接楼门下的一座彩楼，楼上有一金凤嘴里衔着赦书沿着绳索缓缓而下，一直下落到彩

① 四红巾者：原作“四红中者”。“中”，《秘册》《学津》本及《梦粱录·明禋礼成登门放赦》皆作“巾”。今改。

② 通事舍人：东西上阁门的司礼官，负责谒见皇帝时跪拜礼仪之节次、宣读诏令等事。

③ 大理寺：断案判刑的司法机构。

④ 疏枷：解开枷锁。

楼上，通事舍人拿到赦书后宣读。开封府、大理寺的罪犯在楼前排列，罪犯都身穿红缝黄布衫，狱卒都头上插花、衣着整洁，听到鼓声后，即解开枷锁释放罪犯，被赦的罪犯纷纷山呼万岁，谢恩而去。

楼下钧容直乐作，杂剧、舞旋；御龙直装神鬼，斫真刀、倬刀[①]。楼上百官赐茶酒，诸班直呈拽马队，六军归营，至日晡时，礼毕。

【译】宣德楼下钧容直奏乐，演出杂剧和歌舞；御龙直装神弄鬼，用真刀、大刀表演砍杀。皇上在楼上赐百官茶酒，各当值的禁卫军安置好马队，六军各自回归营寨，到了申时，大赦礼结束。



## 驾还择日诣诸宫行谢

驾还内，择日诣景灵东、西宫[②]行恭谢之礼三日。第三日毕，即游幸别宫观[③]，或大臣私第[④]。是月[⑤]卖糍糕、鹑、兔方盛。

【译】皇上返回皇宫，选择吉日前往景灵东宫和景灵西宫行三天的恭谢之礼。第三天礼毕后，即到宫馆及寺院、道观游憩，或者去大臣的家里。这个月京城里卖糍糕和鹌鹑、

① 倬（zhuō）刀：大刀。

② 景灵东、西宫：指景灵东宫和景灵西宫。

③ 宫观：供皇帝游憩的宫馆及寺院、道观。

④ 大臣私第：大臣的家里。私第，私人住宅。

⑤ 是月：这里指十二月。

兔等野味的很多。

## 十二月

十二月，街市尽卖撒佛花、韭黄、生菜[①]、兰芽、勃荷[②]、胡桃、泽州饧。

【译】十二月，京城街市到处都有售卖撒佛花、韭黄、生菜、兰芽、薄荷、胡桃、泽州饧的。

初八日，街巷中有僧尼三五人作队念佛，以银铜沙罗[③]或好盆器，坐一金铜或木佛像，浸以香水，杨枝洒浴，排门教化。诸大寺作浴佛会，并送七宝五味粥与门徒，谓之“腊八粥”。都人是日各家亦以果子杂料煮粥而食也。腊日[④]，寺院送面油[⑤]与门徒，却入疏教化上元灯油钱。闾巷家家互相遗送。

【译】十二月初八，街巷中有三五个僧尼聚在一起念佛，用银、铜制的沙锣或上好的盆，安放一座金、铜制或木制的佛像，浸在香水中，用杨柳枝蘸着香水为佛像来洒浴，挨家挨户进行化缘。京城各大佛寺也都举行浴佛会，并送七宝五味粥给门徒，称为“腊八粥”。这一天京城的各家各户也都用各种果实杂料煮粥来吃。十二月初八，寺院送面药给

① 生菜：菊科蔬菜，叶用莴苣的俗称。

② 勃荷：唇形科植物，又作“薄荷”。

③ 沙罗：沙锣，又称“厮锣”，盥洗用的浅盆。本为军队、少数民族的打击乐器。

④ 腊日：《荆楚岁时记》：“十二月八日为腊日。”

⑤ 面油：面药，涂脸的油脂。

门徒，不收捐款，也不化缘元宵节的灯油钱。里巷间的家家户户相互赠送腊八粥。

二十四日交年[①]，都人至夜请僧道看经，备酒果送神；烧合家替代钱纸[②]；贴灶马[③]于灶上，以酒糟涂抹灶门，谓之“醉司命[④]”。夜于床底点灯，谓之“照虚耗[⑤]”。

【译】二十四日是交年节，京城的人到了夜晚会请僧人、道士诵经，且备下酒菜果子来送神；替焚烧全家纸钱；将灶马贴在灶上，用酒糟涂抹灶门，称为“醉司命”。夜晚在床底下点上灯烛，称为“照虚耗”。

是月，景龙门预赏元夕[⑥]于宝箓宫，一方灯火繁胜。

【译】这个月，景龙门在宝箓宫提前点起元宵节的灯火，供人们来观赏，景龙门一带灯火非常多，一片繁盛的景象。

此月虽无节序[⑦]，而豪贵之家，遇雪即开筵，塑雪狮、

---

① 交年：交年节的省称。谓旧年和新年在这一天（12 月 24 日）相交接，有送故迎新之意。

② 钱纸：剪成制钱形的纸，即纸钱。

③ 灶马：纸印的灶神像。

④ 醉司命：指祭灶的仪式。使灶神“上天言好事，下界保平安”。

⑤ 照虚耗：虚耗，小鬼的名称。照虚耗，为一种降鬼除邪的迷信民俗。

⑥ 预赏元夕：预赏元宵灯节。

⑦ 节序：节令的顺序。

装雪灯、雪口[①]以会亲旧。近岁节，市井皆印卖门神钟馗、桃板、桃符[②]，及财门钝驴、回头鹿马、天行帖子[③]；卖干茄瓠、马牙菜[④]、胶牙饧[⑤]之类，以备除夜[⑥]之用。

【译】这个月虽然没有节令的顺序，但豪贵人家，遇到下雪天就开设筵席，塑雪狮、装雪灯来会亲朋旧友。临近春节，街市处处印制、售卖门神、钟馗、桃板、桃符及财门钝驴、回头鹿马、天行帖子等；还有售卖干茄瓠、马齿苋、胶牙饧一类的食品的，以备除夕之用。

自入此月，即有贫者三数人[⑦]为一火，装妇人、鬼神，敲锣击鼓，巡门乞钱，俗呼为“打夜胡[⑧]”，亦驱祟[⑨]之道也。

【译】自从进入十二月，就有贫穷的人三五人为一伙，装扮成妇人、神鬼敲锣击鼓、沿门乞讨钱物，俗称为“打夜胡”，也是驱除鬼神灾祸的一种方式。

---

① 雪口：“口”原作“墨丁”。《秘册》《学津》《三怡堂》本无此二字。

② 桃板、桃符：桃木制作物的避鬼的器物。桃板，画有神像的薄桃木板，也称“仙木”。桃符，也称桃梗，以桃木制作，略似人形。

③ 天行帖子：祈祷天命的帖子词。天行，天命，命运。

④ 马芽菜：马齿苋，又叫“名子菜”“长命菜”。

⑤ 胶牙饧：一种黏性的软糖。

⑥ 除夜：也叫“除夕”。农历十二月最后的一夜。

⑦ 三数人：《秘册》本作“三教人”。

⑧ 打夜胡：驱祟的游戏。也叫“打夜狐”“打野胡”“野云戏”。

⑨ 驱祟（suì）：驱除鬼神灾祸。

## 除夕

至除日[①]，禁中呈大傩仪[②]，并用皇城亲事官、诸班直戴假面、绣画色衣，执金枪龙旗。教坊使孟景初，身品魁伟，贯全副金镀铜甲[③]，装将军。用镇殿将军二人，亦介胄[④]装门神。教坊南河炭[⑤]丑恶魁肥，装判官[⑥]。又装钟馗小妹、土地、灶神之类，共千余人，自禁中驱祟[⑦]出南薰门外转龙弯，谓之“埋祟”，而罢。

**【译】**到了除夕，皇宫中举行逐疫活动，并用皇城亲事官和各当值的禁卫军戴着假面、身穿或绣或画的彩色衣服、手拿金枪龙旗。教坊使孟景初身材魁梧高大，穿戴全副镀金铜制的盔甲，装扮成将军。选两个镇殿将军，也穿戴盔甲、装扮成门神。教坊艺人南河炭相貌丑恶、魁梧肥壮，装扮成判官。又有艺人装扮成钟馗小妹、土地神、灶神等，共计有一千多人，从宫中开始一路驱逐鬼祟，从南薰门出来，到外面去转龙弯，称为“埋祟”，方才结束。

是夜，禁中爆竹山呼声闻于外。士庶之家围炉团坐，达

① 除日：除夕，农历十二月的最后一天。

② 大傩（nuó）仪：岁末驱除瘟疫、恶鬼以求神明保佑的迎神赛会活动，也叫“逐疫”。

③ 全副金镀铜甲：《秘册》本作“全副金锻铜甲”。

④ 介胄：原作“介冑”，据《学津》本改。

⑤ 南河炭：教坊一演员之艺名、混号。

⑥ 判官：传说为阎王手下管生死簿的官名。

⑦ 驱祟：旧时岁暮迎神赛会以驱逐鬼祟。

旦不寐，谓之“守岁”。

【译】这天夜里，宫中的爆竹声、山呼万岁声在宫外都能听到。百姓家在炉边团团围坐，一直到天亮都不睡觉，称为“守岁”。

凡大礼与禁中节次[①]，但尝见习按[②]，又不果为如何，不无脱略[③]，或改而正之，则幸甚[④]。

【译】凡是皇家大典礼仪的组织与顺序，只是曾经见过演习，却不知究竟是怎么一回事。本书所述，难免有脱漏疏略的地方，如果有人能够加以改正，我会非常高兴的。



① 节次：这里指皇家大典礼仪的组织与顺序。

② 习按：演习、排练。

③ 脱略：脱去、省略。

④ 则幸甚：《秘册》《学津》本，其下有“孟元老识”四字。

# 附录

## 赵师侠[①]跋

祖宗仁厚之德，涵养生灵几二百年，至宣、政间，太平极矣，礼乐刑政，史册具在，不有传记小说则一时风俗之华、人物之盛，讵[②]可得而传焉。宋敏求[③]《京城记》[④]载坊门、公府、宫寺、第宅为甚详，而不及巷陌店肆、节物时好。幽兰居士记录旧所经历为《梦华录》，其间事关宫禁、典礼，得之传闻者不无谬误；若市井游观，岁时货物，民风俗尚，则见闻习熟，皆得其真。余[⑤]顷侍先大父[⑥]与诸耆旧[⑦]，亲承謦欬[⑧]，校之此录，多有合处[⑨]。今甲子一周[⑩]，故

---

① 赵师侠：世称坦庵，字介之，开封人。宋太祖之子燕王德昭的七世孙，进士出身，著有《坦庵长短句》一卷。

② 讵：副词，何、岂。

③ 宋敏求：字次道（公元1019—1079年），赵州平棘（今河北赵县）人。北宋大臣。燕国公宋绶之子，北宋宝元二年（公元1039年）赐进士。编著有《唐大诏令集》，地方志《长安志》，考订详备。笔记《春明退朝录》，多记掌故时事，又补有唐武宗以下《六世实录》。

④《京城记》：《宋史·艺文五》作“《东京记》二卷”，《郡斋读书志》作三卷。今佚。

⑤ 余：我。往时，当时。

⑥ 先大父：祖父。

⑦ 耆旧：旧日年老的朋友。耆，六十岁以上的老人。

⑧ 謦（qǐng）欬（kài）：咳嗽声，引申为言笑。

⑨ 多有合处：《学津》本作“多有合者”。

⑩ 甲子一周：意为六十年。

老沦没，旧闻日远，后余生者尤不得而知，则西北寓客绝读矣。因锓木[①]以广之，使观者追念故都之乐[②]，当共起风景不殊之叹。

淳熙丁未岁十月朔旦[③]

浚仪[④]赵师侠介之书于坦庵

（见日本《静嘉堂文库》影印元刊本）

## 周辉[⑤]《清波别志》（二则）

吕荥阳公原明[⑥]尝著《岁时杂记》，汴都自正旦至除夜，节序市肆所货之物，人家所尚之事，登载无遗。后又得浚仪孟元老《梦华录》，其叙郊祀朝会、上元教池为详，可互稽考未备。但《梦华》语图晓俗[⑦]，无文彩，不能起其事[⑧]。观二书可想承平之繁富。辉幼小时，见人

① 锓（qǐn）木：雕刻书板。

② 追念故都之乐：《学津》本作“返念故都”，亦无“之乐”二字。

③ 淳熙丁未岁十月朔旦：淳熙十四年（公元 1187 年）十月初一。淳熙，南宋孝宗的年号。

④ 浚仪：今河南开封。

⑤ 周辉：周邦彦之子，泰州人。南宋绍兴年间曾应试博学鸿词科，后来曾到金国，晚年隐居钱塘清波门。隐居多年，不愿为仕，以藏书为事，父子以师友相称，当世名公卿多折节下之，亦简亢自高，不予报谢。著有《清波杂志》十二卷，为笔记体著作，内容多为宋人杂事，于宋代官制有一定史料价值。还著有《清波别志》三卷和《北辕录》一卷。

⑥ 吕荥阳公原明：北宋人吕希哲，字原明，号荥阳，其先世为莱州人，后家寿州。历官崇政殿说书、光禄少卿等职。著有《吕氏杂记》《岁时杂记》，今皆佚。

⑦ 语图晓俗：意为语句力图通俗易懂。

⑧ 不能起其事：不能助其事。起，扶助。

说京师人家，日供常膳，未识下箸，食味非取于市不属餍[1]。自过江来，或向思京馔者，命仿效制造，终不如意。今临安[2]所货节物，皆用东都遗风，名色自若而日趋苟简[3]，图易售故也。

士大夫于马上披凉衫。妇女步通衢，以方幅紫罗障蔽半身，俗谓之“盖头”，盖唐“帷帽”之制也。笼饼，蒸饼之属，食必去皮，皆为北地风埃[4]设。凡贵游出，令一二十人持镀金水罐子，前导旋洒路过车，都人名曰“水路”。江南街衢皆砌以砖，初无蓬勃，非北地比。“上池”初曰“教池”，以泰陵[5]服药，久未康复，俗谓语病乃改焉。岁自元宵后，都人即办“上池”遨游之盛，唯恐负于春色。当二月末，宜秋门下揭黄榜云：“三月一日，三省同奉圣旨开金明池，许士庶游行，御史台不得弹奏[6]。”迨[7]南渡，故老[8]客临安[9]，泛西湖[10]、怀旧都，作诗云：“曾见宜秋辇路门，大

① 餍（yàn）：吃饱、满足。

② 临安：又称“武林”，今浙江杭州。

③ 苟简：苟且简略；草率简陋。

④ 风埃：被风吹起的尘土等。

⑤ 泰陵：宋神宗的墓园，即永泰陵。这里指宋神宗。

⑥ 弹奏：向帝王检举官吏的罪状或过失。

⑦ 迨（dài）：及；等到。

⑧ 故老：指北宋旧臣。

⑨ 客临安：旅居临安。

⑩ 泛西湖：泛游西湖。

书黄榜许游行。汉家宽大风流在，老去西湖乐太平。”辉向见人每举此诗。因志于此，以补《梦华》之遗。

## 张元济《涵芬楼烬余书录》[1]题解

《幽兰居士东京梦华录》十卷，影元钞本，二册，毛子晋旧藏。

卷首（有）作者孟元老绍兴丁卯自序，末有淳熙丁未浚仪赵师侠介之后序。半叶十四行，行二十二字。昔黄荛圃曾见元刻，谓书中“惟‘祖宗’二字空格，余字不避宋讳，当是元刻中之上驷”，今此本正同，卷一有“汲古主人”及“子晋”印记，颇似毛氏旧钞。荛圃谓毛刻未尽善，且失去介之后序。岂模[2]写在梓行后耶？

余友邓孝先藏道光壬辰[3]常茂徕[4]邦崖钞本，常氏跋云：“艮岳[5]为一时巨观，且以萃天下之名胜，独缺而不书。谢朴园[6]序指为为宣和讳，以余观之，讳诚是矣，而为宣和讳

① 涵芬楼烬余书录：珍本古籍题解书目。近代出版家、商务印书馆主持人张元济（字菊生，海盐人）撰。涵芬楼为商务印书馆藏书楼，在1932年日本侵华战争时焚毁，另有570余秘籍先藏别处，而得保存下来，张元济据此作此录，故谓之“烬余”。

② 模：法式、规格。

③ 道光壬辰：清宣宗道光十二年（公元1832年）。

④ 常茂徕（lái）：字逸山，号秋崖，开封人，著有《石田野语》《汴中风土记·岁时记》《怡古堂文钞》等书。

⑤ 艮岳：宋徽宗时在东京（开封）所造假山名，又名“寿岳”“阳华宫”，人称“万寿山”。有东西二峰，周围十余里，为皇家公园。以其在都城之艮方（东北方），故名。

⑥ 谢朴园：其人不详。

则非。何则？花石之进为太守朱勔；艮岳之筑，专其事者为户部侍郎孟揆。揆非异人[1]，即元老也，元老其字而揆其名者也。推元老之意，亦知其负罪与朱勔等[2]，必为天下后世所共指责，故隐其名而著其字。”孝先谓：“揆字元老，无他书为之左证，而前人读书细心处不可掩”云云。爰引其说，以广旧闻。

## 邓之诚《东京梦华录注自序》（节录）

孟元老《东京梦华录》自序谓：以崇宁癸未入京师，靖康丙午南徙，寓东京二十三年。又六十二年至淳熙丁未《梦华录》始有刊本，其人盖已百岁，必不及见其书之行世，其书未必手定，故多讹误。元老本末不详，有常茂徕者，开封老儒，同治中犹存，喜收拾乡邦[3]文献而不甚读书，改窜《如孟录》，令人叹恨；即其人也，不知宋人多以“老”命名，竟谓“元老”是字，奇想天开；坐实“元老”即孟揆；观其称朱勔为太守，胸无黑白可知。

靖康之难，中原人士播越两浙，无人不具故国故乡之思。周煇《清波别志》云：“绍兴[4]初，故老闲坐必谈京师



① 异人：其他人，别的人。

② 负罪与朱勔等：与朱勔等一样有罪。

③ 乡邦：家乡。

④ 绍兴：南宋高宗的年号。历 32 年（公元 1131—1162 年）。

风物，且喜歌曹元宠[①]‘甚时得归京里去’十小阕[②]，听之有流涕者。” 故其时西北耆旧，谈宣、政故事者，为人所重，《清明上河图》，至镂板以行，宜《梦华》之风行，徐孟莘[③]《三朝北盟会编·靖康二年》录赵甡之[④]《中兴遗史》，即一字不易钞《梦华·元旦朝会》一则；陈元靓[⑤]《岁时广记》，征引尤多；刘昌诗[⑥]《芦蒲笔记》，录《上元词·鹧鸪天[⑦]》十五首，谓“当与《梦华录》并行”；百岁寓翁[⑧]《枫窗小牍》，所述十余事皆同；则各尊所闻未必因袭。百余年来，《醉翁谈录》《都城纪胜》《繁胜录》《武林旧事》《梦粱录》相继而作，此录遂为不祧之祖[⑨]。今传世元

---

① 曹元宠：宋朝人曹组，字元宠，颍昌人，有《箕颖集》传世。

② 十小阕：十首歌词。阕，乐曲歌词。《能改斋漫录》卷二：“歌曲以阕为称。”

③ 徐孟莘（shēn）：南宋人，字商老，进士出身，仕宦近50年，但闲居时间为多。人称“俊敏笃学，通贯经史百家”，采集二百多种官私文献撰成《三朝北盟汇编》250卷，是研究徽宗、钦宗、高宗三朝与金人近五十年交战、往来的重要文献。

④ 赵甡（shēn）之：南宋人，庆元年间（公元1195—1200年）进士，官从议郎。撰《中兴遗史》六十卷，今佚。

⑤ 陈元靓：南宋人，自称广寒仙裔，事迹不详。著《岁时广记》四十二卷（又有四卷本），记载历代节序风俗甚详。

⑥ 刘昌诗：南宋人，字与伯，江西清江人。开禧元年（公元1205年）进士，历官六合知县、丞直郎。所撰《芦浦笔记》（十卷），内容广泛而偏于考证，对《能改斋漫录》多有纠误。

⑦ 鹧鸪天：词牌名。

⑧ 百岁寓翁：南宋人，姓袁，少年时长在汴京，北宋南迁，侨居临安，其他不详。所撰《枫窗小牍》（二卷），记载汴京、临安两都城杂事甚详。

⑨ 不祧（tiao）之祖：不相继承的始祖。祧，远祖、始祖，泛指继承。

刻本外，有明弘治癸亥重刻本，今李濂《汴京遗迹志》中有《跋东京梦华录》[①]一首，未知即为弘治本而作否？然李梦阳[②]、李濂皆以之证开封遗迹。万历之季[③]，《秘册汇函》刊之以考杭俗，清初此版归毛晋，补刻为绿君亭本，后入《津逮秘书》，绿君遂不为人所称。

李濂谓此录，本宋敏求《东京记》而作，濂未见《东京记》，何从知之？又谓元老非文学士，诚然。《京瓦伎艺》叙述毫无章法，今既不悉其人其技，又不能从文理推之，以致不能句读。其他，字必从俗写，物必从俗称，则未可厚非，盖非此不足以存真，尤不足以存宣、政时汴京之真。郊坛行礼所述乐器，既知有《三礼图》，岂不知古乐之名；乃必从乐工口中一一状其形制而不称名，盖未亲见也；或恐有误，足见矜慎[④]。通常叙事，但述太平景象；当时豫大丰亨[⑤]，即天下败坏之由，竟不作一语点明，而使阅者试一回思，不觉涕涟[⑥]，是谓白描高手；试以《板桥杂记》相较，

① 《跋东京梦华录》：《汴京遗迹志》作“跋东京梦华后”。

② 李梦阳：字献吉，号空同子，本庆阳人，后徙家开封。明弘治六年（公元1493年）进士，官历户部主事、江西提学副使，因事罢职。工诗善古文，与何景明等号称“才子”，著有《空同集》六十六卷。

③ 万历之季：明神宗的时候（公元 1573—1620 年）。

④ 矜（jīn）慎：谨严慎重。

⑤ 豫大丰亨：意为享乐无度。

⑥ 涕涟：泪流不断。

不知缀[1]几许[2]嗟叹、悲感字样，而后博得人之眼泪，是谓渲染；高下难易之分，即在于此。故谓使《梦华录》出于文人、学士之手，必不能感人若此。“文章本天成，妙人偶得之。”元老虽非文士，却是妙手。濂又惜其时“艮岳已成，梁台、上方寺塔俱在，而录内无一言及之”，此由不明此录体例。非亲见亲闻者不录。铁塔容或偶遗，艮岳不惟不可得而见，亦不可得而闻也；所不录者，尚有延福、灵霄，即大内所述亦只略具轮廓；意其人必有心胸、有经纬，只淡淡著一朱勔，则艮岳、延福、灵霄不言而自见；即蔡京、童贯、王黼[3]、李邦彦、梁师成辈，亦不言而自见矣。元老自言：“凡大礼与禁中节次，但见习按，又不知果为何如，不无脱略，或改而正之，则幸甚。”实则录中所称“九梁冠”“小儿队二百余人”“女童队四百余人”，皆误；故赵师侠谓“事关官禁典礼，得之传闻者，不免谬误”，《四库提要》乃摭[4]其所述，欲以补史证史，何也？

……附识于此。

见《东京梦华录注》

---

① 缀：点缀、连接。

② 几许：意为多，多少。

③ 王黼（fǔ）：原名王甫（公元1079—1126年），字将明，开封祥符（今河南开封）人，北宋末年大臣、宰相。王黼有口才，才智出众但无学识，善于巧言献媚。崇宁年间进士。

④ 摭（zhí）：拾取；摘取。

## 黄丕烈跋（二篇）

此《幽兰居士东京梦华录》十卷，东城顾桐井家藏书也。因顾质于张，余以白金二十四两从张处赎得。装潢①精妙，楮墨②古雅，板大而字细。人皆以为宋刻，余独谓不然，书中惟“祖宗”二字空格，余字不避宋讳，当是元刻中之上驷③。至于印本，当在明初，盖就其纸背文字验之，有“本班助教廖，崇志堂西二班学正④翁深，学正江士鲁考讫，魏克让考讫，正义堂、诚心堂西二班民生黄，刷卷，远差，易中等，《论语》《大诰》”云云。虽文字不可卒读⑤，而所云皆国子监中事，知废纸为监中册籍也。余向藏何子未校本，即出于此刻，知毛刻犹未尽善，不但失去淳熙丁未浚仪赵师侠介之后序而已。竹垞翁所藏为弘治癸亥重雕本，此殆其原者，惟汲古阁珍藏秘本有所谓宋刻，其书目载之，未知与此又孰胜耶？卷中收藏图书甚多，知其人者独顾氏大有诸印，为我吴郡故家。“夷白斋”一印，不知是陈基⑥否？然篆文印色俱新，恐非其人矣。嘉庆庚申闰四月芒

① 装潢：装饰物品使美观（原只指书画，今不限）。

② 楮墨：纸与墨。借指诗文或书画。

③ 上驷：上等马。这里指精品。

④ 学正：宋、元、明、清国子监所属学官，协助博士教学，并负训导之责。

⑤ 卒读：读完。

⑥ 陈基：字敬初（公元1314—1370年），台州临海（今属浙江）人，寓居吴中凤凰山河阳里（今江苏张家港）。元末江南著名诗人。受业于当时著名学者黄溍，随之游京师，被授以经筵检讨一职。

种后三日，辑所见古书录，启缄读之，因补题数语于后，阅收得时已二载余矣。读未见书斋主人黄丕烈识。

是书已归艺芸书舍，前因匆促，未获录副[1]。且有毛氏汲古旧藏抄本在，似与此本微异，而抄本又有吴枚庵[2]临校宋本在其上，故去此留彼。既而又得见弘治本，复覆勘之，始知一本有一本之佳处[3]，反思元本之未及校为可惜。幸艺芸主人乐于通假，遂借归手校。元刻固精美无比，惜经描写，略为美玉之瑕。苟非余藏旧抄，乌知描写之误邪？还书之日，附载斯语，以质诸同好者。

道光癸未仲春

荛夫

**景印元刊本《东京梦华录》解题（从日文译）**

本书是宋朝孟元老在南渡之后，追忆北宋首都汴京的盛况而作。关于当时的地理、风俗、习惯以及宫廷和民间的生活状况，都有翔实的记载，是学术研究上很有用处的一部书。《四库提要》举了些例证，认为本书对当时的朝章国制，可以补订宋史的阙讹。但在上述之外，还应当把它作为一般文化史，以及足以说明都市生活实情的经济史的很好的素材。例如卷五《京瓦伎艺》条，就已经是戏曲、小说研究

① 副：指副本。

② 吴枚庵：人名。

③ 佳处：优美之处。

者所乐于引用的。

黄丕烈的跋语里说："此书装潢精妙，楮墨古雅。人皆以为宋刻，余独谓书中不避宋讳，当是元刻中之上驷，至于印本当在明初"云云。大概是元代至正年间在浙江刊版的，书中往往取用了明代国子监的废纸以供印刷。

本书流传甚鲜，单行本除影印本外，尚有明弘治刊本，惟多误刻之处；又有影钞本，亦多误笔。根据此元刻本参照，可加以校正。本库另藏《秘册汇函》本，便是在道光年间曾经张订庵根据此元刻本和弘治刊本加以手校过的。

本书系明代顾元庆所藏，入于清代，转归黄丕烈所有，后经陆氏之手收入本库。今付景印，以为《静嘉堂秘籍》的第三种。

昭和十六年六月

静嘉堂文库

## 《秘册汇函》[1]本《东京梦华录》跋文

余尝过汴，见士庶家门屏及坊肆阖扇[2]，一如武林，心窃怪之，比读《东京梦华录》所载贵家士女小轿不垂帘幕，端阳卖葵蒲艾叶，七夕食油面糖蜜煎果，重九插糕上以剪彩

① 《秘册汇函》：丛书名。明代胡震亨等辑。24种。万历间刻本。所收主要为先秦至唐宋时期的经、史、子类书。刊版未完，即遭火灾，残版后归毛晋，毛氏收入《津逮秘书》。

② 阖（hé）扇：门扇。

小旗，季冬二十四日祀灶，及贫人妆鬼神逐祟[①]，悉与今武林同俗，乃悟皆南渡风尚所渐也。至其谓勾栏为瓦肆，置酒有四司等人，食店诸品名称，武林今虽不然，及检《古杭梦游录》，往往多与悬合，惟内家游览，民俗炫侈，《梦游》多逊《梦华》盛耳。嗟乎，繁华过眼，若阿閦[②]一现。元老梦华，何知后人更作华游也。余两人刻此，则又梦元老之梦矣。绣水[③]沈士龙[④]识。《梦华录》多记崇宁以后所见，时方以逸豫[⑤]临下，故若彩山灯火，水殿争标，宝津男女诸戏，走马角射，及天宁节女队归骑，年少争迎，虽事隔前载，犹令人想见其盛。至如都人探春、游娱池苑、京瓦奏技、茶酒坊肆、晓贩夜市，交易琐细，率皆依准方俗，无强藻润，自能详不近杂，质不坠俚，可谓善记风土者。但大内所载殿阁楼观，仅仅十一，无论诸宫，只如政和新宫，自延福、穆清以下，尚有四十余殿，而艮岳于时最称雄丽，



---

① 祟：指鬼怪或指鬼怪害人，引申义是不正当的行动。

② 阿閦（chù）：阿閦婆的省称。义译为无动、不动、无瞋恚。东方佛名。

③ 绣水：秀水（今浙江嘉兴）。

④ 沈士龙：沈思孝长子，明代秀水人。万历二十五年（公元1597年）举人。博物洽闻，襟怀高逸。好搜览古书，尤好刻书流通。与其弟沈天生（刑部司官）、沈孚先（字白生，万历二十六年进士）编刻《尚白斋秘笈十八种》行世。《檇李文系·卷十六》辑沈士龙撰《题道德指归论》《周髀题辞》《灵宝真灵位业图引》《书佛国记后》《汉杂事秘辛跋》《岁华纪丽跋》《泉志跋》《书齐民要术后》《纬略跋》《后梁春秋跋》。

⑤ 逸豫：闲适安乐。

何可略也？且记中尝及童蔡园第，后家戚里[①]，当时借权灼焰，诱乱导亡之事，绝不因事而见，此盖不得杨衒之[②]《洛阳伽蓝记》法耳。

武原胡震亨识

## 《津逮秘书》[③]本《东京梦华录》跋文

宗少文好山水，爱远游，既因老疾，发“卧游”之论。后来凡深居一室，驰神[④]八遐[⑤]者，辄祖其语，作《梦游》《卧游》以写志，坊间乃与《梦华》合刻，不知《卧游》诸录，特作汗漫游耳，若幽兰居士华胥一梦[⑥]，直以当《麦秀》《黍离》之歌，正未可同玩。况昔人所云木衣绨绣，土被朱紫，一时艳丽惊人风景，悉从瓦砾中描画幻相。即令虎头提笔，亦在阿堵[⑦]间矣。庶几[⑧]与《洛阳伽蓝记》并传，元老无遗憾云。

湖南毛晋[⑨]识

---

① 戚里：帝王外戚聚居的地方。

② 杨衒之：北魏文学家，北平人。作《洛阳伽蓝记》一书。

③ 《津逮秘书》：明代毛晋所编撰的笔记杂录，是一部很有特色的丛书。此书收录了许多罕见而又有实用价值的笔记杂录。

④ 驰神：神往，向往。

⑤ 八遐：八方极远之地。

⑥ 华胥一梦：也称“一梦华胥”。后因称一场幻梦为“一梦华胥”。华胥，传说是伏羲氏的母亲。

⑦ 阿堵：六朝时口语。这；这个。

⑧ 庶几：表示希望的语气词，或许可以。

⑨ 毛晋：原名凤苞，字子久（公元1599—1659年），后改字子晋，号潜在，别号汲古主人，常熟（今江苏）人。明末著名藏书家、出版家、刻书家、文学家、经学家。

## 四库全书总目提要

《东京梦华录》十卷[①]。

宋孟元老撰。元老始末详，盖北宋旧人，于南渡之后，追忆汴京繁盛，而作此书也。自都城坊市节序风俗及当时典礼仪卫，靡不赅载[②]。虽不过识小之流，而朝章国制[③]，颇错出其间。核其所纪，与《宋志》颇有异同，如《宋志》南郊仪注，郊前三日但云："斋于大庆殿太庙及青城斋宫"，而是书载车驾宿大庆殿仪，驾宿太庙奉神主出室仪，驾诣青诚斋宫仪，委曲详尽[④]。又如郊毕解严，《宋志》但云"御宣德门肆赦"，而是书载下赦仪亦极周至。又行礼仪注，《宋志》有"皇帝初登坛，上香奠玉币仪；既降，盥洗，再登坛，然后初献"。而是书奏请驾登坛，即初献，无上香献玉帛仪。又太祝读册，《宋志》列在初献时，是书献之后，再登坛始称读祝[⑤]，亦小有参差。如此之类，皆可以互相考证，订史氏之讹舛[⑥]，固不仅岁时宴赏，士女奢华，徒以怊怅旧游，流传佳话者矣。

---

① 编修汪汝藻家藏本。

② 靡不赅载：没有（什么）不记载下来。指把所有内容都记载下来。

③ 朝章国制：朝廷与国家的典章制度。

④ 委曲详尽：指对事情的开始经过和结尾了解得十分详细而周密。出自《曾昭文公行述》。

⑤ 读祝：祭祀时宣读祝告文。

⑥ 讹舛（chuǎn）：指错误；误谬。

## 钱曾读书敏求记

《梦华录》十卷。

幽兰居士孟元老追叙东京旧游，编次[①]成集，缅想曩昔[②]，如同华胥梦觉[③]，因名《梦华录》。书成于绍兴丁卯，去靖康丙午之明年，又二十一年矣。南渡君臣，其独有故都旧君之思如元老者乎？刘屏山《汴京绝句》：“忆得少年多乐事，夜深灯火上樊楼[④]。”盖同一寤叹[⑤]也。予衰迟[⑥]畹晚[⑦]，情怀牢落[⑧]，回首凄然，感慨尤甚于元老。今阅此书，等月光之水，但无人为除去瓦砾耳。

## 黄丕烈荛圃藏书题识

《东京梦华录》十卷[⑨]。

乙亥八月，借江氏宋刊本校阅一过。枚庵漫士。

余向见《汲古阁珍藏秘本书目》有宋版《东京梦华

---

① 编次：编辑整理。

② 缅想曩（nǎng）昔：遥想从前。

③ 华胥梦觉：源见“华胥梦”。泛指梦醒。

④ 樊楼：一般指矾楼。矾楼原名白矾楼，后来更名为丰乐楼，一说为樊楼。位于宋都御街北端，是据史书记载于1988年复建的一组庭院式仿宋楼阁，是开封最大的仿宋游乐中心。

⑤ 寤（wù）叹：睡不着而叹息。

⑥ 衰迟：衰年迟暮。谓年老。

⑦ 畹（wǎn）晚：太阳偏西，日将暮。

⑧ 牢落：指稀疏零落貌、零落荒芜貌。

⑨ 校宋旧钞本。

录》，及收得一元刻，楮墨精好，始疑宋版之说，或即指是。盖元刻亦不易得也。顷从吴枚庵家获其散出之书，中有旧钞《东京梦华录》，系枚庵手校江氏宋刊本，云宋本八行十六字，取对元刻，行款不同，卷中红笔校处亦多歧异[①]，乃叹天壤[②]甚大，有宋版而不能发见者，几危矣哉。甲子三月十日，荛翁识。

余旧藏元刻本，为顾五痴家物，因与此钞本及校宋本俱不符，故未校。兹昨岁冬季，已归艺芸书屋，只留此旧钞校本，为斋中展玩之副，盖此等书非有关大用，不必定以刻本为胜也。聊书数语，以当解嘲。丙子岁初三日，复翁。

戊寅夏，兹溪蒋氏书散出，为寿松堂孙氏收得，中有弘治甲子年重新刊行本，每叶[③]十六行，行十六字，大旨与此所校八行十六字本同，或当日即据此本以为宋刊也。校本云八行者，就半叶计之也。方悔前此信此校之为宋刊，故不敢以元刻校宋，兹见明刻与宋校合，而所谓宋刊者全不可信。甚哉书非目见难以臆断[④]也。初伏第四日，复翁记。

越日[⑤]晨起无事，取弘治甲子重新刊行本手校其异于

① 歧异：有分歧差异。

② 天壤：天和地，天壤间或相隔极远。

③ 叶：同“页”。

④ 臆断：凭臆测来断定。

⑤ 越日：第二天。

别纸，间有胜于校本者，拟仍录诸卷中。至讹谬[①]处亦复不少，似前跋以为八行十六字即是此本未必确也。总之，书未目睹，凭口说耳食以定是非，断断乎其不可。校毕，复翁又记。

道光癸未元夕后三日，沈小苑借此归还，因欲注其所撰《荆公文集注》也。中有校语二条，并记。荛夫。《梦华录》十卷[②]。

余所收东城顾桐井家大板细字元刻《幽兰居士东京梦华录》十卷，楮墨精好，是明初印本，已归诸艺芸书舍矣。顷于坊间获此刻，少第十卷，倩工摹《秘册汇函》本补之，仍往借之，手校如右，并补赵师侠跋。兹因手校，知字有描写处，稍为美玉之疵耳。癸未二月，荛夫。《幽兰居士东京梦华录》十卷[③]。

## 赵希弁昭德先生读书志附志

《梦华录》一卷。

右梦想东都之录也。宋敏求《京城记》载坊门、公府、宫寺、第宅为甚详，而不及巷陌、店肆、节物、时好。孟元老记录旧所经历，而为此书，坦庵赵师侠识其后。

---

① 讹谬：差错谬误。

② 校元本。

③ 元印本。

## 陈振孙直斋书录解题

《东京梦华录》一卷。

称幽兰居士孟元老撰，元老不知何人。少游京师，晚值丧乱之后，追述旧事，兼及国家典祀、里巷风俗，以其首载京城宫阙、桥道、坊曲尤详，故系之地理类。